靛花巷三子

西南联大
书信录
上

龙美光 著

团结出版社
UNITY PRESS

图书在版编目（ＣＩＰ）数据

靛花巷三号：西南联大书信录 / 龙美光著 . -- 北京 : 团结出版社 , 2024.4
　　ISBN 978-7-5234-0773-8

Ⅰ . ①靛… Ⅱ . ①龙… Ⅲ . ①西南联合大学－校史 Ⅳ . ① G649.287.41

中国国家版本馆 CIP 数据核字 (2024) 第 021992 号

出　版：团结出版社
　　　　（北京市东城区东皇城根南街 84 号　邮编：100006）
电　话：（010）65228880　65244790（出版社）
　　　　（010）65238766　85113874　65133603（发行部）
　　　　（010）65133603（邮购）
网　址：http://www.tjpress.com
E-mail：zb65244790@vip.163.com
　　　　tjcbsfxb@163.com（发行部邮购）
经　销：全国新华书店
印　装：三河市东方印刷有限公司

开　本：170mm×240mm　　16 开
印　张：45.75
字　数：639 千字
版　次：2024 年 4 月　第 1 版
印　次：2024 年 4 月　第 1 次印刷

书　号：978-7-5234-0773-8
定　价：128.00 元（上下册）

自　序

　　1942年12月8日上午十一点半，以英国议员卫德波（Captain Welderban）等人参加的英国议员访华团，在访问了陈纳德将军领导的飞虎队之后，匆匆赶至位于昆明大西门外的西南联合大学，进行了为时八十分钟的参访。

　　陪同卫氏一行来访联大的时任中国驻英大使顾维钧回忆："我们见到的一切给访华团和我留下了深刻的印象。学校里几乎没有坚实的建筑，都是比较简陋、破旧的土坯房，三三两两散布在校园里。校园内还有很多日军空袭留下的弹坑尚未填平。可是男女学生们都显得精神振奋、敏捷而聪明。"

　　一年后，1943年12月22日，著名文学家林语堂也怀着敬慕之情来到西南联大访问，并发表了《精神文明与物质文明》的演讲。这天，中法大学学生邬联彩逃了上午10:00—12:00的几堂课，特地跑到联大来听演讲。

　　邬联彩在日记中写道："他一开首讲：我在美国听到中国联大很好，他们读书是跑到茶馆里去，这种精神使外国人惊讶，可是当我回来，故意来西南看一看联大，所参观到的，第一是宿舍。一个宿舍是拥得不堪，所睡的两层床，不有条理。有一张床前立有一小张桌子，此桌子洗脸也是它，读书也是它，一位同学还睡在床上读唐诗。照此说来，我认为在物质上是不得了，在精神上是了不得。"

　　林语堂在联大的演讲，因其对人文科学等的偏见，受到了师生的不少批评。

西南联大校门（沈叔平摄）

但是"在物质上不得了，在精神上了不得"这句话，却口口相传几十载，成为联大精神的经典概括之一。

这种"不得了"和"了不得"，也时常鼓舞着、鼓动着我走向联大，寻觅联大。

不过，和卫德波、顾维钧、林语堂等中外人士置身联大而得识其真貌不一样，在联大结束近40年后才出生的我，与这所历史名校的结缘却是从一本外文旧书开始的。

那是念大学一年级的下半期，我在昆明北郊下马村一所破旧酒店门口的旧书摊上，偶遇了一本法文版的文学论著。这是一本极有年头的旧书，书封、书脊均已破损得不成样子。其苍老的容颜，却惹得我驻足品阅良久。

翻开土黄色的封面，在封二的显眼位置，粘着一枚朴素的西文藏书票。顺着往前，便进了扉页，只见书名下方，钤着中英文对照的鲜蓝色印记："国立西南联合大学图书馆·NATIONAL SOUTHWEST ASSOCIATED UNIVERSITY

LIBRARY"。

原来，这是西南联大图书馆的英文藏书哩！

此时，我犹如置身联大图书馆浩瀚的书海，正与数千名抗战中的学子巡览书林。的的确确，这所大学谈不上丰富但极显厚重，又极富时潮的藏书，滋养过一批批战火下的读书种子，助力他们成为品高学深的时代弄潮儿。从这些读书种子中走出的人间翘楚，足致"高山仰止，景行行止"。

我将这样一本本旧旧的书请回了蜗居的陋室，如同把这所大学的图书馆，请进了寒斋简易的书架。

从此，我由一本旧书走近了联大图书馆，再由这个图书馆走进了这所在中外教育史上写下不朽篇章的一流大学。

这正像，接到一封贴着精美邮票的来信，一种莫名的力量，竟吸引着我急切地去拆开它。拆开它，即迫不及待地徜徉恣肆其间。

二十年来，沿着时光的隧道，我乐此不疲地拆开了缘自西南联大的一封封旧信。它们泛着岁月的陈色，引领着我温情地走近这样一批人，走进这样一所大学。

这些旧信，漫漫地诉说着，这所从物质上最不像大学，但精神上却无比富足的大学：如何"不得了"，又如何"了不得"。

是为序。

龙美光

2023年9月于昆明

目 录

001 自 序

002 老不得信真是着急
　　——朱自清致陈竹隐

008 洗袜子是会的，补却不会
　　——闻一多致高孝贞

014 今天非多吃一碗饭不可
　　——闻一多致子女

020 男同学如猛虎一般围着
　　——张孝中致湖南《民国日报》

025 千年万年的国家大计
　　——胡祖望致胡适

034 当以事业相砥砺
　　——闻一多致顾毓琇、高孝贞

039 如临大仍在长沙，则前途不远
　　——柳无忌致柳亚子

1937

1938

1938

044　一多入旅行团应带棺材走
　　——闻一多信中的湘黔滇苦旅

056　联大事宜诸承偏劳
　　——张伯苓致蒋梦麟、梅贻琦

063　济济一堂使人无限感奋
　　——徐羊的一封信

068　国亡有期而汗青无日
　　——陈寅恪致劳榦、陈述

074　何妨一下楼主人
　　——闻一多致高孝贞

081　感奋钦忻，莫可言喻
　　——蒋梦麟、梅贻琦、张伯苓致龙云

094　我们的救亡工作
　　——董田庄、赵羽人致联大同学

101　昆明像北平
　　——胡祖望致胡适

114　以身殉学也是甘心的
　　——罗常培致胡适

121　围棋以外没别的消遣
　　——柳无忌致柳亚子

133　得到一种写信的命运
　　——沈从文致张兆和

140　决心长期从事于学术
　　——陈梦家致胡适

149　"走"字上面发生种种困难
　　——金庸致上海《文汇报》

156　不敢荒废北大的一贯精神
　　——蒋梦麟等致胡适

1939

162　总免不掉这一套
　　——巴金致杨苡

168　互让过度就会互弃职守
　　——蒋梦麟致胡适

175　本校原有优良制度之一种
　　——倪俊等致梅贻琦

185　公私两便幸何如之
　　——闻一多致梅贻琦

193　牛津教书　恳陈衷曲
　　——陈寅恪致梅贻琦

200　抗战就是生活
　　——曾昭抡致前线战士

215　我们的事业须合国家需用
　　——王庆荀致王庆芝

225　纪念邮票谅附在那信内
　　——高蔼鸿、柳无忌致柳亚子

236　不知何谓辛苦
　　——伍廷法致培正中学师长

1940

246　唤起民众是教育者的责任
　　——朱自清致彭桂萼、彭桂蕊

253　联合大学师生皆困苦不堪
　　——陈寅恪致刘节

260　短短三年住了八个地方
　　——柳无忌致柳亚子

269　飘零的生活沉闷已极
　　——罗常培致胡适

276　在艰苦的环境中锻炼自己
　　——宋宝光致师友信

1940

283 不让于戎马之驰突
——金希武等致梅贻琦

291 养成实事竞技之风格
——周先庚致潘光旦等

303 来学习控制这支笔
——沈从文致彭桂萼

307 同事逃警报不一其道
——钱端升致胡适

317 图书馆向隅者不少
——严文郁致胡适

330 有爱没有恨，好好做个人
——云大农场致联大附小

342 口说迂而脚不行
——蒋梦麟致陈立夫、顾毓琇

349 这儿的生活是抢夺的生活
——谷同学的一封信

363 作百年树人之计
——汤用彤等致胡适

1937

自平津沦陷，
流亡来湘，
仰承政府德意，
设长沙临时大学，
俾得继续读书。
方期从此砥砺奋发，
专心学业，以期无负
国家爱护培植之至意。
国家大学，
乃国家文化精神之所寄托，
战时青年教育，
尤须注重坚贞不屈之精神……

——长沙临时大学学生会

老不得信真是着急

——朱自清致陈竹隐

全面抗战，造就了一个全新的时代。

这是一封因全面抗战而起的战时家书，一封非比寻常的信书。

1937年10月20日深夜，一位闻名遐迩的新文学作家在南国一间陋室微弱的灯光下，给妻子写下了一封家信。信首写道：

> 隐：到此已半个月，离平已四个礼拜了，未能见你只字，每日必定想念你们。杨遇夫已搬至乡下，信由他亲戚转，不知转得来否？黄子卿也未接家信。或者路上一齐耽搁了么？此处九月薪还是未发出，今日向梅老借了百元，寄八十元至扬。因扬寓甚窘也。三弟来信，四妹十月已至湘西，近想安抵昆明了。

长沙临时大学时佩戴着教职员校徽的朱自清（选自赵所生、吴微公编《朱自清》画册）

信中透着对妻儿深深的思念，"未能见你只字"，是何等的煎熬？！也向妻子传递着友朋的动态：杨树达已经搬到乡下居住，黄子卿也没有接到家信（先生再次提示自己也没有接着）。大家的家信是不是都在路上被耽搁了呢？

——真是"烽火连三月，家书抵万金"，全面抗战爆发已三月有余，家音全无，教人心急！

到此处已经半个月，但上个月的薪水还没有领到，无奈只好向校长梅贻琦先生借支百元。但是借得的钱，却多半寄往了扬州老家，以缓解那里亲人的窘境。战火之中，亲人四散，三弟四妹各往一处，想来是人间最为惆怅之事了。

这封信的执写者，正是散文名篇《春》《背影》的作者朱自清。"隐"，是他对爱人陈竹隐的昵称。

天南地北，两地分离。信中的"此地"，系指刚成立的国立长沙临时大学所在地长沙。此时，作为清华大学中国文学系主任的朱自清，应清华校长、长沙临大常委梅贻琦电请来湘赴任临大教职。毋庸说，这也是国家蒙难、民族危亡的紧要关头所写的一份流亡报告。

正是战火逼迫，朱自清不得不离开文化中心北平，辞别妻儿来到长沙。

1937年7月7日，卢沟桥一声炮响，惊醒了无数的中国人。偌大的北平，已安放不下一张平静的书桌。

在清华，朱自清耳闻目见国破家亡的危局，无限失落。他在日记中说："日兵从学校拿走枪支；许多卡车、汽车开入并运走衣物、书籍甚至家具。"

也正是卢沟桥屈辱的炮火声，直接催生了一所战时的联合大学。

7月15日起，蒋介石在庐山紧急主持召开谈话会共商国是，平津名校校长及知名教授数十人应邀出席。很快，"战区扩大，全国高等教育多受影响，平津尤甚"，位于天津的南开大学于月底毁于贼寇炮火。因之，谈话会期间，政府决定成立联合大学多所。

8月，教育部发布了《设立临时大学计划纲要（草案）》，"纲要"称："一、政府为使抗敌期中战区内优良师资不至无处效力，各校学生不至失学，并为非常时期训练各种专门人才以应国家需要起见，特选定适当地点筹设临时大学若干所。二、临时大学暂先设立下列一所至三所：（1）临时大学第一区——设在长沙；（2）临时大学第二区——设在西安；（3）临时大学第三区，地址在选择中。"

其中，在临时大学第一区长沙，"由北大、清华、南开三校合并办理，并由中研院予以赞助"，西安一所则"由平津国立他校合办"，"此事意在集中原有力量，于内地创造一、二学术中心，以求效力国家"。（中国第二历史档案馆档案）

根据部令，国立北京大学、国立清华大学、私立南开大学迅疾达成联合，组成了临时大学筹备委员会，先后租借了圣经学校、四十九标房屋等校舍，但是这些校舍的情况对于联合办学仍有许多难处。

9月1日，朱自清代表临大筹委会致函湖南省警官学校谈楠荪："本会向湖南省府民政厅借用四十九标房屋，一时尚未空出。惟平津学生到达长沙者不下数百余人，且多属外籍学生，旅费极感困难。长居旅舍，势难负担。拟暂假贵校所借之房屋一部为学生宿舍，期以本月底为止即行交还。"

9月6日起，临大筹备委员会开始在长沙举行谈话会多次，就联合办学事宜进行多轮商议。

9月10日，国民政府教育部正式下达部令（二十六年第16696号）："以北京大学、清华大学、南开大学和中央研究院的师资设备为基干，成立长沙临时大学。以北平大学、北平师范大学、北洋工学院和北平研究院等院校为基干，设立西安临时大学。"

此时，日寇已完全侵占清华园，面对此绝境，朱自清决定尽快南下。

9月22日，将满40岁的他便只身离开了北平。

陈竹隐回忆："北京沦陷后，梅贻琦校长先带一些职员南下长沙，不久来电报叫佩弦也去，于是佩弦马上南下了。走的那天，他戴着一副眼镜，提了一个讲课用不显眼的旧皮包，加上他个子也不高，没有引起日本人的注意，总算躲过了日本人的搜查。"（陈竹隐：《追忆朱自清》）

由北平过天津、青岛、济南，再转徐州、武汉，经过十余天的转徙，朱自清终于在10月4日到达了长沙。

抵湘不久，朱自清即被推定为长沙临时大学中国文学系教授会主席。他一面安顿住所，一面处理系务，一面也访友揽胜，不亦乐乎。他在信中接着谈了学校、自己和同人在长沙的情况：

上星期一去衡山。那里也有圣经学院，似乎已经告诉你了。今日已派人去分隔房屋，大约十日后可以移去。前日我们过江上岳麓山去，那边风景也很寻常。新房子正在建筑，教员住宅一时谈不到。我们上衡山，王了一不去，因无适当房屋可住家眷。此地连日天气晴和，据说有一两个月如此，果然，也就不错了。我们同人来的有浦江清、闻一多、许骏斋、李嘉言、余冠英等，但都还在路上。到此以来，天天上街，有名地方，大部分已去过，熟人又多，因此也不得闲。从明日起要好好读书了。四川方面，廖、二张、杨中序我都写信去，叶石荪也去了信。石荪据说任中国文学系主任，我疑心不确。

新到一地，自有许多不便。流亡首旅，再美的风景也难以引起浓厚的兴趣。走街访友，倒占去太多的时间。多年来醉心文学与问学，因学校迁徙而耽误了不少读书时间，顿觉怅然。所以，"从明日起要好好读书了"。

说起读书，不能不说，在这战乱之秋，是不可能安安稳稳、闲闲适适、随心所欲地进行。毕竟是羁旅生活，和清华园的居住环境、生活条件都不能比的。

不过，人书两地，还是有许多牵念。一纸家书，除了倾诉对妻儿的思念，记挂的还有那些书。

妻子尚在北平，尽管不可能请求她把书房运来，但为了教学和研究，还是只好劳累她设法寄一些书籍和资料来。先生在信中转而写着——

我到衡山，也是暂居，书籍先不必多寄，请照下开各件寄来，请寄湖南衡山上（此字甚重要）圣经学院我收。

一、陶诗笔记。

二、中国文学批评及宋人诗论笔记。（以上二项，均系卡片，寄法前函已详述）

三、《陶靖节诗笺》。

四、《陶靖节集》。（三、四均系孙先生借看，三在层冰堂五种中，四系商务版）

五、《陶渊明年谱中之问题》。（在茶几上）

六、《陶渊明年谱》。（在层冰堂五种中——写至此，想起来，索性请将层冰堂五种一起寄来）

七、《陶集考辨》。（郭绍虞著，在茶几上）

八、《渊明诗话》。

九、陶渊明笔记一本。（英文簿花面）

十、陶渊明年谱稿一本。（系我自作，一薄本，用英文格子写的，在茶几上）

十一、《陶集序》录本。（大本绿格，在茶几上）

十二、中学国文教学法笔记卡片。（此件前函已请寄来）

十三、《宋诗钞》三本。

十四、《宋诗钞略》及目录等。（在茶几上）

十五、Analytic Syntax。（灰面有黑点）

十六、Psyehvlogy of Grammar。（红面大本）

十七、夹有纸条之评书二本。

十八、在茶几上的，剪下的杂志论文。

以上各件，均请用牛皮纸包好，写明文学书籍或文学讲义，挂号寄来，但第九项请用快信寄来，为要。

信中总列如上十八件，可见他已从一个新文学作家转变为一位专心于教学研究的文学教授。为了做一名对学生、对学界负责任的教授，朱自清早已做足了准备。这些书籍和资料，将使先生自由徜徉于学海，无数的读书种子将因之获益。

接着，他谈起好友俞平伯的长女俞成、次女俞欣的就学情形：

平伯两女在齐鲁只上了一天课，就停办了。现到武昌，想到临时大学借读，明日须代为打听，也许可以行。

齐鲁大学是一所办学时间较长的教会大学，全面抗战爆发三个月后，没想到也面临内迁的命运。老友的孩子有意向到临大借读，朱自清当然要助一臂之力。后来，俞成、俞欣均毕业于西南联大。

全信末了，先生言之切切，恳请爱妻一定多写信来，远方的"清"等着呢——

前函请你每礼拜写两回信，也许你没工夫，现在还是请每礼拜准定写一封信。远处老不得信，真是着急。我从天津到此，写信恐已有十一封，不知你全收到否？你们想来都好。小孟想已动身。二弟见否？并念念。

清，十月二十日灯下

"远处老不得信，真是着急。"这是流亡中的朱自清先生对爱与亲情的呼唤，是对日寇侵略行径的控诉，也是家国危难中一代知识人共赴国难人生际遇的见证，是家与国相连相系的历史背影。

西南联大的迁校之旅，就是这样真切地开启的。

（附注：1999年5月，朱自清之子朱乔森编成《朱自清爱情书信手迹》一书，收录爱情书信75封，此信为压轴之作。）

洗袜子是会的，补却不会

——闻一多致高孝贞

几乎和朱自清一样，诗人、学者、清华大学教授闻一多也经历了"七七"之痛。卢沟桥事变刚过一周，他就已做好南下之准备。

1937年7月15日，他致信妻子高孝贞，说"耳边时来一阵炮声、飞机声，提醒你多少你不敢想的事，令你做文章没有心思，看书也没有心思，拔草也没有心思，只好满处找人打听消息"。他意识到，中日大战已在眼前。

7月19日，他就带着三个儿女和女佣南下，经南京抵武汉，并计划在武汉例行休假。如此，在武汉一待就是几个月。不到三个月，10月15日，朱自清就致信梅贻琦，请求展缓闻一多休假一年。10月20日，清华大学校长梅贻琦亦致信闻一多："此间中国文学系教授南来者不多，拟请台从展延休假一年，前来临大授课，以利教务……"此系快信，足见校事之急。这时，距长沙临时大学正式开课只有11天了。

接到梅贻琦来信，闻一多放弃了休假，立即动身，赶赴湖南。到长沙没几天，他就给妻子写了一封家信。与朱自清牵挂期待爱人来信一样，闻一多的家信也透着浓浓的爱意：

贞：出门快一星期了，尚未接家信，这是什么道理？若不是小小妹病使我

七七事变后，闻一多一家避居武昌。这是他们一家在家门前合影。（选自闻立雕、闻立鹏、杜春华、闻黎明编《诗人 学者 民主斗士——闻一多》画册）

担心，有没有信倒无关系。明信片上我已经写好了住址，只要填上几句话就行了。何以忙到这样？鹤雕两人就忘记我了吗？到这里来，并不像你们想的那样享福。早上起来，一毛钱一顿的早饭，是几碗冷稀饭，午饭晚饭都是两毛一顿，名曰两菜一汤，实只水煮盐拌的冰冰冷的白菜萝卜之类，其中加几片肉就算一个荤。加上这样一日三餐是在大食堂里吃的，所以开饭时间一过了，就没有吃的。先来的人们自己组织了一个小厨房，吃得当然好点，但现在人数已满，我来迟了，加入不了。至于茶水更不必提了。公共的地方预备了几瓶开水，一壶粗茶，渴了就对一点灌一杯，但常常不是没有开水就是没有茶。自己未尝不想买一个茶壶和热水瓶，但买来了也没有用，因为并没有人给你送开水来。再过一星期（十一月三日）还到衡山上去。到那里情形或者好一点，因为那边人数少些，一切当然容易弄得有秩序点。但是也难说。

信一开篇，就埋怨快一周了却尚未接到家信——"这是什么道理？"接着是牵儿挂女的唠叨，真如他自己所说，"男人做起母亲来，比女人的心还要软"。

在家有儿女绕膝，离开家就是独自一人。或许脱离了家累，妻儿觉得自己是在享福，其实并不如此，一日三餐，柴米油盐，吃饭喝茶，实在窘况频出，今后的日子会怎样，全难预料。闻一多话头一转：

> 我述了这种情形并非诉苦，因为来到这里，饭量并未减少，并且这样度着国难的日子于良心甚安。听说南开大学校长张伯苓先生还自己洗手巾袜子，我也在照办。讲到袜子，那双旧的，你为什么不给我补补再放进箱子里？我自己洗袜子是会的，补却不会。

前面说了许多在长沙生活的窘形，并不是来向爱人诉苦，一是并不因为生活的艰苦而减少饭量，其次能与同人共赴国难，内心也就更为坦然。来到这里，听说身为南开大学一校之长、已经61岁的张伯苓还自己洗手巾洗袜子，自己也在效仿。可是南来的衣物中，有一双旧袜子是破了洞的，"你为什么不给我补补再放进箱子里？我自己洗袜子是会的，补却不会。"这不是埋怨，分明是依恋！

"鉴、恕二人来否？历史系上衡山否，现尚未定。上衡山的一部分，恐怕要十一月半后才能上课。学校的钱寄到否？寄北平的款退回否？小小妹病究竟如何，我日夜挂念。鹤、雕能写信，小弟大妹也能画图画写字，何不寄点来给我看看？九月份薪金今日又领到九十七元四角五。多，十月廿六日"——闻一多在这封信的最后这样写道。

如君所见，此信是10月26日寄出的。前信尚未走远，后信又来。27日，闻一多又致信妻子，千叮万嘱，要妻子千万注意医治女儿"小小妹"和儿子立鹤的病，同时要注意自己的身体："医药费不可过爱惜，当用时就用。

千万千万！……你用钱不必过省，因为究竟身体要紧。"

几天后，11月1日，长沙临时大学正式开课了。可是爱侣的家信呢？只有刚到几天的侄子闻立恕（前信所说鉴、恕，即闻立鉴、闻立恕）带来的一封，恋妻思子心切的闻一多，一面忙着临时大学始业的工作，一面从长沙急切地致信妻子："贞：除由恕侄带一信来外，我到此从未接到一信，这未免太残忍了吗？"

他怀着万分的担心询问"小小妹"的病状，并表示如果不是为了省钱，一定已经回来一趟了。"我现在哀求你速来一信。请你可怜我的心并非铁打的。这里今天已上课，但文学院同人要后天才搬到南岳，一个星期后才上课。听说山上很冷，皮袍请仍旧取出，上次信上忘记说。长沙住家并不很贵。我想开春你们还是到这里来吧。"最后，向妻子报告了来湘后的领薪和经济情况。

千呼万盼中，11月2日，家里终于来信了——

贞：

早上写好一明信片，还未发出，下午接到你和雕儿的信，还有小弟大妹的字画，我很高兴。鹤儿无信来，想必还未起床，现在究竟怎样，盼详详细细告诉我，不要一味的只说痊愈。小妹呢？究竟好到什么程度，中间详细经过如何，也务必告诉我，请大舅写一信来亦可。你们都不会写信，真把我急死了。你看我几次回信是如何写的。家中一切的事，不管大小，或是你们心里想的事，都可以告诉我，愈详细愈好。鹤儿不能起来，他心里想些什么，可以叫他说，由你或雕儿写下来。你叫他们兄妹四人放乖些，不必常常想我。等我到南岳去后，看看情形，设法早些接你们来长沙。我最怕他们生病，别的都没有大关系。前回说改吃机器水，不知已照办否。他们这样生病，水的关系当然很大。至于饮食也不必太省了。病后的当吃什么补品，就吃罢，不要惜钱。细叔前回所说的鱼肝油精，可买来试试。补品中最好的莫过于此。明天上南岳，现在要清理东西。等到了那边，再有信来。毛衣不必打，可做件丝棉短袄寄来。你自己也要保卫身体。

仁弟谋得什么事，月薪若干？

多

十一月二日

第二天，闻一多就和冯友兰、朱自清、陈梦家、柳无忌、叶公超、金岳霖、罗皑岚、罗廷光、燕卜荪等多位教授一起冒雨乘车赴设于南岳圣经学校内的长沙临时大学文学院教书。

到南岳落定没几天，高孝贞于11月8日收到了闻一多的下一封家信。信中抱歉地说道："本应到这里就写信给你，现在过了好几天才动笔，根本原因还是懒，请你原谅。"

接着漫谈了在新工作地的生活："原来希望到南岳来，饮食可以好点，谁知道比长沙还不如。还是一天喝不到一次真正的开茶。至于饭菜，真是出生以来没有尝过的。饭里满是沙，肉是臭的，蔬菜大半是奇奇怪怪的树根草叶一类的东西。一桌八个人共吃四个荷包蛋，而且不是每天都有的。记得在家时，你常说我到长沙吃好的，你不知道比起我来，你们在家里的人是天天过年！不过还有一线希望。现在是包饭，将来打算换个厨子，由我们自己管账，或者要好点。今天和孙国华（清华同事，住北院）上街，共吃了廿个饺子，一盘炒鸡蛋，一碗豆腐汤，总算开了荤。至于住的地方，是在衡山上的一所洋房子，但这房子是外国人夏天避暑住的，冬天则从无人住过。前晚起风，我通夜未睡着。有的房间，窗子吹掉了，阳台上的栏杆吹歪了。湖南一年四季下雨（所以湖南出雨伞），而这山上的雨尤多。我们到这里快一个星期了，今天才看见太阳。总之，我们这里并不享福。"

比起艰苦的生活，闻一多在信中说："我吃苦是不怕的，只要你们在家里都平安，并且你常常写信来，我就快乐。"

此后，每一两周，闻一多的家信总能如期到达妻子手中。仍然是一如既往地告知自己的近况、表达对妻儿的挂念、介绍学校的情形。到了12月，战火向长沙临时大学的迫近已透过纸背传达出来。日机轰炸省会，长沙危急，南岳难泰！"这次所开两门功课，听讲的人数甚多，似乎是此间最大的班，我讲得也很起劲，可惜大局不定，学生不能真正安心听受耳。"

信已写到最后的落款，他又补充说："劝赵妈安心，此刻回北平是不可能的，在这年头先求保性命，次求不饿死，其他一切都顾不到，等仗打完，大家〔就〕出头了。"（1937年12月致高孝贞信）

这些信，如此地恳切，如此地催促，如此地渴盼。

"出门快一星期了，尚未接家信，这是什么道理？"

"我到此从未接到一信，这未免太残忍了吗？"

"我现在哀求你速来一信。请你可怜我的心并非铁打的。"

"你常常写信来，我就快乐！"

……

正如闻一多次子闻立雕所说，越是身陷艰难处境，闻一多越是思念妻子，"想念得像初恋的情人一样"。（闻立雕：《红烛——我的父亲闻一多》）

1938年7月28日，闻一多还曾从云南写过一封信给正待独自一人带着子女来云南的妻子。他在信中满怀歉疚地说："想来想去，真对不住你，向来没有同你出过远门，这回又给我逃脱了，如何叫你不恨我？过去的事，无法挽救，从今以后，我一定要专心侍奉你，做你的奴仆。只要你不气我，我什么事都愿替你做，好不好？"

这就是参加过"五四"新文化运动，喝了洋墨水、接受了新思想、一贯憧憬自由恋爱的、新文化运动孕育的诗人闻一多。面对应父母之命而结成的婚缘，他是如此地守护，如此地珍视，如此地依恋。

或许是相互爱怜，或许是时序磨合，或许是妻儿亲情……时间，融化了一切，释解了一切，升华了一切。

这是发酵在一所战时大学的南迁路上的，一段无限传统又无限摩登的爱情往事。

今天非多吃一碗饭不可

——闻一多致子女

闻一多对爱侣是无限牵挂的，对儿女也透着无限的思念。不在孩子们身边，他更为惦念孩子们的成长。在孩子面前，他永远长着一颗当母亲的心。

因此，在不断致信妻子高孝贞的同时，他也持续给孩子们写信。长沙临大开课第二天，他写了这样一封信：

鹤、雕两儿：

昨天寄回一信，想已收到。盼望你们来信，到现在还是没有。小小妹病究竟好了没有？小弟大妹好否？鹤儿身体有进步否？雕儿读书用心否？我无时不在挂念。我明天搬到衡山上去。衡山又名南岳，所以那边有一镇市名曰南岳市。你们写信可以写"湖南南岳市临时大学文学院"。昨天这里有过一次警报，但敌机并未来。南岳离长沙一百余里，汽车行三四小时。那边决无空袭的危险。你们都要听妈妈的话，千万千万。

父字

（1937）十一月二日

在信中，闻一多仍然表露着对家信的期盼，同时更关切着孩子们的健康和念书情况。长沙空袭警报之后，他将随文学院搬到南岳，他要请孩子们千万不用担心，因为"那边决无空袭的危险"。

一周后，在南岳已完全安顿下来。11月8日，他接着给孩子们写信，详述在南岳长沙临大文学院的情形："我们现在住的房子，曾经蒋委员长住过，但这房子并不好，冬天尤其不好。这窗子外面有两扇窗门，是木板做的，刮起风来，劈劈拍拍打的响声很大，打一下，楼板就震动一下，天花板的泥土随着往下掉一块。假使夜间你们住在这样一间房里，而且房里是点着煤油灯，你们怕不怕？这就是现在我所住的房子。"这真是让人提心吊胆。

不过，闻一多终归有一颗诗人的心，他接着却不无得意地说："但是这里风景却好极了。最有趣的是前天下大雨，我们站在阳台上，望着望着一朵云彩在我们对面，越来越近，一会儿从我们身边飘过去，钻进窗子到屋子里去了。中国古时，管五座大山叫五岳，中岳嵩山在河南，东岳泰山在山东，北岳恒山在河北，西岳华山在陕西，南岳衡山在湖南，就是我现在所住的这地方。古人说游山若游遍五岳，便足以自豪。我从前游过泰山，现在又住在衡山上，五岳中总算游了两岳。"这是何等的满意。

他在信中试探俩孩子："这封信，鹤雕两人看得懂吗？如果你们喜欢这样的信，以后我可以常常这样写。可是这些信，你要好好的保存。"孩子们是怎么回信的，我们今天已无从得知，但是一片父爱已在不言之中了。

到了12月，抗战形势已极为严峻，妻儿所在的武汉也并非平安之地。12月11日，闻一多致信长子立鹤："我在此间有许久未见报纸，故武汉情形，完全不知。近数日来始稍得消息，闻武汉人心颇恐慌，政府并且劝令人民搬下乡去。似此情形，则汝等自宜早些回乡为妙。"在介绍完乡下老家情形及托人领薪等事宜后，他意味深长地写道："近来我军战事不利，我们人民真正的难关快要来到，我们都应该准备吃苦才对。你同你母亲都不愿回乡，这是不对的。你们回乡，不但生命可以安全，使我放心，并且可以省些用度。我看，一等钱寄到，你们便应回去。目前不妨把东西陆续收拾起来。"战事当头，我们都应和人民一起，要做好辗转吃苦，长期抗战的准备。

闻一多（右一）与两青年在车
站（选自《诗人 学者 民主斗
士——闻一多》画册）

在信中，他尤其担心次子闻立雕的功课，希望妻儿回乡后在祖父监督下能
有所转变。"总之回乡以后，你们不至有什么不方便，一切的事，你们可向祖父
说，祖父自然会有安顿。至于我在这里生活现在很好，饮食及一切都改良了，
现在我并不吃苦，你们可以放心。下回发薪水，我就寄到乡下去，外祖母的钱，
我直接寄到他们家里去。他们的门牌我忘记了，下次你写信来，务必告诉我。"

他特别叮嘱："汝母脚痛，至今未愈，我很忧虑，应找医生吃点药，千万不
可大意。脚冻了，则最好天天用热水洗一次，棉鞋还要大些厚些，便自然会好。
乡下空气较好，房屋较大，易得阳光，你们回乡身体应该好些。这也是我要你
们回去的一种理由。你渐渐能懂事了，并能写信，我很快乐。从此你更应用心
读书写字，并带领弟妹们用功。如此，你便真是我的好儿子。下次叫雕写信来，
看他有进步否。"照顾好母亲，用功念书写字，轮流着写信报告，这是离家在

外的闻一多对孩子们最低的要求。

如闻一多所料，抗战期间，不断地流离是难免的。

到南岳后不久，12月中旬，学校就已有再迁桂林的动向。12月15日一早，他就孩子们的教育问题写信给妻子，一方面询问是否已回乡，另一方面细谈孩子们的情况。"鹤儿来函云彼等如何念我，读之令我心酸，惟此次之信又较前进步，不但词能达意，且甚有曲折，又使我转悲为喜也。回乡后，务令鹤雕等严格做功课。雕儿玩心大，且脾气乖张，但绝非废材，务当遇事劝导，不可怒骂。对鹏儿名女，亦当如此。我不在家，教育儿女之责任便在你身上，千万不可大意也。"在家庭中如何对孩子们施教，闻一多有着自己明确的理念。劝导为上，怒骂为下，这是他的教子信条。

在如此千叮咛万嘱咐中，闻一多到长沙临时大学执教已四个月。这时的湖南，已在敌寇炮火的威胁之下。早在1938年元旦前后，长沙临大已有再迁之议。不久，经学校慎重考察并报教育部同意，长沙临时大学决定于2月中旬开始迁往云南。

其间，闻一多于1月3日动身赴武汉，很快又转赴浠水老家与妻儿会合，以作短暂的别后之聚。1月29日，返抵长沙。到长沙后，迁滇已成定局。学校决定将师生分几路迁滇，其中最难的一路为步行团。经再三考量，他决定与其他几位教授一起，偕学生步行。

时间过得很快，一晃到了2月19日，由11名教师、近300名学生及教官、医生等组成的"湘黔滇旅行团"也迎来了出征的时刻。出征前，他给次子立雕写了长沙时期的最后一封信：

雕儿知悉：

我在家时曾嘱你特别要多写信来。难道我一出门，你们就把我忘记了吗？但我并没有忘记你们，尤其是你们读书的事。你尤其要用心，也不要和小弟大妹吵闹。一切要听爹爹说话。乡里暂时平安，一切我都放心，所不放心的，就是怕你们不用心读书。我今天上船，三天后到常德，再写信回。

父 多字

二月十九日

自此，又是与妻儿长时间的分别，闻一多心中对家人的挂念自不必言。

经历68天的徒步旅行，闻一多和湘黔滇旅行团全体师生终于到达云南。很快，又转赴蒙自任教。此前，国立长沙临时大学已改称国立西南联合大学。联大的文学院和法商学院就设在这里。

在蒙自，他收到了到滇后的第一封家信，喜悦之情溢于言表：

鹤、雕两儿阅悉：

今天上课回来，看见桌上一封家信，已经喜欢得很。拆开一看，文字比从前更通顺，字迹也整齐，我更高兴。再加上信中带来消息，说北平的书寄来了一部分，尤其令我喜出望外。今天非多吃一碗饭不可！你们的信稿究竟有人改过没有？像这样进步下去，如何是好！你们真应感谢祖父，应当加意服侍祖父和祖母。你们年纪一天大一天，应该能够服侍。写信可以代替作文，以后要每星期来一次信。如果太忙，可以由你们二人和你母亲轮流写。信中少说空话，多报消息。家中或乡间任何琐事，都是写信的资料。这样写法，我每次接到你们一封信，不就等于回家一次吗？上次写信给祖父，请教你们读四书，不知已实行否。在这未上学校的期间，务必把中文底子打好。我自己教中文，我希望我的儿子在中文上总要比一般强一点。三月薪金已发，但蒙自尚未领到。因为此地银行办事处尚未成立，一时也不能汇钱回来。你母亲手中余款总共还有多少，来信务须告我。小弟、大妹、小妹做些什么，说些什么，也告诉我，我很想念他们。天气渐热，怕生病，一切要小心。每次来信应书明阳历日期。

父字

孩子们的家信带来了这么值得欣慰的成长信息，也带来了北平家中部分书籍已寄来云南的消息，确实使身在云南书荒之乡的闻一多喜出望外。

　　从家信中看到孩子们的进步，是为人父者最为宽慰之事。"拆开一看，文字比从前更通顺，字迹也整齐，我更高兴。……像这样进步下去，如何是好！"家信背后，透露着孩子们惊人的进步。在闻一多看来，写信既可以了解家里的点滴动态，洞察孩子们的成长步伐，也可以锻炼他们的写作之功。"务必把中文底子打好。我自己教中文，我希望我的儿子在中文上总要比一般强一点"，"家中或乡间任何琐事，都是写信的资料"，信中要少说空话，多报消息。家信应该写什么，又该如何写，闻一多循循善诱地启蒙着、引导着孩子们。

　　"今天非多吃一碗饭不可！"家庭和睦，亲人平安，儿女渐长，图籍南来，这是闻一多人生中最得意的一瞬。

男同学如猛虎一般围着

——张孝中致湖南《民国日报》

"绮梦空时大劫临，西迁南渡共浮沉。魂依京阙烟尘黯，愁对潇湘雾雨深。入郢焚麋仍苦战，碎瓯焦土费筹吟。惟祈更始全邦命，万众安危在帝心。"

这是长沙临时大学在湖南正式成立后，文学院教授吴宓当时所写的旧体诗《大劫》。全诗表达了作者在国难当头随校西迁，在烽火硝烟、山河破碎中既感黯然悲切，又矢志共赴国难，学术救国，坚定学人使命的悲愤图存心绪。恰如陈达所说："书籍与科学设备俱感缺乏，但教师与学生精神焕发。"（《浪迹十年》）

长沙临大于10月25日开学，11月1日开课始业。临大开课这一天后来被确定为西南联大校庆日。那么，临大开学后，学生的衣食住行情况如何呢？我们且看张孝中同学致湖南《民国日报》编辑的这封信——

××兄：

吃了早饭，到南岳市——离校约四里——去买东西，因为山高，跑下去出了一身大汗，只好脱卫生衣，回得校来，脑壳马上就疼起来，原来这样是最容易冒寒的，这是我第一次山居得的经验。——这是我们的行。

吃饭八人一桌，男女并不分餐，"风化"问题是牵涉不到的。好在都是高等知识分子，抢菜虽然有之，闹架却尚未见。饭是一天吃三顿，但早起吃稀饭，

长沙临时大学校址（湖南圣经学校全貌）

只能算半餐，所以实际上是"一日两顿半"。菜是六个大碗，硬的（肉也）少来软的（汤也）多，从山顶的厨房，端下来已是半冷，将来下雨吹风，恐怕都先要变成"冻块"才能到口。这是菜，虽说坏，还可以；量不多，但吃得快，并不吃亏。只有饭那才真是"老火"，既硬且糙，更兼多砂，吃饭时一个不留心，不是塞住咽喉，便要咀坏牙子。然而，最可怜的是女同学，饭来了，男同学如猛虎一般的围着，女同学们要想得着饭，虽大发"雌威"，也得等上半个钟头以上；及到男同学已罄一碗，伊们仅得其半。而其柔软之咽喉，更难受此种似石如铜之糙米饭的摩擦，更有"吃不得也哥哥！"之感。——这是我们的吃。

住，当然谈不上，但比"食"要舒服。西式的洋房，中式的设备，木床竹帘颇有乡村风味。其床五，聚"五族"而居焉（分子既杂，则校粹已失，故云"五族"，有共和之意味）。教室是新辟礼堂为四而成，桌椅黑板正赶制中。教室大可容三十五人，桌采联合阵线形势，每张可容三人，亦似远东电影院之座位。教室悬三角对峙灯（三盏），盖晚间即以此为自修室也。无书架，无抽屉，自修拿书来，读完放回去，大劫之后无书摆，故简如也。——这是我们的住。

近日天气还暖，在此穿件卫生衣或绳子衣还很够，并不感觉冷。我们进校时已缴十四块大洋——不，应该说十四张法币，作军服费，将来一律皮带裹腿，黄其衣，青其袍，齐齐整整，威威武武，可以言抗敌矣。目下则形形色色，不减当年，或穿西服，或着中装，或披长袍，或衣短服，咸自由，无干涉，而尤以女同学之红红绿绿，光辉映目，看之便觉国难已去其半。——这是我们的衣。

已将我们的衣食住行说过，现在附带说说一般的情形：此地同学约有两百左右，其中借读生约数十人，女同学约三十人。以地域分，则南北似乎相等。校居半山之间，一出大门，便是名胜（所谓白龙潭、飞来石，离校不过数十武）。北方的同学，因为住惯了平原，一见此地的重山叠岭，颇觉异趣。故晨兴后便有多人，持杖登山，并有身背草鞋，故作奇姿而后入山者，则以未过南方之生活，欲一尝之以为乐也。间亦有阴阳一对，雌雄并行，转之婷婷，以争胜者，则为乡下名山点缀，不可多得之景也。

校址离南（岳）市约四里，一切用品，都需到此购，颇不方便，第就节省云，则斯为尚矣。校中设邮局，可寄信，但电报来往，则须赴衡山，学校有专差，来往拍电辛力仅一元四角。穷者以为多，富者不以为然也。

名胜多，惜未游，未能告。惟晨间多雾，居高临下，但见村庄隐隐，林木若隐，古语所谓远山如画，此其验矣。孝蔚曰："余见人画树，常仅见其顶，至此始大悟"，是殆登南岳而通书理矣。

《国防论》，家表弟正看，已嘱阅后送去不误，请勿念。此间无报，如居"黑"城，缺然无闻，望赐贵报一份，如其未可，则订之可也。此颂

撰安！

弟张孝中上
十一月十五日

组成长沙临时大学的三校中，北大、清华都是当时国立的几所最高学府之一，南开又是知名的私立大学。因此，"古色香的故都，典雅朴素的红楼，安静闲适的清华园，令人崇念的木斋图书馆"（叶方恬：《苦难中成长的西南联大》），这样优越的办学条件在这里已不复存在了。"离开了晴空丽日的北方与平津的优越环境，赤手空拳的跑到卑湿的长沙去办临时

长沙临时大学图书馆藏书印

大学。这是一个剧变，一个试验，试验他们能不能适应新环境与创造新纪录。"
（杨振声：《北大在长沙》）

无疑，无论对于教授，还是学生，面临的都是重起炉灶所必须面对的艰难处境。

正如信中说，面对既硬且糙的两顿半饭食，大家也顾不得知识分子的矜持，一拥而抢。这种抢饭之风，后来也延续到昆明。可容纳35人的教室又是自修室，也兼作阅览室，可是"大劫"之后无书可摆。此大劫，既是日寇侵华之大劫，亦是同学们抢阅之后置书处之"大劫"，抢书之风也由此而兴。着装方面，则倾向半军事化。总之，高校学生的学习生活已完全进入了战时状态。

至于教授方面，大家都自然而然地、破天荒地恢复了学生时代的生活，每位教授被分住在各人一间小房的学生宿舍里。天冷后，大家围着长沙特有的小火缸煮茶谈天，倒也其乐融融。"初到时，教授们高居于小山坡上的一座洋房里，下望溪谷，仰视丛林密布的群山。下面是教室、饭厅及男女生宿舍所在地，走上去要爬300多级台阶。虽然风景优美，但甚不方便，尤其在冬天，走路相当困难，幸亏不久就搬到下面去了。"（柳无忌：《南岳山中的临大文学院》）

"大家自动的要求吃苦，要求缩减。于是在一次常委会中，决议薪水打七折支给。又公推蒋梦麟先生兼总务长，梅贻琦先生兼教务长，张伯苓先生兼建设长。后来蒋先生成天算账，累出胃病来，才让旁人帮他的忙。"（杨振声：《北大在长沙》）

正如信中所言，因交通梗阻，"此间无报，如居'黑'城"。柳无忌说，如此情形下，大家只好聚在一起闲谈。长沙有人来则去打探消息，不过消息却越来越坏，"南京失守，长沙遭轰炸。号称世外桃源的南岳山中，也受到两次空袭警报的威胁，铿锵的锣声打破了山居的沉寂。我们最关心的是学校飘摇、渺茫的前途，对此传说纷纭，这弦歌不绝之声究竟能维持到几时？"

弦歌之声究竟能维持到几时？抗战时局日趋危急，临时大学能在长沙办多久，师生心里也动荡着。因此，不断地有学生奔赴前线开展抗日救亡工作。到

1938年1月，学校将再次迁徙的消息，已经在一千多人的校内和整个长沙闹得沸沸扬扬。开学才两个多月的长沙临大并不安宁了。

学校终归决定要走。这个决定逐渐得到大部分师生和长沙市民的理解，有市民以"无邪"为笔名在湖南《民国日报》发表《送临大迁昆明歌》，以为致意：

去岁欢迎你，刚从平津来；感受倭寇的威胁，挟着琴书以避地。你们都是优秀的分子，民族文化正需要培植；国土已瓯缺，朝气不能死！何日跑回母亲的怀抱，平津永远是我们的！

此时欢送你，远向昆明去；避免敌机的袭击，翘望边疆而迈步。我们没有挽留的余地。学术机关应安全维护；百年以树人，复兴有基础！何时显出教育的功能，努力科学以驱强寇！

全诗寄托着一名普通市民对长沙临大广大师生以保存国之文脉，继续培植守护国家教育命脉，洗雪国之耻辱，以"百年树人"之壮志和坚韧，全力实现民族解放和民族复兴的殷殷期许。

长沙临时大学的办学正如其校名，临时性存在了约三个月，就不得不再次迁往云南。不过，这三个月也成为北大、清华、南开三校联合办学的黄金磨合期。三个月的洗礼，扎实地奠定了三校求同存异、精诚合作的基石。

"这个在播迁中的临时大学，设备虽极简陋，大家却那末富有朝气。而生活愈简单，做事的效率便愈高，纠纷也愈少。我那时还常在想：这正是三校反省的机会了。重要不在留恋过去的光荣，而在如何创造一个崭新的将来。三校比较之下，各校的短长互见。既可取长补短，而人才集中，也为任何一校所不及。当时一位清华的朋友对我说：'从来学校的人才没有这样盛，个人的朋友也没有这样多，我们为什么不可以永久合作呢？'这也可见三校的融洽无间了。"杨振声说。

千年万年的国家大计
——胡祖望致胡适

西南联大学生中，有不少是名人亲属。一方面，联大不少名教师的亲属就考进了本校，如吴晗的妹妹吴浦月，梅贻琦、蒋梦麟、冯友兰、杨武之、汤用彤、章廷谦、查良钊、陈达等教授的子女梅祖彦、蒋燕华、冯锺辽、杨振宁、汤一雄、章淹、查瑞传、陈旭都等；另一方面，一些社会名流的后人也纷纷投考就读联大，如翁文灏之子翁心钧、陈布雷之女陈琏、马衡侄孙马芳若、茅以升之女茅于美、植物学家胡先骕之子胡德熙，以及陶孟和的长子陶愉生、长女陶维正等。

新文学作家胡适，先任长沙临大和联大文学院院长（由冯友兰代理了几个月）。至1938年7月底，胡适任我国驻美大使，冯友兰才正式担任联大文学院院长。卸任联大文学院院长前，胡适始终在欧美诸国游说，动员各国各界支持中国抗日。作为一位挂名的文学院院长，长沙临大合组之际，他的长子胡祖望在国内，也面临大学升学的问题。

胡祖望，1919年3月生于苏州，1937年从天津南开中学毕业。此时，正值胡适即将前往美国开展工作。9月6日，他致信夫人江冬秀："祖望，我要带到武汉去，想交与武汉大学的王抚五或陈通伯，等候二次招考，或作旁听生。他很能照管自己，你可放心。"胡适对长子独立生活的能力充满信心。

9月11日，胡适到达武汉，办理胡祖望就学等事宜。至此，胡祖望在武汉大学做了旁听生。不久，胡祖望又以南开学籍进入长沙临时大学机械学系学习。

临大迁滇后，又随学校迁往昆明，就读西南联大机械系。

自去武汉大学旁听起到长沙临时大学，胡适和胡祖望父子之间书信往来不断。其中，胡祖望致父亲的书信，见证了长沙临时大学从开学到再迁昆明的情形。

从武汉大学到长沙临大

1937年9月13日，胡适将胡祖望托付给武汉的朋友后，即与钱端升教授乘机飞赴长沙。随之，又从长沙飞往香港。20日，又从香港乘机，经几日多地辗转后，于26日抵达美国旧金山。

就在胡适从香港启程赴美这天，以为父亲即将到达目的地的胡祖望就致信胡适报告：

"爸爸：你走了已有一个礼拜了。算来明天你就该到了美国了。你走后，我在高一涵先生家住了几天，昨天就搬到武汉大学来了。……现在是武汉工学院给我一个练习员的名义，我可以有住的地方，将来和一年级生一同听课，在空的时候去工厂实习。"

随而，胡祖望话头一转，透露："前几天我在汉口南开通讯处看见一封黄子坚先生的信，上面说若有南中保送南大的同学，可以候讯入临时大学。这样看来，临时大学大概还有一年级的可能，所以我已写了一封信给黄先生，问问他详细情形，但还没有回信，希望能有点办法。我想如有办法时，我将去那边。因为那样，我可以得到成绩，而在武汉我所念的是不能算学分的。"

9月23日，他继续函禀父亲在武大的情形。但是旁听生的身份，使他总是滋生着一种不稳定的情绪。这种情绪，随着他在南开通讯处看到黄钰生的信件那天开始，就在悄然发酵着。10月21日，这种情绪得到了最好的安顿。胡祖望在这天致信父亲：

"爸爸：又有好多天没有给你写信了，你近来好吗？我现在已来长沙，入临时大学，因为我不能在武大借读，来长沙就能不耽误一年，所以我只好来长沙了。临时大学订于十一月一日上课，现在才开始报到，所以详情如何，我们还不能得知。我们现在住在四十九标的营房之中，睡的是地板，不过铺有草褥子，又在楼上，不至于太潮湿，所以总还不算太坏。"

次月17日，是胡适46周岁生日，胡祖望选择在这一天汇报在长沙临时大学开学后的情况：

爸爸：

今天是你的生日，可是我远在千万里之外，不能亲身去贺，就是这封信到的时候，恐怕也要过年了。所以这封信就兼作贺生日和贺年的吧！

我来长沙已有两个月了，临大开学也有一个半月多了。但是时局至今，他们又有点恐慌，准备迁动了。听说要迁往桂林，不知确不确。照这个情形看下去，我们的课是上不长了，所以有好些人已去加入一些政治人员训练班之类的工作了。我想去投考高级航空机械生，这要明年一月中才考。我想届时考的人一定很多，并且一定有好些高年级的人去考。他要的是高中毕业的，所以真不敢说届时考得取不。

我想现在书既不能好好的念，还不如去做这种于国家于自己多少有点益处的工作。我想你一定赞同这个的。

妈妈和弟弟去上海已有二十多天了，但是至今还没有信来，我和舅舅都很着急。尤其是舅舅，因为宣城失后，离旌德已经很近，家中也没有信来，所以更是焦急。

长沙现在来了三万多伤兵，大部分住在四十九标，所以我们就搬到文艺中学来住了。长沙人对于伤兵丝毫没有帮助的意思，而一般车夫、小贩还对他们大敲竹杠，所以不免增加了好多误会，使得人们更怕伤兵了。

伤兵们真可怜，在前线受了伤之后，大部分是不能被救回来，他们这些被救回来的，却在后方得不着好的安慰和医治。现在后方真缺乏医生和药品，听说湘雅医院现在已感觉药品荒了。我们现在很希望外国人能接济我们大批的药品和医生。我想我们能多救活些卫国的战士，也许比多杀些敌人还要有价值的多。

你出去的时候，说是不久就回来，看现在的情形，你也许不会一时就回来吧。不多写了，祝你们

安好！

祖望

十二月十七日

如是，在严峻的战争形势下，长沙临大才刚刚开学，却已经有再迁的风声。包括胡祖望在内的不少联大同学，又得为下一步自己何去何从而认真考量了。

陈诚劝我们安心读书

面对各种风声，到底要走还是要留？如果要迁，是迁往桂林，还是迁往别处？胡祖望在1938年1月20日致父亲的信中明确写道："学校已决定迁昆明，但是详细办法还没有公布，不知究竟如何。听说是由各人自去。要走的话，恐怕要绕走香港、海防的一条路。对于国家的战争，一般同学都不太悲观，总相信能有办法的。"

胡祖望在信中并没有披露，得知学校最终决定要迁走的消息后，同学们的反应到底是怎样的。

他的信寄出当天，学校正式决定迁往昆明，并决议："聘请胡适之为文学院院长，吴有训为理学院院长，方显廷为法商学院院长，施嘉炀为工学院院长，在本校迁移昆明后执行任务。"

1月22日，正式发布了第53号布告："本校商承教育当局迁往昆明，嗣后关于设备之充实，教学之整理，务集众长，提高效率。凡学生志愿专心求学而成

1937年，在岳麓山的长沙临时大学机械工程学系部分同学。

绩及格者，得按规定手续，请求许可证，随往新址，笃志学问。迁移时本校各予川资津贴二十元。来迁移新址后，学宿各费暂行免收，惟膳食须行自筹。其有志服务，不去昆明而欲至国防机关工作者，本校当竭力介绍，以成其志，并按本校规定办法，为之保留学籍。至借读生，入学之初本规定暂准试读，至学期考试时，从严考核□定去取（见注册组布告），凡成绩优良、操行勤谨者，本校必予录取，准其随迁新址，以后待遇视同本校之学生。除赴滇手续及路程另行公布外，特此布告，仰各知照。"

其实，不论是迁校风声刚出，还是已有准确信息了之后，临大同学的心中都已经在持续的动荡中了。

2月6日起，临大学生会即两次以全体学生名义先后致信教育部部长陈立夫及国民政府总统蒋介石。其中，致教育部的呈信写道：

窃自属校常务委员会一月二十二日布告迁往昆明后，社会舆论，哗然责难；

同学之间，群相惶恐。学生等自平津沦陷，流亡来湘，仰承政府德意，设长沙临时大学，俾得继续读书。半载以还，自念国家情形，艰危若此，学生等既蒙政府展缓兵役，复得安处后方，从事学问，种种优容，实深惶悚。

方期从此砥砺奋发，专心学业，以期无负国家爱护培植之至意。乃未及半载，属校竟又以迁滇闻。……国家大学，乃国家文化精神之所寄托，战时青年教育，尤须注重坚贞不屈之精神；目前长沙生产文化机关，尚未有先我而迁者，我临时大学最高学府，举世瞩目，乃竟先自远迁，不特沮丧民气，非战时巩固后方之所宜有，抑且临难苟安，有违政府教育青年之主旨。

即以全国国立大学情形而论，国立武汉大学、国立湖南大学、国立西安临时大学，均尚安居原地，国立中央政治大学、国立浙江大学，虽以原校所在，沦陷敌手，亦仍在湖南芷江、江西吉安，分别复课。属校安处后方，实无丝毫理由，可以单独自请远避！且属校在湘草创成立，半年以来，惨淡经营，一切设备，方见略具规模；昆明方面，无论校舍设备，目前尚毫无准备，迁滇后欲求教学之安定，势又须一年半载之经营。

际此抗战紧急时期，坐令盈千大学青年，一再流徙，要亦国家莫大之损失。是以迁滇消息，一经公布，长沙报章，连日责难纷至，本省张主席来校训话，亦复表示反对。学生等昔者就读平津，未能固守国防前线，偶一自省，辄复内愧，何甘再为不必要之流徙，用敢沥陈下情，敬祈迅予严令属校停止迁滇准备，尅日在湘复课，以维教育，而安民心。

联大学生会在致蒋介石的信中，继续反对迁滇，并列举了"不可迁"四大理由：（一）如致教育部信中那样，担心迁校之举"影响军心、动摇民气"。（二）学校公布的迁滇办法中，"选健壮男同学三百组'湘黔滇步行队'，其他男女同学以及教职员等，其势将去香港转安南而入滇。前线炮火正烈，吾侪安居后方，不先直接报效国家，已日夜歉仄，何来闲情逸致作此逃亡其实之'旅行'"，认为这不仅影响军心民气，还将"贻笑外邦"。（三）"昆明僻处西陲，

陈诚将军

将来卒业以及家境困难之同学，寻觅工作颇为不便，而国家养士千日，苟一朝需用调动，亦不灵便"。（四）迁校之举，湘地民众和当局多有反对，"生等作不必要之跋涉事小，三湘父老拳拳之意关系实大"。

正在此种强烈反对迁滇的声音中，面对学校迁走还是留湘继续办学、同学们继续随迁学业还是投笔从戎的选择之难，一些名流也来到学校演讲。他们从各自的角度发出了自己的声音，如学生会的呈信中所述的张治中将军就于1月18日来到临大演讲，他表示："我的意思哩，是不赞成你们迁移的。如果说要迁移，迁移到什么地方去呢？迁移到贵阳好不好，迁移到昆明好不好，敌人能到长沙，难道就不能到贵阳吗？敌人既能到贵阳，难道就不能到昆明吗？我总以为这不是办法。"

在张治中来校前后，1月中旬，八路军驻湘通讯处代表徐特立也来临大作战时讲座，动员广大学生到前线去。一批学生此时早已急于上前线服务，经此动员，约有三分之一同学奔赴军队服务。临大学生会上书蒋介石时称，南京沦陷后，"投笔从戎之同学且四百多人"。

不过，早在1937年12月，第六战区司令长官陈诚将军也来到临大演讲，持的完全是另一种看法。他认为："教育是立国的根本，尤其当国家临到存亡绝续关头，成为绝对的需要，这是一个国家最强韧最可靠的生存力量。今天，学界中有许多人，以为抗战形势这般吃紧，人人都应该亲赴前线作实际杀敌的工作，高喊'离开学校''抛开书本'的口号。从表面看来，这种论调，不能算错。但要知道教育是千年万年的国家大计，所谓'百年树人'，一个国家，要建国，要强盛，就要培植无量数的人才，以为领导，以为中坚。大家身受大学教育，知识丰富，能力精强，就是当前抗敌建国的主要的干部。……实际上，在目前，教育的意义，比较平时尤为重大。一方面，学校成为后方文化的重镇，安定社会的主力，他方面，学生担任后援宣传工作，激发抗战情绪，为支持前方作战的中心。除在万分困难时候，我们不能将学校任意迁动。我常常对部属说：'忠于职务。'这句话的意思，就是要大家在一个目标之下，一定范围之内，尽到自己的本分。就拿抗战的例子来说，国家行政各部门，自有其本身的责任，做军人的，要效死沙场，办实业的，要充裕民生，做学生的也就要安心求学，方使前方后方，井然有序。倘使做军人的反到后方读书，做学生的反到前方作战，这还成什么样子？！"

陈诚不仅鼓励学生安心读书，也支持学校迁滇。穆旦回忆说："他给同学们痛快淋漓地分析了当前的局势，同时征引了郭沫若、周恩来、陈独秀等对于青年责任的意见。而他的结论是学校应当迁移。我这里得说，以后会有很多同学愿随学校赴云南者，陈诚将军是给了很大的影响的。"

故此，胡祖望在信中继续说："年前，陈诚将军来给我们说了一次话，他劝我们要安心读书。由于他这次谈话，同学们比较安心一点了。"

在徐特立和陈诚的影响下，长沙临时大学的同学选择了两条爱国报国的路。一是到抗战前线直接服务，二是继续随校迁往昆明（这部分同学达三分之二）。胡祖望本来也打算投考航空学校到前线抗战，但早前，母亲江冬秀就已写信要他随校迁移。为了奉母命，加上陈诚的动员，也就选择了从长沙到上海看望母亲后，再自上海转香港，从海路赶到昆明继续就学。

显然，胡祖望在听了陈诚的演讲后，并未赞成临大学生会上呈信的观点。在民族存亡的紧要关头，既需要到抗敌前线战斗的战士，也需要在后方继续力量的文化种子。所谓"救国不忘读书"，西南联大也以在滇八年的卓著办学成就及其持久深远的影响诠释了文化抗战的实际意义。

这正如两年半后，联大师范学院教授陈友松为教育学系1940级毕业纪念册所写题词："谁说你们是学士，我说你们是战士，是教育前线新出征的战士！"

1938

我从研究古代文化，

深深地树立了

我长久从事于学术的

决心和兴趣；

亦因了解古代

而了解我们的祖先，

使我有信心

虽在国家危急万状之时，

不悲观、不动摇，

在别人叹气空想之中，

切切实实

从事于学问。

——陈梦家

当以事业相砥砺

——闻一多致顾毓琇、高孝贞

1993年5月，著名侨领、美国宾州坦普尔大学程君复教授从美国带来闻一多先生三封书信捐赠清华大学。这三封信是受著名科学家、教育家、诗人、艺术家顾毓琇教授委托捐赠的。

三封信中的两封，写于全面抗战爆发不久的1938年，收信人就是顾毓琇教授。

长沙临时大学成立后，顾毓琇（字一樵）任工学院院长。正当临大准备迁滇之际，闻一多和好友顾毓琇曾作长夜畅谈。在好友的支持下，闻一多已决定带着学生们徒步赴滇。

顾毓琇

正在此时，已经迁往武汉的国民政府任命顾毓琇为教育部政务次长。不久，又兼任战时教育委员会主任委员。为更加用心用力地奉献国家、投身抗战，顾毓琇盛邀闻一多一同前往教育部任职。

学而优则仕，这也许是许多读书人梦寐以求的机会。但对刚届39岁的闻一多来说，其终身认定的事业却不在从政。他致信顾毓琇：

一樵兄：

　　承嘱之事，盛意可感。惟是弟之所知，仅国学中某一部分，兹事体大，万难胜任。且累年所蓄著述之志，恨不得早日实现。近甫得机会，恐稍纵即逝，将使半生勤劳，一无所成，亦可惜也。老友中惟我辈数人，不甘自弃，时以事业相砥砺，弟个人得兄之鼓励尤多，每用自庆。但我辈做事，亦不必聚在一处，苟各自努力，认清方向，迈进不已，要当殊途同归也。平时渴望朋好中人登台，一旦实现，复嫌帮忙人太少，自不免令兄失望。然上述弟于此事力不胜任一层，亦是实话，然则直谓我辈中无人才可耳。思念至此，不胜浩叹。今晚仍决赴湘，以后若有其他适当机会，再图效力。惟学校亦是一地盘，仍望兄时时留意，使之充实，庶得与兄方相呼应耳。书此敬候

大安

　　　　　　　　　　　　　　　　　　　　　　　　　　弟多上

　　　　　　　　　　　　　　　　　　　　　　　　　　一月廿六日

　　首先，要十分感谢老友的盛意。然而，自己对于从事政务，难以胜任，因为"弟之所知，仅国学中某一部分"，和教育部的工作搭不上边。况且，多年来，自己心中一直满怀著述之志。立德立言之夙愿，"恨不得早日实现"，如今得到在大学从事学术的大好机会，唯恐这样的良机稍纵而逝。假如真是这样，那半生的勤苦将付诸东流，这实在太可惜了。

　　信中说，很庆幸，挚友之中，我们一帮人都不甘落人之后。大家常常以事业心砥砺自我，一多我本人则得到一樵吾兄鼓励甚多，这使我时常感到，交到你这样的朋友是极为庆幸的。然而，我们要成就一番事业，却不必聚于一处。只要我们认清自己的前行方向，各自从不同的方面努力，也会殊途同归的。今后如有合适时机，定当不负盛意。当然，学校也是一处实现个人学术抱负的要地，仍望一樵兄在教育部多多关照学校，尽可能充实学校的办学实力，这样，

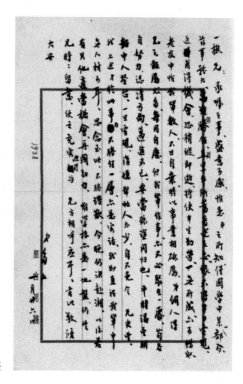

闻一多致顾毓琇信手迹

我和你就能两两呼应了。

对于闻一多偏向学术的事业心，顾毓琇一定是十分理解的。但闻一多身后，还有一家老小。他们是否能理解闻一多的选择呢？面对在教育部高官厚禄的可能前途和身在象牙塔清贫治学的必然结果，家人尤其是身为人母的爱侣高孝贞是很难理解的。

2月15日，就在长沙临时大学正式迁滇前夕，闻一多致高孝贞的信就揭示了个人理想与家庭现实的深刻矛盾。

贞：

此次出门来，本不同平常，你们一切都时时在我挂念之中，因此盼望家信之切，自亦与平常不同。然而除三哥为立恕的事，来过两封信外，离家将近一月，未接家中一字。这是什么缘故？出门以前，曾经跟你说过许多话，你难道还没有了解我的苦衷吗？出这样的远门，谁情愿，尤其在这种时候？

一个男人在外边奔走，千辛万苦，不外是名与利。名也许是我个人的事，但名是我已经有了的，并且在家里反正有书可读，所以在家里并不妨害我得名。这回出来唯一目的，当然为的是利。讲到利，却不是我个人的事，而是为你我，和你的儿女。何况所谓利，也并不是什么分外的利，只是求将来得一温饱，和儿女的教育费而已。这道理很简单，如果你还不了解我，那也太不近人情了！

这里清华北大南开三个学校的教职员，不下数百人，谁不抛开妻子跟着学校跑？连以前打算离校，或已经离校了的，现在也回来一齐去了。你或者怪了我没有就汉口的事，但是我一生不愿做官，也实在不是做官的人，你不应勉强一个人做他不能做不愿做的事。我不知道这封信写给你，有用没有。如果你真是不能回心转意，我又有什么办法？儿女们又小，他们不懂，我有苦向谁诉去？那天动身的时候，他们都睡着了。我想如果不叫醒他们，说我走了，恐怕第二天他们起来，不看见我，心里失望，所以我把他们一个个叫醒，跟他说我走了，叫他再睡。但是叫到小弟，话没有说完，喉咙管硬了，说不出来，所以大妹我没有叫，实在是不能叫。本来还想嘱咐赵妈几句，索性也不说了。我到母亲那里去的时候，不记得说了些什么话，我难过极了。

出了一生的门，现在更不是小孩子，然而一上轿子，我就哭了。母亲这大年纪，披着衣裳坐在床边，父亲和驷弟半夜三更送我出大门，那时你不知道是在睡觉呢还是生气。现在这样久了，自己没有一封信来，也没有叫鹤雕随便画几个字来。

我也常想到，四十岁的人，何以这样心软。但是出门的人盼望家信，你能说是过分吗？到昆明须四十余日，那么这四十余日中是无法接到你的信的。如果你马上就发信到昆明，那样我一到昆明，就可以看到你的信。不然，你就当我已经死了，以后也永远不必写信来。

多

二月十五日

信中"骊弟",即与闻一多同校任教的闻家骊教授。

一个男人的事业心,一个男人一生的千辛万苦,全在于名和利。对于闻一多而言,名自然是已为外人所熟知的诗人、学者,立言、著述这一"名山事业",他确实早已达到。至于利,一生追求,却不外乎保证温饱,保障家庭开支,保有教育经费,别无高官厚禄、一官半职之所求。"我一生不愿做官,也实在不是做官的人,你不应勉强一个人做他不能做不愿做的事",为此,他渴望爱侣能理解他纯粹的学术追求,理解他身为人夫、身为人父为家庭承载着的全心的爱。老接不着家信,难道是爱侣还不解自己的一份苦心?心焦,心急,心软,心在痛,但是无论如何,已认定了向学海进发的恒心,这是决然不改的。否则,"你就当我已经死了,以后也永远不必写信来"!

当然,高孝贞最终以对丈夫抉择的默默支持表达了自己鲜明的态度。从此,闻一多也从"坐而言者",成为"立而行之"者,不仅把平生所得贡献于学术讲坛,更以宝贵生命敬献他所崇尚的事业。

如临大仍在长沙，则前途不远

——柳无忌致柳亚子

西南联大时期的柳无忌

长沙临时大学的迁滇决定出台之初，遭到不少学生反对的声音。教授方面，支持迁走的声音则似乎坚定得多。

1938年2月7日，农历正月初八。外国文学系教授柳无忌，在致父亲柳亚子的信中，就鲜明地表达了支持学校的迁滇决策。

其信写道——

父亲：

十二月十六号信收到，平信在路上走了二十天，尚不算太慢。似乎我寄你们的信，比你们给我的信，要稍为快一些。你以前的几信亦早收到了。勿念。

我们现仍在南岳，暂时不致离去，如搬长沙，或整个学校搬昆明，事实上要在寒假后了。昨天长沙又来一信，要提早考试，改在二十四至二十九号，与我返家的计划并不冲突。迁校大概仍在酝酿中，结果如何，尚未公开出来，或者也许尚无结果。据我看来，如临大仍在长沙，则前途不远，寿命不久，除非时局特别的意外的好转，解散是不免的。那末我回沪后就可不必回来了。如去昆明，则至少可再维持半载；不幸的话，可以与政府同归于尽，如果乐观，则可以支持到搬回平津去。我想象中的昆明极好，很想去看看。至于去昆明之途，似以海道为方便，谅自沪可乘法轮至海防，转火车可直达昆明，如从此地去，虽有公路，但须走七至十二天，路上之苦，无以复加也。（前我在沪时时来之李田意夫妇，最近自长沙去昆明，昨天接到他从昆寄来一信，说路上走了十二天，辛苦之至，最怕是半路车坏，简直没有办法。）

上海法租界我以为较安全。法日利害冲突尚少，且均不愿直接树敌。至于日人压迫法租界，以致放弃及开火，都不会成事实，因两方面都不必启衅也。重庆与昆明，我以为后者好。不但去重庆事实上甚困难（除非坐飞机，又贵，又不能带行李），且该地为日人最后之目标，最不幸时可以成为战场（我当然不相信日军有直溯长江至渝之可能），至于昆明则惟有被炸之可虞，那机会很少，此外则甚安全，更有后路可退至安南也。不知你以为如何？

二舅父已抵沪否？明姑母等有消息吗？（其实我这些问题要待我返沪后才可得答复，因为此信你可不必覆，覆亦不能递到我处了。）前日小寒，天气较冷。我现在暖衣服甚多，所以不怕了。

再会。祝好！

无忌 正月八号

柳无忌是在南开大学被日寇占领后，1937年10月初，得学校通知，嘱其按期赴长沙任教的。24日，他从上海启程，乘车船经南京、汉口，于长沙临大开学当天到达长沙。到长沙第二天，他就致信父亲，称："临大现已有学生千余人，教职员甚多，清华几全到，南大最少，有学生百卅余，教员仅十余人而已。文学院师生全体去南岳，约学生百余，教员已到者十七人，未到者尚有多人。自沙去南岳，公共汽车四小时（四元），轿半小时，交通不太便，无事时我不拟多行，省得来去麻烦。我们所住宿舍，曾为委员长行营，谅不至相当太坏。"

随之，他就与朱自清、闻一多、冯友兰、叶公超等十余人，拖着行李，乘长途汽车来到南岳山中文学院校址。

11月15日，他写信向父亲报告南岳的生活："饭不大好吃。这次去长，买了二匣马宝山饼干。这些上海货物现在也慢慢涨价了。长沙有国货陈列馆、上海国货公司二百货商店，等于上海之新新、大新等，但规模太小了。普通应用东西，长沙都可买到，稍贵而已。在山上买物却是要一样没有一样，可谓不方便了。不过住着却是极其清静。"

第二天，学生正式开课了。柳无忌回忆，八十余名学生一来，几乎与尘寰隔绝的南岳山中顿时热闹起来。"这学期只上课两月，自11月19日至次年1月20日起，我担任三门功课，英国文学史班上有14人，英国戏剧有30余人（日记所载如此，似乎太多），还有现代英国文学，人数无记录。这三门功课我在南开都教过，但离开上海时匆忙间未带任何书籍与笔记。幸好当时年轻，记忆力强，又不知何处弄到了几部书，如《剑桥英国文学史》《金库诗选》，与好几本英国伊丽莎白时代的戏剧，颇有帮助。学生读书不易，既无课本，亦缺少参考书，教室内一块小黑板还是后来才搬进来的。考试成绩不差，大概是死记笔记的关系，在这种情况下未可非难。"

南岳山上的日子时好时坏，更有动荡中的不安。12月20日，他致信父亲："我们在数日前有搬场的消息，闹得满校不安，这问题现在尚未解决，但似有趋于留此的倾向了。……我们却先已小搬场一次，现四人住一房，挤得很，一切当然没有以前的舒服。正如过学生的生活，但人却未能返老为童也。……因心绪不宁，书读不进，一切都无兴趣了。"学校可能搬迁的消息，在教师中也引起了震动。

到了12月29日，他写给父亲的信："我交了搬场运，在南岳校中搬了四次，现在又须搬去长沙，大概一星期后即将成行。到了长沙后，乃无处可搬，此后情形紧张时，惟有解散一途了。现各方面正在准备着，大概日期亦不远：要看长江战事如何，及将来长沙之被轰炸程度而定。现校中人惟希望能过此学期，下学期是否照常开学，已无把握了。"

临时大学，真如其名，正经历惊险下的抗战时局的严峻考验。

至于长沙临大应当何去何从，在1938年春节期间写给父亲的这封信中，柳无忌十分直接地表示，迁校一事，"据我看来，如临大仍在长沙，则前途不远，寿命不久，除非时局特别的意外的好转，解散是不免的。那末我回沪后就可不必回来了。如去昆明，则至少可再维持半载；不幸的话，可以与政府同归于尽，如果乐观，则可以支持到搬回平津去"。

他其实特别期待校迁昆明后的教育生活："我想象中的昆明极好，很想去看看。"为此，他甚至将重庆和昆明进行对比："重庆与昆明，我以为后者好。不但去重庆事实上甚困难（除非坐飞机，又贵，又不能带行李），且该地为日人最后之目标，最不幸时可以成为战场（我当然不相信日军有直溯长江至渝之可能），至于昆明则惟有被炸之可虞，那机会很少，此外则甚安全，更有后路可退至安南也。"

他认为，昆明"虽在西南大后方，交通不便，却离战火极远，是一个理想的读书地点，可以弦诵不辍"。（昆明在当时的大后方中，交通其实极为便利。）

长沙临大决定迁滇后，柳无忌也就按照预定计划，于1938年2月21日，经南岳赴上海，又自上海，携家眷走海路过香港，转越南，3月16日抵达昆明。他在《烽火中讲学双城记》一文中回忆了走海路的经历。

他说，此行"虽无步行的艰辛，却也长途跋涉，冒着相当危险。在上海轮船码头上看见耀武扬威的日本帝国皇军，雪亮的刺刀插在枪上，使人悸栗不安；也忧心忡忡，不知何日能光复失土。到海防时，经过海关，检查行李，看到法国人在殖民地那副狰狞的面目，与在他们手下一些安南人狐假虎威的气焰。过了这关，从河内坐上单轨的、狭窄的滇越铁路火车，慢吞吞地一站一站停下，晚上索性歇夜不开。虽然路途不远，旅程却似乎永无尽止的。可是，一过了滇越交界的老街，重返国土，心里的高兴是不可言喻的"。

4月2日，长沙临时大学改称国立西南联合大学，柳无忌认为，这是"取其较有永久性"。从此,柳无忌开始了在大西南长达八载的执教生活(联大和中央大学各占4年)。在昆明,他也曾经历租住民居、疏散乡间、频繁跑警报、物价上涨等战时生活,可谓甘苦皆有。不过,"回想到当年集中国英俊有为的青年而教之",他觉得这是人生中的一大乐事。

他说:"联大学生的素质很高,由于教授的叫座,有志的青年不远千里从后方各处闻风而来,集中在昆明。他们的成绩不逊于战前的学生,而意志的坚强与治学的勤健,则尤过之。……学生的生活是简朴的、枯燥的,但越规的行动甚少,训育方面的问题并不严重。"

一多入旅行团应带棺材走

——闻一多信中的湘黔滇苦旅

1938年1月22日，长沙临时大学发布了迁校布告："本校商承教育当局迁往昆明，嗣后关于设备之充实，教学之整理，务集众长，提高效率。凡学生志愿专心求学而成绩及格者，得按规定手续，请求许可证，随往新址，笃志学问。"

迁滇主要分三条路线：一是由多数教师、眷属、体弱无法步行的男生和全体女生组成的海陆路。由长沙乘粤汉铁路至广州，再到香港乘船到海防，最后乘滇越铁路到蒙自、昆明。其中女同学由黄钰生教授夫人梅美德女士率领。

第二条路线是由陈岱孙教授率领的陆路。由长沙沿湘桂路到桂林、南宁、镇南关到河内，最后乘滇越铁路到达蒙自。

由300多名师生组成、黄师岳中将任团长的湘黔滇旅行团，则步行到滇。旅行团出发之前，学校于2月4日发布了《关于迁校步行计划的布告》：

查本校迁滇原拟有步行计划，借以多习民情，考查风土，采集标本，锻炼体魄，务使迁移之举本身即是教育，嗣以路途长遥、人数众多、指导保护诸多不便，故仅于赴滇路程及手续中另立沿途调查及采集一条，藉以鼓励。兹经本校与湖南省政府当局接洽，慨承赞助，允派高级将官并由地方政府负责保护，沿途指导。本校教职员另组辅导团与学生同行。

以11名教师组成的辅导团，由黄钰生教授具体负责，闻一多、袁复礼、李继侗、曾昭抡、许维遹、毛应斗、吴征镒、郭海峰、李嘉言和王钟山等10名教师参加。

参加这次长途步行，闻一多是进行了反复考虑的。

步行入滇之决定

早在1938年1月3日，他在致双亲的信中，已经告知："临大全校现又有迁云南昆明之议，并拟自购汽车十辆以供运输之用。男恐西迁之后路途遥远一时不能回家，故决定立即回家一看。……学生离校者甚多，大约愿随校西迁者不过数百人而已。校中实亦不愿人数过多，恐旅行不便也。"显然，他是决定参加西迁的。

1月30日，他致信高孝贞："昨晚到此，始知同人已有数批出发了。我即须

1938年2月，长沙临时大学湘黔滇旅行团徒步迁徙情形。（龙美光保存）

照相，以备护照之用。其他琐事甚多，幸而未在家中过年，不然将来不及矣。学生将由公路步行入滇，教职员均取道香港、海防去。校中津贴六十余元，但有多人将此款捐助寒苦学生作津贴，此事系公超发起，我将来恐亦不得不捐出，如此则路费须自己担负矣。又同人乘二等车者居多，因二等可包专车（每车二十四人），三等人数过多，不能包用。我因结伴关系，或亦将乘二等，如此则用费又须超出。校中派有专人在香港、海防招待旅行事务，香港派公超，海防派陈福田，陈已启程，公超二月三日去。"此时，他预备是要走第一条，从海陆路到滇的。但学校发给的六十余元津贴，已拟捐助寒苦学生作津贴。如此，路费就需要设法自己负担，是否负担得起，其实是成问题的。

经过一天的考虑，第二天，他致信二哥闻家骅："此间学生拟徒步入滇，教职员方面有杨金甫、黄子坚、曾昭抡等五六人加入，弟亦拟加入，因一则可得经验，二则可以省钱。今将不甚重要之书籍及皮大衣共一柳条包托人带至亦齐弟处，目下计已带到，请派老韦过江取来，随后再托人带回乡下。此中书籍驷弟皆可用，其余衣物亦以存放乡下为妥。校中本拟发给教员路费六十五元，由香港取道安南入滇，步行者则一切费用皆由校备，不知路费是否照发，若仍照发，则此款可以干落矣。启程日期尚未决定，大约在一星期后，届时再函告家中。"

10天后，他致信双亲报告——

双亲大人膝下：

前奉两禀，计已达到。校中迁滇路程，分三种：一、由粤汉取道香港，转海防入滇；二、步行经贵阳入滇；三、乘汽车经桂林至龙州，入安南，乘火车入滇。第一线因广州时有空袭，不甚安全，第二线男本有意加入，今复虑身体不支，故决采第三线，此线用费较多，然除校中津贴六十五元外，自担者想至多不过四五十元耳，借此得一游桂省山水，亦殊不恶也。三哥来函云恕侄仍决返校，此举甚是，但不知已首途来湘否。步行入滇者，一切费用皆由校备，恕侄自当加入此种，至滇后，校中对寒苦学生有补助办法，但详细办法现尚未公布耳，万一此举不能实现，恕侄一切男亦可担负也。日前曾汇三百元至二哥处，想不久即可带归，鹤雕等读书事，不知如何处置。出门将近二十日，此事时时在心中，而儿辈竟无只字寄来，殊可恨也。启程日期大约在二月十五六日，届时再行奉闻。敬颂

万福

男 多叩

二、十一

鉴于身体状况不佳，遂考虑走陆路到滇，但希望侄子闻立恕能随旅行团步行到滇。然而，走陆路所需的费用绝非闻一多预想的自担四五十元就够。因此，为了节省经费，同时达成走向中国社会、了解中国国情之目的，闻一多最终还是选择了随湘黔滇旅行团一道行动。

旅行团出发前三日，2月16日，他致信父亲——

父亲大人膝下：

前函云乘汽车经桂林赴滇，今因费用过巨之故，仍改偕学生步行。其路程计由长沙至常德一百九十三公里，乘民船；由常德至芷江三百六十一公里，步行；由芷江至晃县六十五公里，汽车；由晃县至贵阳三百九十公里，汽车；由贵阳至永宁一百九十公里，步行；由永宁至平彝二百三十二公里，汽车；由平彝至昆明二百三十七公里，步行。全程约须四十余日。

参加者学生将近三百人，教授有黄子坚、曾昭抡、袁复礼、李继侗及男等五人，助教五人，学生由张主席派一师长率领，编成若干队，教员则为辅导团，携有医生护士各一人，无线电收音机一架，图书若干箱，伙夫十余人。张主席赠行军用具如水壶、干粮袋、草鞋、裹腿等数百份，猪五只，教厅长朱经农赠猪二只。定十九日启程，此行可称壮举矣。

恕侄至今未到，不知何故，现报到期已过，继续加入须罚洋三十元，即等于路费用〔自〕备，恕侄不来则已，来则大吃亏矣。且其他手续是否能办理完毕亦一问题，男前已去函催彼速来，又托饶子离兄带口信，据三哥来函云，彼到汉后须买俄文书，准星期日动身。不知俄文书对气象学有何关系，何以必需买他，真荒谬绝伦矣。

前传赴滇学生仅四百人，今则报名者已达九百，可见大多数仍知读书重要，恕若改变计划不来，尤为失策，若仍须来，则势已不可能，缘加入旅行团（即步行者）颇有困难，已如上述，而由粤汉路走，则领取补助费期限已过，路费完全须自备，少则六七十元，多则百元，其他如办理护照等困难尤多，尚非所论矣。

自出门来，于今将近一月，未接家信，到昆明须四十余日，此中即有信来亦接不到，此在出门人心上是何滋味！男妇非不知书，儿辈亦略识字，过去亦常通信，何以此次狠心至此！

敬颂

金安

男 多叩禀

二月十六日

通信处：云南昆明国立临时大学办事处

如信所述，在湖南省主席张治中的精心安排和丰厚赠礼下，有黄师岳中将率员护送，有湖南省教育厅厅长朱经农相助，旅行团之行必然会达到学校预设之目的。然而，侄子闻立恕最终既未能随旅行团走，也没有跟其他路西迁，而是到前线部队中从事抗日工作，闻一多认为是失策的。

即将踏上行程，却未得妻子只言片语。看来，未去教育部工作，妻子还在生气呢！但是，一路上不可能再接到家信，这种始终挂着的滋味伴随着一多先生的步旅全程。

此行如投荒

1938年2月19日，对于长沙临时大学是一个特殊的日子。这天晚上8时，湘黔滇旅行团正式从长沙乘船启程。启程前，全体师生在学校操场举行了隆重的升旗仪式，并齐唱了麦新作词的歌曲《牺牲已到最后关头》，随着"同胞们！向前走，别退后，拿我们的血和肉，去拼掉敌人的头，牺牲已到最后关头，牺牲已到最后关头！"这一悲壮歌声在临大上空的飘荡，正式结束了长沙临大在湖南短暂办学的历史。

启程后一周，闻一多致信父亲，汇报连日来的行程。

父亲大人膝下：

前上数禀，谅均达览。十九日上船，实际二十日晚始启椗。二十四日抵常德。现定二十七日实行徒步往沅陵，大约须九天始能达到。截至目下止，只是乘船，途上并不辛苦。此后步行，不知如何。惟男前在南岳游山经验，一日行八十里，尚不觉疲乏。此次行程，初行规定每日五十里，以后每星期递加十里，至八十里止，是不出男能力之限度也。

常德为湖南第二大城市（长沙第一），目下因驻兵及难民关系，人口陡增，尤见热闹。同人寓县立中学，校长杨筠如君系男在青岛时同事，故到此颇蒙款待。艺专现设沅陵，到时又可找太侔兄矣。乡间想仍能安堵，惟家中老幼不知清吉否。离家愈远，系念愈切，人情盖皆如此也。敬颂
金安

男 多叩禀

二月廿六日寄自常德县中

信中，闻一多说"此次行程，初行规定每日五十里，以后每星期递加十里，至八十里止，是不出男能力之限度也"。那么，是否真如此？3月6日及12日，闻一多致双亲的信给出了答案：

"三月一日自桃源县舍舟步行，至今日凡六日，始达沅陵（旧辰州府）。第一至第三日各行六十里，第四日行八十五里，第五日行六十里，第六日行二十余里。第四日最疲乏，路途亦最远，故颇感辛苦，此后则渐成习惯，不觉其难矣。如此继续步行六日之经验，以男等体力，在平时实不堪想象，然而竟能完成，今而后乃知'事非经过不知易'矣。"

关于途中的吃住行，信中说："至途中饮食起居，尤多此生从未尝过之滋味，每日六时起床（实则无床可起），时天未甚亮，草草盥漱，即进早餐，在不能下咽之状况下必须吞干饭两碗，因在晚七时晚餐时间前，终日无饭吃，仅中途约正午前后打尖一次而已。所谓打尖者，行军者在中途作大休息，用干粮、饮水是也。至投宿经验，尤为别致，六日来惟今日至沅陵有旅馆可住，前五日皆在农舍地上铺稻草过宿，往往与鸡鸭犬豕同堂而卧。在沅陵或可休息三日，从此更西往芷江或有汽车可坐，然亦无十分把握。（以上六日所写，以下十二日补完）近因天雪汽车难行，留沅将及一周，现雪已解，定明日乘汽车至晃县，当日可到，过此则恐全须步行矣。"

4月2日，旅行团已经在贵阳。这天，国立长沙临时大学已奉令改称国立西南联合大学。当然，大家并不知道这一消息。就在这天，闻一多再次致信双亲，汇报沿途情况——

双亲大人膝下：

沅陵奉上一禀，想已达览。十七日自晃县出发，步行三十日抵贵阳。贵州境内遍地皆山，故此半月中较为劳苦，加之天时多雨，地方贫瘠，旅行益形困难。本地谚云"天无三日晴，地无三尺平，人无三两银"，盖得其实矣。贵阳遇熟人甚多，清华方面自前校长周寄梅先生以下逮旧同学不下数十人，同班中有吴泽霖、聂鸿逵二兄，聂系本地人，吴任大夏大学文法学院长，随校迁此。

据近悉昆明校舍不敷，文法二院决设蒙自。以意揣之，昆明新房屋造成后文法二院恐仍当迁回，蒙自距昆明铁道一日路程，地近安南。此行本如投荒，今则愈投愈远矣。近日前方捷报频传，殊堪欣慰，然武汉敌机轰炸亦因此益亟。二哥不知已迁动否？乡间谅安谧如常，但不知家中老幼清吉否？鹤、雕二儿读书有进益否？通信仍暂寄昆明临时大学。如欲速达，可用航空邮递。余容续禀。
敬颂
万福

男 多叩头
四月二日自贵阳

4月3日，贵州省主席吴鼎昌在扶风山阳明祠招待了湘黔滇旅行团师生，这恐怕也是300多名师生一路走来遇到的最好招待了。

闻一多自小出生在小康书香之家，接受到极为优越的教育条件，在清华求学、在高校就业，以及留洋求学，可以说大半生都生活在优渥的环境中。此次参加湘黔滇旅行团的长途跋涉，是第一次深入贫苦百姓家，第一次体验下层人民恶劣的生存状况，对于他以后走向人民有着十分重要的影响。"此行本如投荒，今则愈投愈远矣"，有家难归，有校难驻，闻一多无奈的感叹，也是对日寇侵华罪行的控诉。

搬昆明搬出几个大胡子

4月28日，原计划走四十多天就能到昆明的湘黔滇旅行团，历时68天终于顺利到达昆明。

简单安顿，参加了清华大学在昆明举行的27周年校庆后，4月30日，闻一多给妻子高孝贞写了到滇后的第一封信。信中详说了湘黔滇旅行团的步行迁徙

1938年4月28日,马约翰教授等欢迎湘黔滇旅行团抵昆。

经过:

我们自从二月二十日从长沙出发,四月二十八日到昆明,总共在途中六十八天,除沿途休息及因天气阻滞外,实际步行了四十多天。全团师生及伙夫共三百余人,中途因病或职务关系退出团体,先行搭车到昆明者四十余人,我不在其中。教授五人中有二人中途退出,黄子坚因职务关系先到昆明,途中并时时坐车,袁希渊则因走不动,也坐了许多次的车,始终步行者只李继侗、曾昭抡和我三人而已。我们到了昆明后,自然人人惊讶并表示钦佩。

从中透着多少自得!的确,68天,近3500里行程,这是前无古人的教育长征、文化长征,正如他2月16日出发前致父亲信所说,是一次可垂青史的壮举。

他还记得,出发前,杨振声(今甫、金甫)曾对人说:"一多加入旅行团,应该带一具棺材走!"然而,68天过去了,这位看似柔弱的书生,硬是坚持始终,并且自我表现非凡。因此他在信中说:"这次我到昆明,见到今甫,就对他说'假使这次我真带了棺材，现在就可以送给你了'，于是彼此大笑一场。途中许多人因些小毛病常常找医生，吃药，我也一次没有。现在我可以很高兴地告诉你，我的身体实在不坏，经过了这次锻炼以后，自然是更好了。现在是满面红光，能吃能睡，走起路来，举步如飞，更不必说了。"

他接着说："途中苦虽苦，但并不像当初所想象的那样苦。第一，沿途东西便宜，每人每天四毛钱的伙食，能吃得很好。打地铺睡觉，走累了之后也一样睡着，臭虫、革〔虼〕蚤、虱实在不少，但我不很怕。一天走六十里路不算么事，若过了六十里，有时八九十里，有时甚至多到一百里，那就不免叫苦了，但是也居然走到了。至于沿途所看到的风景之美丽、奇险，各种的花木鸟兽，各种样式的房屋器具和各种装束的人，真是叫我从何说起！"

他享受着这样奇特的行旅，这样新鲜的见闻！

在途中，他和辅导团的教授一起，为同学们讲笑话、说故事、侃掌故，对同学们来说无异于一次别致的受教。曾昭抡、袁复礼教授为同学们回忆了旅行

闻一多先生在长沙临时大学湘黔滇旅行团步行途中写生。

（内）蒙古的闻见，闻一多则在桃源讲了桃花洞的典故。

当然，一路上，闻一多也没有闲着。除了指导学生进行社会调查、搜集民歌而外，他更拾起画笔，将沿途所见以速写形式进行创作，展现了他诗人、学者以外的艺术家天赋。他在信中说："途中做日记的人甚多，我却一个字还没有写。十几年没画图画，这回却又打动了兴趣，画了五十几张写生画。打算将来做一篇序，叙述全程的印象，一起印出来作一纪念。画集印出后，我一定先给你们寄回几本。"

值得一记的，是旅行途中，胡须渐长，却无法及时剃除。索性，他和李继侗教授相约蓄须明志，表示抗战一日不胜利，一日不剃去胡须！他们为此合影留念，以为见证。到昆明时，他的美髯已经引起大家的注意。于是他在家信中也这样告诉妻子："还有一件东西，不久你就会见到，那就是我旅行时的相片。

1938 年 4 月 29 日，西南联大主要负责人与湘黔滇旅行团团长、参谋长、大队长、教师辅导团及随团医生合影。左起一排：黄钰生、李继侗、蒋梦麟、黄师岳、梅贻琦、杨振声、潘光旦；二排：李嘉言、毛鸿、卓超、许维通、闻一多、总务负责人、副医官；三排：吴征镒、徐行敏、邹镇华、杨石先、袁复礼、沈履、曾昭抡、郭海峰、护士、毛应斗。（选自《昆明盟讯》）

你将来不要笑，因为我已经长了一副极漂亮的胡须。这次临大搬到昆明，搬出好几个胡子，但大家都说只我与冯芝生的最美。"

闻一多在这封信中还说："昆明很像北京，令人起无限感慨。"究竟也还是到了能够安心学问之处，68天的长征是值得的。正如他1938年12月1日致孙作云信："四千里的徒步旅行算什么？一个人只要有理想，有勇气，任何艰苦的事都易如反掌。……做学问如此，其他一切莫不皆然。"

1940年5月26日，他还曾致信赵俪生："多自离平后，初居武汉数月，及学校迁湘复课，即往长沙。学校迁昆明时，有同学二百余人，组织旅行团徒步西来，多亦随行，在途中两月，虽备极辛苦，然亦有想象不到之趣味。现行年四十，已髭髭有须，即途中之成绩也。……抗战后，尤其在涉行途中二月，日夕与同学少年相处，遂致童心复萌，沿途曾作风景写生百余帧，到昆后又两度参与戏剧工作，不知者以为与曩日之教书匠判若两人，实则仍系回复故我耳。"

经过这次惊心动魄、充满挑战、震撼中外的苦旅，闻一多回到了诗人、学者、艺术家兼具，走进人民、贴近人民、献身人民的本我。

对闻一多来说，这是一次净化魂魄的心路长征。

联大事宜诸承偏劳

——张伯苓致蒋梦麟、梅贻琦

梦麟先生惠鉴：

大函敬悉。月涵、金甫、光旦诸君平安抵滇，甚慰。联大事宜诸承偏劳，谢谢！惟五月二日联大开学之际，苓恐届时不能赴滇参加，歉甚。再，联大租用及借用之校舍诸多不便，现在校地既经择定，款已筹妥，最好即时开工建筑。如有需苓之处，即当抽暇前往，或烦黄子坚君来渝面谈亦可。苓定于四月廿五日晨赴自流井出席蜀光中学董事会，商洽该校建筑事宜，约五月初返渝。特此奉复，顺颂近祺！

诸同事均请致意，不另。

苓

四月廿五日

如上短函，是1938年4月25日张伯苓去四川自贡自流井蜀光中学前致蒋梦麟的信。此刻，联大全体员生即将全部抵达昆明和蒙自两处办学地。一周以后，均将正式始业。

蜀光中学是南开系列学校中的一所。此时，张伯苓即去出席学校董事会，会商该校建设工作。信中对梅贻琦、杨振声、潘光旦安全抵达昆明尤感欣慰，对联大在昆的建校工作表示极大关心，并且表态只要有需要自己的地方，一定竭尽力量。当然，也可以请南开大学秘书长黄钰生教授代表学校到重庆面谈。

他在信中表示，"联大事宜诸承偏劳"。这既是对蒋梦麟说的，也是对他的学生梅贻琦所要表达的。"诸承偏劳"的言外之意其实就是"我的表你们代着（即你们代表我）"，这是他从三校合作办学之初，为了合作到底就一贯坚持的态度。那时，正在大家都愁于如何做到联合办学时，作为三位校长中的最年长者，张伯苓一心把临大的整体利益看得最重，他首先向北大蒋梦麟校长提出："我把表交给你了。"这一举动最终促成了三校长达九年的联合办学，彰显了他作为一位深具威望的大教育家的崇高风范。

"公能"思想　倡导践行

张伯苓（1876—1951）是我国现代最为知名的大学校长之一，因一生乐育桃李，英才遍及海内外，被誉为"孔后办学第一人"。他早年毕业于北洋水师学堂，服务于北洋海军。后回津创办南开系列学校，献身教育四十余年。

"公能"即"允公允能，日新月异"，是张伯苓为南开制定的校训。和许多学校的校训只是一个口号不同，"公能"是张伯苓一生为之奋斗、为之实践、为之奔走的教育思想，浸透着他的教育救国梦想。南开的创校、建设、发展，始终贯穿着这一办学思想，其中自然也蕴藏着他作为三常委之一参与办校的西南联大成功联合的奥秘。

何谓"公能"？联大时期，张伯苓在回顾南开办学史时说，为"痛矫时弊，育才救国"，治愈中华民族"愚""弱""贫""散""私"五病（此前，胡适则归结为贫穷、疾病、愚昧、贪污、扰乱五病），南开着力从重视体育、提倡科学、团体组织、道德训练、培养救国力量五个方面训练学生。他说："上述五项训练，一以'公能'二字为依归，目的在培养学生爱国爱群之公德，与夫服务社会之能力，故本校成立之初，即揭橥'公能'二义，作为校训。唯'公'，故能化私、化散、爱护团体、有为公牺牲之精神；唯'能'，故能去愚、去弱、

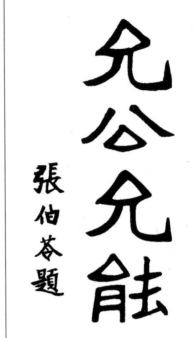

一九四六級畢業紀念

允公允能

張伯苓題

张伯苓为南开1946级
题词手迹

团结合作、有为公服务之能力。此五项基本训练，以'公能'校训为指导原则，而'公能'校训，必赖此基本训练，方得实现。分之为五项训练，合之则'公能'二义，允公允能，足以治民族之大病，造建国之人才。"

　　他在教育部童子军教练员训练班演讲时进一步指出："我们要改造中国，第一要把人民最普遍化的'私心'打破，养成'天下为公'的最好道德；第二要养成我们的'能'。有了'公'的道德，'能'的力量，再进一步训练他们合作的能力。"

　　正是在"公能"思想激励之下，他对办好南开始终保持着足够的斗志，使南开成为一所能够排除万难，"越难越开"的学校。1937年7月29日至30日，日军连续轰炸南开大学、南开中学、南开女中和南开小学后，张伯苓接受了南京《中央日报》记者的采访，深情地发表了谈话："敌人此次轰炸南开，被毁者为南开之物质，而南开之精神，将因此挫折，而愈益奋励。故本人对于此次南开物质上所遭受之损失，绝不挂怀，更当本创校一贯精神，而重为南开树立一新生命。本人唯有凭此种精神，绝不稍缓，深信于短期内，不难建立一新的规模。现已在京成立南开办事处，对于下期开学一切事宜，正赶时筹划中。"本文开头所引信中所说的蜀光中学，即是南开罹难之后，在原自贡私立初级中学基础上，重新培植的一粒扎根西南的教育种子。

他表示，"公能"就是要使每一受教育者为国家民族利益尽其所能，为国民谋利，为国家做事。同时，也要训练人的智力与技能，使每人能有现代技能，建立强盛国家。他认为，倘人人真能尽其所能，国家自然能臻于富强之域。1939年3月24日，他在联大师范学院公民训育系演讲指出："你们晓得不，'公能'两个字是南开的校训，'能'就是个个长力量，'公'就是大家长力量。中国对于'公'太缺乏了，自私心过于发达，过去的许多内战，自己消灭自己的力量，就是'私'造成的结果。我们从事教育的人，要去领导他们。睁开我们的眼睛看准努力的方针，使他们天天的好好的滋长团体的力量。我想：我们大家甚至世界上的人，只要认清了这点，干起教育工作来，就轻而易举了。……大家已知道教育的目的是'公'，望大家根据这认识，负着这责任，向前迈进，努力干去。中国的前途，一定是光明灿烂！"

努力建设　合作到底

抗战期中，张伯苓坚持主张三校一定要合作到底。他作为南开的校长，虽然极力主张实践"公能"思想，但并不把这一办学思想强加于联大，而是通过促进三校在联大的团结来实现这一目标。

当然，在南开校友查良钊任训导长的联大训导处，也不失时机地将"公能"理念渗透到"训导处工作大纲"中，其1939年度的训导目标即为："1.力求北大、清华、南开三校校风之优点在联大有表现机会。2.就学生日常团体生活，培养互助为公之团体精神。3.促进学生对于时代的觉悟与对于青年责任之认识，以增强其参加抗战建国工作之志向与努力。"这三条目标，与张伯苓一贯的倡导是一致的，是"公能"精神有机融入联大训导工作（相当于如今之德育工作）的具体体现。

在联大，同学们对张伯苓的印象是："他像所办'南开'造就人物一样，身材魁梧，典型的北方人，说话声音嘹亮，口齿清晰，他虽不大来校，然而经常与教育部做着紧密联系，一般学生对他印象甚好。"（南山：《记忆中的西南联大》）

在联大学生心目中，张伯苓是"庄严里边的活泼，诙谐里边的真实"。"他那魁伟的体格，重量可等于蒋校长与梅校长之合，一口天津话，在会场上准保没人打盹儿。他不大到学校里来，所以许多同学还没有瞻仰过他的尊容。可是学校却不能少他，因为在国府里说上三两句话，联大就会有很多的方便。不信，你去问问联大的朋友看。"（伍生：《西南联大在昆明》）

他最乐于送给学生"努力建设"的毕业赠言，也乐于在参加学生举办的活动中发表讲演，大力宣扬联合到底的重要。1941年4月，张伯苓自重庆到昆明时，曾在一个全体大会上说："我们合不得也要合，不联合便是中国教育的失败……蒋校长是我数十年的老友，他可完全代表我，梅校长是我们南开中学第一班的学生，我们三人没有不可合的……"他还勉励联大同学在学业和工作上都要精进。联大校友宗良坦回忆，张伯苓常委曾训话说："行行出状元，你们各人所学不尽相同。有的念经济系，有的念历史，……只要你在学校，以及将来服务社会时，将你所学的这一门做到一百分，做到满分，那就算是成功。"

正由于张伯苓的支持，联大在融入北大、清华校风的同时，也团结了南开的师生，兼容了南开的办学文化，学校处处播撒着体育美育的种子。联大学生在南开精神的滋养下，在艰苦紧张的学习之余，也不忘体育锻炼，文艺活动也异常活跃，各式各样的学生社团节节开花。1939年，联大师院公民训育系邀请张伯苓为《教师节特刊》题词，他挥毫写了四个字——"允公允能"，他以南开校训表达了为联大八年合作到底不懈努力的坚定信念。

和蒋梦麟、梅贻琦一样，张伯苓为联大的成功办学也费了不少心血。除了数次在昆明出席常委会，他曾为联大的办学经费在教育部及地方当局一再奔走。他自己曾说："苓与蒋梦麟及梅贻琦二校长共任常委，彼此通力合作，和衷共济，今西南联大已成为国内最负盛誉之学府矣！"

　　对联大常委会的工作，他未能时常来昆参加。为此，他于1942年3月致信蒋梦麟、梅贻琦："苓年来宿疾时发，又加参政会驻会委员会不时开会，未能赴昆明协助校务，不胜歉仄。诸蒙偏劳，心感！心感！太平洋战争爆发，暴日徒自速其败云，我与同盟国之最后胜利为期当不在远。而我抗战停止之日，亦即我三校复校之时。展望将来，弥感兴奋。关于敝校复校事，拟先作人事上之准备。现时敝校教授人数在西南联大占全数不及十五分之一，较之敝校战前相去悬殊，将来复校必感才荒。前此因无急需，敝校遂未多聘新人。兹为复校计，不得不有所增聘，以为复校之准备。先生爱护敝校素所铭感，且我三校本以往一贯合作之精神及将来互相协助之友谊，区区之意，定荷赞助。除详情请杨石先、黄子坚、陈序经三教授面商外，特此函达，至祈鼎力玉成，不胜感祷。"在做好三校联合办学工作的同时，他也恳请北大、清华两校为今后南开的发展

20世纪40年代，张伯苓在西南联大食堂与师生交谈。

助一臂之力。

得知教育部将派大学教授赴洋进修，他又于1944年4月24日致信蒋、梅二常委相商："近闻教部来年派遣国外进修教授将扩大名额至七八十名，用以鼓励若干砥砺刻苦之教授。此事果能实现，我联大同仁当能占一主要部分，不知现已对人选铨衡预加筹划否？南开方面，姜立夫、邱宗岳、冯柳漪、黄钰生四先生均属多年教授，学术各有造诣，并均符合派遣条例之规定，实可懋膺斯选。敬乞赐予留意，列选保荐，俾得在学术上作更进一步之贡献。专此奉商，尚希卓裁为荷。"在张伯苓的努力下，全面抗战八年，南开大学也得到了较好发展。联大结束前夕，经国民政府议定，正式由私立改为国立，这是对南开办学实绩的最好肯定。

张伯苓一生心怀教育救国梦想。他在新中国成立初告别重庆南开师生时的演讲中表示："深信新时代的新南开，前途无限。"他强调说——

南开教育，特重"公""能"，惟"公"故能牺牲小我，完成大我，惟"能"方克事无不举，举无不成。今新民主主义教育，目的乃"为人民服务"，而欲为人民服务，自必须要有服务之本领，则"公""能"训练，与新教育之主旨，亦相符合，现当社会组织、教育制度全面改造之时，希望将此"公""能"二字加以新的诠释，并求彻底实施，藉以提高学生之政治水准及文化程度。

他在演讲中希望南开师生"精诚团结，通力合作，脚踏实地，埋头苦干，日新月异"，为教育而努力，克服困难，稳步前进，共图发展，"藉以完成新时代的新使命"。他深情地说："苓一生热爱祖国，立志教育，数十年来，觉建设事业之易于推进，殆莫有过于此时者。今得目睹伟大革命事业之成功，及南开大中三校前途之光明，衷心喜悦，不可言喻。"

如今，南开系列学校、注入了南开血液的云南师范大学（由联大师院发展而来）系列学校，都遍开"公能"的精神之花，永铭这位教育家的功绩。

济济一堂使人无限感奋

——徐羊的一封信

1938年7月16日，重庆出版的《抗战青年》第一卷第五期刊登了徐羊的《西南联大通讯》，这是一封隐去了收信人姓名和写信人落款的书信。这封信简明地报道了长沙临时大学迁滇走海路时作者的见闻。

信不算太长，全文如下——

××：

没想到你已经到四川了，近况怎样？很希望告诉我一些。我校迁来云南。已有两个月。因为不知道你的通讯处，所以无从报告你一路上的经过，和到昆明后的情形。我想关于这些，你一定是很愿意知道的。现在我就粗枝大叶地描一描这轮廓吧！

我们是在二月底离开长沙的，当时同学分两路去昆明：一路是乘粤汉路，经广州香港海防，而到昆明。这是海路。一路是经常德、芷江、贵阳，沿湘黔—黔滇公路，而到昆明。这是陆路。我是由海路走的。

一路上经过很多胜地，见闻增长颇多；可是写起来恐怕是乱七八糟的一大堆，只好简略地说一说：

我们第一个到的大都市，便是华南的首埠——广州。在广州岭南大学，招待得非常热烈。一群南国的青年，和另一群天南地北的流浪儿们，在敌机威胁

1945年西南联大同学合影。后排左起：秦泥、熊翔、黄平、李循堂；前排左起：曹淼、吴子健、邓艾民、董大成。

下，济济一堂，真使人无限的感奋。广州的市面很繁华，虽然敌机每日来袭，可是人民却毫不在乎，依然做着自己的事情，市面不见衰落。今阅报见敌机屡屡滥炸市内，建筑物炸毁了许多，人民的死亡，每次都是几百几千的，恐怕广州的情景，已非昔比了！

因为学校在昆明尚未修好校舍，所以我们在广州住了一月之久。这样机会得以尽情地游览这华南名城，真是幸运极了。路过香港，住了两天，觉得异常闷气。这里是高等华人的避难所，马路上总是挤满了行人，各娱乐场所特别热闹；至于爱国情绪，却见不到！他们和她们好像无国籍似的，和自由港的香港一样的自由，中国的对日抗战，好像对他们不发生关系。写到这里，我想起了鲁迅在《八月的乡村》序言里的话。他说，大概是日本箭内亘氏的著作吧，他曾一一记述了宋代的人民，怎样为蒙古人所淫杀、俘获、践踏和奴使。然而南宋的小朝廷，却仍旧向残山剩水间的黎民施威，在残山剩水间行乐；逃到哪里，气焰和奢华，就跟到哪里，颓废和贪婪，也跟到哪里。那些高等华人，虽不是些什么"小朝廷"，而且黎民也没钱到香港去避难，他们也无从施威；但是，行乐，奢华，气焰，贪婪，颓废荒淫和无耻，确是跟着他们走的！

到海防，这是外国了。（可是从前也是中国的地方）未下船，就先缴验护照，下船后，又有法国海关的检查，幸事前已交涉妥当，所以并未有所麻烦。

海防的华侨很多，其中多半是广东人，爱国情绪，异常高涨。最令人感激和兴奋的，是小学生们对于祖国同胞的亲热，看了那种天真诚挚和关怀祖国的样子，使你不自禁地要流出泪来！

海防本地的安南人，大多数是不事生产的；所以偷抢之风很盛，同学中有些吃了他们的亏。

在海防住了两天，当地华侨派出代表，招待我们全体同学。不但"吃"和"住"不花钱；临走时，还送给每人四个面包。我们真像在他乡遇到了亲人。

图中这个泥土地板的教室是西南联大最好的教室之一。（美国国家档案馆保存）

乘滇越铁路到昆明，因为有学校派来的人迎接，所以一切尚感方便。

我对昆明的印象还不坏，只是人们太慢性了，做事拖泥带水，一点儿也不敏捷，生在二十世纪，而做不到"快"字，恐怕要算文明的落伍者了！可是人民却很朴实，比起香港来，真是天壤之别！这里一般的人，都不大讲卫生，大概是因为饮食不当吧，有很多生"粗脖子"症的。

在建设方面，昆明很差。这也许是因为在远远的内地的缘故。

这里的天气很怪，晴天穿单衣，雨天穿棉衣，一寒一热若不谨慎很容易得病。

我们是四月二十几号到的昆明，五月十六号学校开始上课。教授毫不通融，于是乎忙起来哉！现在每天都在赶做指定的习题，这几天又月考，真是忙得人要死！抽空写了这封信，未免杂乱无章，还请你原谅！

本学期定于八月十九日放暑假。暑假时，有集中军训，完了。

敬礼！

在信中，作者特别地描述了路过广州、香港、海防时的见闻。在广州，"市面很繁华，虽然敌机每日来袭，可是人民却毫不在乎，依然做着自己的事情，市面不见衰落"。在香港，"住了两天，觉得异常闷气。这里是高等华人的避难所，马路上总是挤满了行人，各娱乐场所特别热闹；至于爱国情绪，却见不到！他们和她们好像无国籍似的，和自由港的香港一样的自由，中国的对日抗战，好像对他们不发生关系"。在海防，"华侨很多，其中多半是广东人，爱国情绪，异常高涨。最令人感激和兴奋的，是小学生们对于祖国同胞的亲热，看了那种天真诚挚和关怀祖国的样子，使你不自禁地要流出泪来！"……

在迁徙途中，陆路步行的湘黔滇旅行团广大师生曾几次受到各地的欢迎和优待。走海路的同学呢？也受到热烈的欢迎。

其实，早在迁滇之前，长沙临大就以"大字第二一六号"公函商请设于广州的岭南大学（1952年起合并到中山大学等，岭大新校1967年在香港复建）：

"本校商承教育当局，迁往昆明。定一月底二月初，由长沙陆续登程，路经广州，兹为沿途便利起见，拟在广州假贵校校舍设立办事处，便予照料，并请赐借宿舍若干间，以供本校过境师生歇宿之用，为特专函奉达，务祈查照赐允为荷。"

收到长沙临大的公函后，岭大代理校长李应林当即回复，已"交由事务长妥为办理，下榻以待，何时过境，命驾辱临为盼"。随后，只有300多名学生的岭大拨出该校附中宿舍数座供过境的约600名师生寄宿，并派定专员会同岭大学生会随时负责招待，还于3月4日下午举行排球、足球、篮球等项球类比赛，晚上又举行联欢会联络感情。联欢会之前，2月14日晚8时，岭大物理学系也趁临大物理学系孟昭英教授随校迁昆过粤之便，敦请其到校作题为《巴谷氏超短波之研究》的公开演讲，听众异常踊跃。长沙临大在岭大暂住，达近月之久，两校在国家危难之际的互助互爱由此而见。故此，作者在信中说："在广州岭南大学招待得非常热烈。一群南国的青年，和另一群天南地北的流浪儿们，在敌机威胁下，济济一堂，真使人无限的感奋。"

那时的海防，常为是非之地，不仅同胞无尊严，偷、抢、骗之风也困扰许多同学。但如信所说，在海防住的两天，当地华侨却以极大的爱国热情招待了全体同学，不但吃住不花钱，临走时还送给每人四个面包。这样的厚爱，凡受爱护的同学是铭记在心的。以后在昆明欢迎南侨机工时，联大同学也就表现了同样的热情。

这些，都是祖国同胞给予这些文化种子的莫大关怀和热切鼓励。在这样的精神激励之下，大家没有理由不奋力担负起天下的兴亡。

国亡有期而汗青无日

——陈寅恪致劳榦、陈述

"文学大师陈寅恪先生，他戴着圆顶的瓜瓢帽，闭上眼睛端端正正地坐了讲学。语调那么轻微，坐在下面的人聚精会神的静听，吴宓、沈有鼎、刘文典诸先生都去听他的玄论，逢人就道及他，称颂他。"

这是联大结束前，石君在1946年2月27日出版的香港《愿望》杂志第7期发表的《西南联大的坚贞教授群》中对陈寅恪的描写。

七七事变发生后，陈寅恪之父陈三立眼见北平沦陷，忧愤过度，因而诱发疾病，却拒绝用药和食物而壮烈殉国。

不久，国民政府决定在长沙组建临时大学，陈寅恪身受国破家亡之痛，也决然辗转，奔赴临大任教。这一决定，对陈寅恪个人来说，却是一次艰难甚而是灾难性的抉择。

正如中国政法大学教授程美东在《抗日战争时期的中国文人》一文中所说："国难家殇一起刺痛着陈寅恪的心灵，使他本已有疾的右眼视网膜剥离。医生嘱其迅速治疗，但陈寅恪担心治疗过程较长而长期滞留在沦陷区，便毅然放弃了迫在眉睫的眼疾治疗，决定南下长沙，执教于由北大、清华、南开诸校组成的长沙临时大学。他的这个决定，可能影响了他的后半生，因为从此他的眼疾由于得不到有效的治疗，视力越来越差，最终在抗战末期完全失明。"

办学三个多月后，长沙临大迁滇之际，他又按学校部署，偕夫人自海陆路，

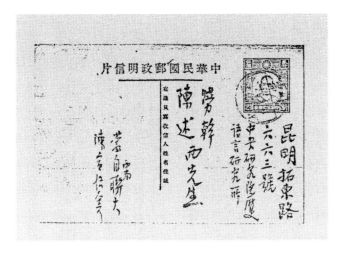

1938年，陈寅恪在蒙自致劳榦、陈述明信片封面。

从长沙乘车，经衡阳、桂林、梧州，再乘轮船绕虎门到达香港。到港时，夫人因旅途劳顿心脏病突发不能继续同行。他将夫人托付许地山教授夫妇后，一人取道越南海防，乘滇越铁路于1938年4月底到达西南联大文法学院所在地——云南蒙自。

蒙自是一个拥有一千多年历史的古县，县城所在地通邮、通商、通铁路，虽地处边陲，但景致优美。联大到蒙自，时值春夏之交，正是蒙自美景叠映的时候。陈寅恪和同事们住进了法国人修建的哥胪士洋行内，开始了难得的三个月小城生活。

从北平到长沙，从长沙到蒙自，陈寅恪本来备够了研究所需的书籍、资料。然而，这些书籍资料离开北平后，状况迭出。从北平寄到长沙的图书很快就遭遇大厄。从香港赴蒙自，须经过越南海防，海防偷抢盛行，陈寅恪随身所携两木箱珍贵藏书全被扒窃。而从铁路托运的珍贵资料，也全数丢失。据王郁离《陈寅恪二三事》一文披露："本来，在离开北京之前他已先将一批书寄到长沙友人家贮存，那年长沙一场大火，全部烧光。另一批书从滇越铁路转运昆明，有两大箱书就在车上被掉包了，改填两箱砖块，其中很多寅恪细心批注的

陈寅恪手书《蒙自南湖》诗

本子。……另外箱子中有一批古代东方语文的书籍、拓片、照片，本欲用来补正唐代史书的，也差不多全数丧失，严重影响到他后来的著述。"

尽管一到蒙自，陈寅恪就染上了疟疾，但对在这里的时光，他是满意的。他在《蒙自南湖》一诗中充分表露了对这座小城的喜爱："景物居然似旧京，荷花海子忆升平。桥边鬓影还明灭，楼外笙歌杂醉醒。"

当然，毕竟是僻远小城，文化还比较落后，这位知名学者研究学术所需的书籍自然是谈不上的。而他自己的藏书资料，又已在迁徙过程中损失殆尽。于是，他只得想方设法寻书，尽心勉力地完成这战时的教学与研究。

5月1日，他向已随联大迁昆明的中央研究院历史语言研究所两位同事劳榦（字贞一）、陈述（字玉书）求援：

玉书、贞一两兄先生左右：

弟到蒙已将十日矣，欲授课而无书。不知史语所之三国志、晋书、南北史、魏书、隋书、通典等在昆明否？如在昆明，无论何种版本（即开明廿五史本亦可），请借出，邮寄或托友人带下均可。如昆明史语所无此类书，则朋友中能辗转借得否？此次来蒙，只是求食，不敢妄称讲学也。弟在港已将拙文校毕付印，不知何日出版集刊稿？史语所集刊亦［未知出］至何期？所中同人晤时均乞代致意。专此奉恳，敬叩

撰安

弟寅恪顿首　五月一日

和闻一多所说的从事教授工作仅为求温饱和儿女教育费一样，陈寅恪认为自己此次随校迁滇，主要还是谋求生存，绝"不敢妄称讲学也"。但在教书这一生存之路中，学校无书可参考也是很尴尬的现实。信寄出后，《三国志》《晋书》在蒙自陆续借得。此时，中研院史语所已有书箱运到蒙自借给联大，但因书箱内没有看见目录，又无人到校点交，尚需借阅的《大藏经》《三道》《四部丛刊》等也不知是否在内，因此他委托劳榦和陈述代为一查，并尽快告知这些书在多少号书箱内。他在5月7日的信中说："此间联大已催史语所派人来蒙自点交，愈速愈好，因有许多功课皆视书籍之有无以为开班与否之决定也。"

5月12日，陈寅恪又就《南北史》《北史》《魏书》等书事宜致信劳榦、陈述。他表示，此时"蒙自已入雨季，起居饮食尤感不便，疾病亦多，吾侪侨寄于此者皆叫苦连天"。13日、15日，又就《魏书》《大正一切藏经》《四部丛刊》等书去信，尤其"《大正一切大藏经》弟急需用，因弟在此所授课有'佛经翻译'一课，若无大藏则微引无从矣"，"君信已收到，所以急盼那君者，为大藏耳。今大藏既在重庆，不知昆明方面尚有哪位可卖或可借否？前云南省长王九龄提倡佛教，曾请欧阳竟无讲经，疑昆明或尚有可借处也。那乞访询为

荷"。（那君，即那廉君先生。）

5月21日，又就佛经相关书籍的征购去信："那君来，奉到手示及佛经流通处目录，感荷感荷。详检目录，可贾者不多，兹将目录寄上，乞查收，并希将右列六种购就寄下。所需书价，如可开史语所账最便，如不能，则请先暂代垫，将账单寄下，以便开联合大学账。款则交那君带回昆明奉还也。又，屡次烦渎，心感不已，所费邮资谅已不少（如航空信）希示知，以便弟照数奉还。"

6月17日，他再次致信劳、陈。其中说："联大以书箱运费系其所付，不

西南联大时期在昆明乡间杨家村一处农民院落的一张合影。后排左起：周培源、陈意、陈岱孙、金岳霖；前排左起：林徽因、梁再冰、梁从诫、梁思成、周如枚、王蒂澂、周如雁。（选自《周培源》画册）

欲将书提出。现尚未开箱，故联大无书可看。此事尚须俟孟真先生来滇后方能商洽解决。研究所无书，实不能工作。弟近日亦草短文两篇，竟无书可查，可称'杜撰'，好在今日即有著作，亦不能出版，可谓国亡有期而汗青无日矣。大局如斯，悲愤之至。"（孟真，即傅斯年。）

这些是一位国学大师一个半月间往来不绝的书事。

"国亡有期而汗青无日"，这种在国难深重的时刻所写的每一个字，都是对法西斯侵略的控诉，对有清以来腐朽的、屈辱的岁月的无声控诉。

联大在蒙自的时间并不长，来时为春夏之交，分校结束时为夏秋之交，仅一个季度左右的光景。刚刚安顿下来又要迁回昆明，这种复杂的心绪充分表露在他辞别蒙自的诗中：

> 我初来时湖草长，
> 我将去时湖水荒。
> 来去匆匆百日耳，
> 湖山一角亦沧桑。

何妨一下楼主人

——闻一多致高孝贞

晚于陈寅恪几天，闻一多也到了蒙自。这对闻一多来说，是一段短暂却也难忘的经历。

在昆明稍事休息后，闻一多于1938年5月3日上午七时与联大文法学院众多师生一起乘滇越铁路启程，并于第二日抵达蒙自，在文学院教书。到蒙自这天，是五四运动爆发19周年，也是联大在昆明、蒙自同时开学的日子。

到蒙自之前，闻一多或许已查阅了有关这座小城的资料，或许通过朋友或由学校通报了解过蒙自的大致情况。到此第一天，他应该也走入街巷，探求了这座县城的大致状况。

到蒙第二天，他就给远在故乡的妻子高孝贞去信告知了具体情形——

贞：

在昆明所发航空信想已收到。我们五月三日启程来蒙自，当日在开远住宿（前信说在壁虱寨，错误），次日至壁虱寨（地图或称碧色寨）换车，行半小时，即抵蒙自。到此，果有你们的信四封之多，三千余里之辛苦，得此犒赏，于愿足矣！你说以后每星期写一信来，更使我喜出望外。希望你不失信。如果你每星期真有一封信来，我发誓也每星期回你一封。

在先总以为蒙自地方甚大，到此大失所望。数十年前，蒙自本是云南省内

1938年蒙自，北大中文系师生合影。前排左起：罗常培、魏建功、罗庸、郑天挺。

第一个繁荣的城市。但当法国人修滇越铁路的时候，愚蠢的蒙自人不知为何誓死反对他通过。于是铁路绕道由壁虱寨经过，于是蒙自的商务都被开远与昆明占去，而自己渐渐变为一个死城了。到如今，这里没有一家饭馆，没有澡堂，文具店里没有浆糊与拍纸簿，广货店里没有帐子。这都是我到此后急于需要的东西，而发现他都没有。然而有些现象又非常奇怪。这里有的是大洋楼，例如法国海关，法国医院，歌胪士洋行等等，都是关着门没有人住的高楼大厦，现在都以每年三两元的租金租给联合大学作校舍了。自从蒙自觉悟当初反对铁路通过之失策，于是中国自己筑了一条轻便铁道，从壁虱寨经过蒙自与个旧，以至石（屏），名曰壁个石铁路（我们从壁虱寨换车来到蒙自，便是这条铁路），但是蒙自觉悟太晚了，他的繁荣仍旧无法挽回。直到今天，三百多学生，几十个教职员，因国难关系，逃到这里来讲学，总算给蒙自一阵意外的热闹，可惜这局面是暂时的，而且对于蒙自的补益也有限。总之，蒙自地方很小，生活很简单。因为有些东西本地人用不着，我们却不能不用的，这些东西都是外来的，价钱特别贵，所以我们初到此需要一笔颇大的"开办费"。但这些东西办够了，以后恐怕就有钱无处用了，归根地讲，我们住蒙自还是比住昆明省。

前天经过开远的时候，遇见殷先生全家新从海道来，往昆明去。殷太太当然问起你，殷益？蕃？和他们大妹望着我笑，虽然没有说话，但我明白他们心里是在说"闻立鹤闻立雕呢？"余肇池先生现在就住在我隔壁，余太太和他们全家住在昆明，大概不搬到蒙自来，反正蒙自到昆明，快车只一天路程。张荫麟在昆明，他太太住在香港，暂时不来。汪一彪在昆明，太太快来了。此外一时想不起，就住在我隔壁房间的讲，陈寅恪浦薛凤沈乃正家眷都未来。但也有租好房子，打算接家眷的，如朱佩弦王化成等是也。问你安好。

多

五月五日

一到蒙自，就收到妻及子四封信，欣喜之情甭提了。记得从长沙出发之前，竟然不得妻儿一封家书，当时的心绪之芜杂，一言难以尽之。现在一下就收到这么多家信，欣悦之情更溢于言表，都要乐开花了——"三千余里之辛苦，得此犒赏，于愿足矣！"妻子说每周给自己写一信，那自己更会一封不落地热烈回应。

正如他在信中所说，蒙自是云南最早繁荣的城市之一。但修滇越铁路过这里时，蒙自人却反对得厉害，以致这里很快失去了商业上的优势，渐渐没落了。"蒙自地位之重要，原在国防方面，商业上的有利局面，早给昆明夺去了。这个古朴的小城，又一度平静下去，直到抗战以后，国人竞奔云南，昆明无法容纳，遂有若干机关分来蒙自，如国立西南联合大学文法学院就安排在海关旧址及哥胪士洋行。这群从本地人看来大半是奇装异服的远地来客，穿插于走遍四门尚不到半小时的城郊内外，不免又引起一种惊动的力量，而活跃起来。"（胡嘉：《南蒙盆地》）现在，到了这里，要饭馆没饭馆，要澡堂没澡堂，文具店连浆糊、拍纸也缺乏，但洋楼大厦却满眼可见，这样既原始又超前，既传统又现代的矛盾现象让闻一多十分不解。当然，在此矛盾现象中，联大只是象征性花三两元就租到了法人建筑的海关大楼、医院、哥胪士洋行等建筑，真是天大的实惠。当然，这也是蒙自给联大的最大优待和欢迎联大来县中的最大诚意。

闻一多说，当蒙自人认识到过去的失策，赶紧自己筹资修建个碧石铁路的时候，商业先机已失去。由于这样的觉悟来得太晚，旧日繁荣已难以挽回。"直到今天，三百多学生，几十个教职员，因国难关系，逃到这里来讲学，总算给蒙自一阵意外的热闹，可惜这局面是暂时的，而且对于蒙自的补益也有限。总之，蒙自地方很小，生活很简单。"由于教学研究所需的材料都只能从外地调来，成本也就显得昂贵，所以虽然联大租借校舍的房租十分便宜，却也要准备一笔不菲的开办费。当然，等开办学校所需的材料一应俱全，也就不需要在蒙自再买什么了，故而总体来说，在蒙自教书、学习、生活，都会比较节省，比较优裕。

5月26日，他继续致信高孝贞，动员妻儿抓紧赶到云南来。在信中，他说："战事非短时可以结束，学校在昆明已有较长久的打算，筹好了三十万建新校舍，内中并有教员住宅。本来俟校舍完成后（约一年半），我是想接你们来的，现在乘文鉴来滇之便，你们若能早来，实在最好，因为路费早晚是要花的，而鹤、雕的学业又可以少耽误。好在我手头还有四百五十元存款，再从朋友处通挪一点，可以凑足这笔路费。同时四月份薪金不久总可以发下，可作到后生活费之用。学校经费情形并不算坏，已详前函。你们来后，我与你们吃点苦，断炊是不至于的。现在同事们的家眷南来者日多一日（最近新到一批，有朱佩弦、孙晓梦、王化成、冯芝生、袁希渊诸太太），学校决不能让这些人饿死在这里。

再者昆明地方生活程度不高，蒙自尤可简省。气候之佳，自不待言。此间雇人不甚容易，所以赵妈同来顶好，许多太太想由北方带用人来而不可得，赵妈能来，倒是我们的幸事。"

由此，闻一多对蒙自既恨更爱，恨其觉悟太晚，爱其气候宜人。到了蒙自，闻一多和多位教授一起住进了哥胪士洋行。此洋行系蒙自城最好的西式建筑，"房子本身不减清华学生宿舍"（浦薛凤：《蒙自百日》），条件极佳。这样好的气候，这样好的居住条件，使终生致力于学问的闻一多一下子钻入学术研究中了。

郑天挺在《滇行记》中回忆："当时的教授大多住在法国银行及歌胪士洋行。歌胪士为希腊人，原开有旅馆和洋行。临街系洋行，此时早已歇业。我第一次去该处时，尚记得室内的月份牌为192×年某月日，说明以后未再营业。洋行中尚存有大量洋酒待售，一些清华的教授见到，高兴极了，当即开杯畅饮。我原住法国银行314号，大部分教授来到后，又重新抽签。314号为罗常培、陈雪屏抽得，我抽至歌胪士洋行5号房，邱大年住4号房，于5月3日迁入。此外住在歌胪士楼上的尚有闻一多、陈寅恪、刘叔雅、樊际昌、陈岱孙、邵循正、李卓敏、陈序经、丁佶等十几人。……后来我又搬至4号与邱大年住一屋。当时房屋紧张，两人一室均无怨言。我和闻一多是邻屋。他非常用功，除上课外从不出门。饭后大家都去散步，闻总不去。我劝他说，何妨一下楼呢？大家都笑了起来，于是成了闻的一个典故，也是一个雅号，即'何妨一下楼主人'。后来闻下了楼，也常和大家一起散步。记得一次与闻及罗常培相偕散步，途中又遇汤用彤、钱穆、贺麟、容肇祖等人，大家一起畅谈中国文化史问题，互相切磋，极快慰。战时的大学教师生活，虽然较前大不相同，但大家同住一室，同桌共饭，彼此关系更加融洽。"

朱自清在《闻一多全集》的"编后记"中也写道："闻先生是个集中的人，他的专心致志，很少人赶得上。研究学术如此，领导行动也如此。他在云南蒙自的时候，住在歌胪士洋行的楼上，终日在做研究工作，一刻不放松，除上课外，绝少下楼。当时有几位同事送他一个别号，叫作'何妨一下楼斋主人'，能这么集中，才能成就这么多。"

闻一多一面"犹之古人不窥园一样"地专精于学问，一面却始终如一地惦念着妻儿。经多次写信交代妻儿来滇事宜后，6月22日，他再次致信妻子催促她赶快下决定："上星期未得你的信，等到今天已经星期三了，还不见信来，不知是什么道理。究竟如何决定，来或不来，我好准备房子。陈梦家住的房很宽绰，他愿分一半给我，但有一条件，他的嫂嫂现住香港，也有来意，如果来，就得让给他嫂嫂住了。所以万一他嫂嫂要来，我就得另找房子，这不是一件容易事，我须在来接你以前，把房子定好，一切都安排好，事情很多，我如何忙得过来，所以你非早点让我知道不可。目下因黄河决口关系，武汉形势应稍松点，但鄂东想必仍然紧张。你若未到省，当早些来，若已到，倒不妨在省上住些时，如果等天气稍凉来，也免路上吃苦。游先生信想尚未到，究竟决定谁送，想也不甚容易。今天公超来要家骊的履历，我已开去，他的事仍然大有希望。如果时局能容许你们等到与他同来，岂不更好，或者你们就索兴等一等，反正我来接，也顶好等功课完毕或快完毕的时候。苦的是你自己没有主张，而我又隔这样远，通讯即用航空也要不少的日子，总之我的意思是愿意你们来，但不希望你们即刻就来。一则因为另请人送花盘费，二则天气热恐路上生病，三则等到暑假我来接，免得耽误功课。我的意见如此，你可与家中斟酌时局情形加以决定。但信总是要多多写来，免我挂念。……我替换的裤褂快破了，如有工夫，就做两套，否则带材料来，这边布匹太贵。你们自己的衣服也照上面的办法。"

开学快两个月时，文法学院在蒙自的办学情况却在悄悄发生着变化。6月27日，他致信妻子："今日校中得到确实消息，军事当局令联大文法学院让出校舍，因柳州航空学校需用此地，这来我们又要搬家。搬到什么地方，现尚未定，大概在昆明附近。昆明城内决无地方，昆明南二十里有地方名宜良，当局去看过了，似乎房屋不够。不知还有什么地方可去，总之蒙自是非离开不可的。在先我以为你们若来得早，蒙自还有地方可住，现在则非住昆明不可了。但昆明找房甚难，并且非我自己去不可。现在学校已决定七月二十三日结束功课。我候功课结束，立即到昆明，至少一星期才能把房子找定。所以你们非等七月底来不可。"

7月1日，他又有一封信给妻子，继续谈到联大蒙自分校的迁校事宜："上次信上说到学校迁移的事，究竟迁到什么地方，现在尚未决定，如果在昆明附近，我们还是住昆明。但我一时又不能到昆明去找房子，二十五日考大考，我大概要月底把卷子看完，才能离开蒙自。"

其实7月25日文学院大考之前，闻一多已赶到昆明，在陈梦家教授帮助下租得武成路福寿巷姚志沣医生家宅。闻信说，此次租的"房子七间，在楼上，连电灯，月租六十元，押租二百元，房东借家具"，足够妻儿来昆后全家之住了。

自此，"何妨一下楼主人"闻一多离开了蒙自。次月，西南联大蒙自分校也正式结束，文法学院迁回昆明上课。

感奋钦忻，莫可言喻
——蒋梦麟、梅贻琦、张伯苓致龙云

长沙临时大学以"绝徼移栽桢干质"之志艰难迁滇之时，云南抗日健儿也以4万余名将士的英武雄壮之师出滇，远征抗日前线。1938年3月22日起，滇军六十军"走过了崇山峻岭，开到抗日的战场"（安娥：《六十军军歌》歌词），进入鲁南台儿庄阵地。

其间，正在台儿庄大战进行之时，长沙临时大学于4月2日改称国立西南联合大学。至5月中旬，在鲁南战场，六十军以近2万将士的牺牲，"用血肉争取民族的抗战"，书写了可歌可泣的抗敌史页。

西南联大于5月4日在昆明开学后，得知我滇军在鲁南前线鏖战挫敌，扬军民同仇敌忾之气，师生深受鼓舞。5月7日，蒋梦麟、梅贻琦两位常委代表全校师生致函云南省政府主席龙云，向云南军民致敬。函云：

志舟先生主席有道：

倭焰凶残，破我金汤。滇中健儿，奋师挞伐。旌旗所至，讴歌载道。鲁南鏖战，敌锋为挫。雄谋伟略，且更动员。行见扫荡夷氛，再接再厉。光复河山，胜利必可。感奋钦忻，莫可言喻。谨致微忱，伏维鉴照。专此奉肃，祗颂道祺不一。

弟蒋梦麟　梅贻琦　敬启

联大学生在昆明龙潭街进行抗日宣传演出的实况

蒋、梅两常委坚定地认为，有三迤英雄儿女的浴血抗战，祖国的河山一定能光复，胜利必定可期。为了鼓舞台儿庄大战中的滇军健儿，学校还动员三百多名学生给前线官兵写信，以示慰问。

实际上，蒋、梅两位校领导致龙云的信，其中也暗暗表达着校方对云南人民接纳联大师生的深深谢意。当然，这也预示着联大在今后长达八年的驻滇办学历程中，将与云南人民缔结亲密无间的深厚情谊。这是联大顺利迁滇的基石，也是学校八载成功办学的关键。

自然，作为主政云南已11年的全省最高军政长官，有"云南王"之誉的龙云在校地的合作共进中起着极为重要的推动作用。

助力迁滇

长沙临时大学办不下去后，曾有多个迁徙地点的动议，接纳联大意愿最为积极的当属广西、云南两地。当然，在北京大学教授秦瓒的强烈建议下，鉴于云南良好的交通和气候条件，经学校权衡再三并请示教育部，最终决定迁到云南。迁滇决策作出后，蒋梦麟、张伯苓等均先期到达云南，拜会龙云、龚自知等政府和教育当局，就校舍租借等各项事宜进行商议，各项办学事宜均得到了龙云的明确支持。学校迁滇，他一面应允云南方面一定会尽最大力量给予帮助，一方面又及时安排省教育厅、云南大学等和迁校当局及时接洽，保证临大迁滇工作顺利完成。

1938年2月中旬，长沙临时大学湘黔滇旅行团正式出发，湖南省政府主席张治中于2月16日旅行团出发之前致电龙云："兹派本府参议黄师岳率领临时联合大学学生三百人，于十八日由长沙沿湘黔滇公路徒步前赴昆明开学，特请转饬贵省境内沿途军团于该生等经过时，派员护送，俾策安全，并饬沿途各县政府预购给券，仍由该率队团长给资垫付为荷！"21日，龙云回电："除电饬沿途经过各该县县长妥为护送，并令省立云南大学、教育厅知照外，合行令知照！"

3月，旅行团师生的331件行李、272箱图书、72箱仪器经滇越铁路到达河口，龙云特别指令，对这批物资须免检入关。1939年3月，又令河口督办对南开大学从日军战火中抢救出的490箱图书、仪器和行李数百箱免检放行，并要求协调为之办理半价运费执照。（李艳：《云南是西南联大取得成功的基石》）

1938年4月5日，旅行团即将结束黔境行程，黄师岳团长致电云南省政府，称该团"顷已由长沙进抵贵州境内，不日将循京滇公路入滇，为避免沿途发生意外计，拟请通令沿途各县，派团予以保护"。在龙云指示下，云南省政府于接电当日即通令沿途各县遵照办理。旅行团入滇境后，龙云又亲自派人开来汽车为师生运送行李。抵达昆明后举行的欢迎仪式上，又由教育厅派弥渡籍的徐茂先前往迎接并致热情洋溢的欢迎词。

联大迁滇之际，经校方与龙云、龚自知、缪云台等地方行政官员商谈，在龙云的指示和全力支持下，昆明市将市内建筑条件较好的一些房舍如昆华中学、昆华师范、昆华农校、迤西会馆等租借给西南联大，并在大西门地坛三分寺附近划定124亩荒地交由联大建盖新校舍，为联大立足昆明坚持八年办学打下了校舍基础。

为此，在联大师生全部到滇之前，张伯苓常委特从重庆来函致谢——

志舟主席勋鉴：

敬启者：苓日前赴滇，筹办临时大学事宜，蒙鼎力赞助，得借用省立高级各校之舍，是临大能早日移滇皆台端所赐也。将来临大校址仍恳帮忙为感。现临大师生已陆续就道，分批去滇，大抵四月底即可开学。苓拟五月间赴滇一行，届时当晋谒台端，藉聆教益。专此奉布，顺颂勋祺！

南渝中学校长　张伯苓谨启

三月三十一日

这还不够，为了表示自己和云南对联大的热忱欢迎，龙云还将自己的公馆借予联大使用。联大正式驻滇后，龙云还专门让出一部深蓝色的福特牌小汽车给蒋梦麟使用。航空工程学系校友贺联奎回溯这一情况时说："联大初到昆明时，以南城崇仁街46号为总办公处。该处地方狭小，不敷使用，省主席龙云慷慨将威远街公馆之一部分供联大使用。1938年秋，总办公处迁入其中，乃在公馆东墙处开辟财盛巷2号门，供联大人员出入。……由于威远街距联大主要教学区大西门一带较远，总办公处曾一度迁至龙翔街昆华工校内，1940年联大新校舍建成，是年冬迁入。联大总办公处自财盛巷2号迁走后，龙主席仍将该房供联大使用，是为北京大学办事处。1940年，日寇对昆明空袭开始频繁，北京大学在北郊岗头村建教授临时宿舍一所，周炳琳、赵迺抟诸先生疏散到岗头村，但财盛巷2号住房依然保留。"

龙云的儿媳胡淑贞是联大外文系的学生，毕业后是联大昆明校友会的会长。由是，龙云公馆遂又成为联大校友会的主要活动场所。

民主堡垒

龙云对联大的支持不只是房舍和校址方面，更重要的是，他以开明开放的思想接纳、保护了联大的民主和进步力量。

抗战时期的云南，和全国很多省份一样，也形成了一省割据之势。作为地方实力派，龙云在云南乃至西南地区的政治影响力是绝对强势的。联大校友张凤鸣在《学习生活在西南联大的日子里》一文中生动讲述了他到云南就学时的情形——

我是一九三八年秋进入联大的。当我一入云南境内，感到愕然的是许多云南人不知有"蒋委员长"，而只知有"龙主席"（即龙云）；他们甚至不用"中央币"，而只用"滇币"。在昆明的一些大墙上画的都是"龙主席"的像，电影院开映时，银幕上首先出现的也是"龙主席"像。这时，观众得马上肃立。这与内地一切都是"蒋委员长"至上，迥然不同。

其实，自全面抗战开始后，在中国共产党领导人朱德、周恩来等的统战工作下，龙云已逐渐倾向于进步。尤其是台儿庄大战期间，滇军将领卢汉、潘朔端、曾泽生、安恩溥等与武汉八路军办事处负责人叶剑英、罗炳辉等中共将领作了广为接触，这促使包括龙云在内的滇军将领更加认同抗日民主统一战线政策。龙云在不遗余力地领导滇军抗日的同时，也很快走向民主和进步。面对西南联大师生这股重要文化力量的到来，龙云体现出前所未有的欢迎和襄助。

对于联大师生在昆明开展的各项爱国民主活动，他旗帜鲜明地表示同情和支持。他在《抗战前后我的几点回忆》一文中说："抗战期间，在昆明的爱国民主人士很多，尤其西南联大的教授和我随时都有接触和交谈的机会，谈到国家大事，所见都大体相同。对于蒋介石的集权独裁政治大家都深恶痛绝。他们都反对内战，希望召开国民大会，制定民主宪法，用以束缚蒋介石，实行中山遗教。所以，我对昆明汹涌澎湃的民主运动是同情的。张澜派人对我说，组织民盟有许多困难，我就竭力鼓励他放手干，我愿尽力帮助。"

尽可能地赋予西南联大广大师生以民主自由的空气，这是龙云始终不渝的坚守和力行。他以联大的到来为云南的荣幸，总是尽可能为学校的生存发展助力，为师生的学术研究和民主活动保驾护航。

龙云的秘书刘宗岳在《我所知道的龙云》一文中所说："龙云和他们有了接触，思想方面受了一些影响，当时蒋介石的特务千方百计迫害进步人士，龙云是云南省主席，对云南的学者、教授，安全上给他们一些保障。经济生活上，解放前的大学教授，所谓'越教越瘦'，龙给他们一些照顾，因此很多高级知识分子都和龙云交朋友……同时由于云南地方势力与中央之间的矛盾，结合西南联大在云南的一些进步活动，抗战胜利前昆明就号称民主堡垒。"

正如江南在《龙云传》（香港星辰出版社1987年版）中所写："迁校至滇的教授与学生们，推动了当地人民的思想进步，也助升了政治活动。龙云对这些学者、教授，或多或少给予经济生活上的一些照顾，从未中断。择地皮兴建教授宿舍不其然的接成道义之交。一九四一年太平洋战事爆发，日军占领香港。一些自由异己分子，纷纷逃往内地，昆明是他们的避风港。龙云对他们十分照顾，连受批评最厉害的罗隆基避居云南时，国民政府三申五令要龙云将他驱逐出境，但为龙云所拒绝，只允代为监视。"

著名进步记者浦熙修在1946年6月10日所写的《访龙云院长》一文中也说："昆明联大的民主堡垒，可以说是受着他的保护的，他说，'假若我在那里，后来昆明的学潮绝不至于发生。'他们几次要加害于民主人士，却被他先发觉了。

罗隆基先生当年自贵阳被赶到江西，又不许在昆明停留，是他把他留下的。其他像张奚若、潘光旦等教授都是有才能的人士，周炳琳氏就常住在他家里。"

龙云的幕僚、"左联"作家马子华在《记龙云》一文里则这样写道："云南各界人士，尤其是广大知识分子都非常兴奋，受到了很大的教育和启发，特别对龙云来说，也受到很深的教育与刺激，坚定了他抗日救国的决心，启迪了他的民主思想。在此时，他和联大及云南大学的学生、教授交往密切，除校长梅贻琦外，罗隆基、张奚若、闻一多、楚图南、吴晗等时常被邀请来他公馆里做客，龙云得以向这些知名人士请教咨询。时间长了，这些先生们对龙云的思想有一定影响，在昆明民主运动高涨之时，进步人士曾得到龙云政府的大力支持。"

因此，面对西南联大风起云涌的爱国民主运动，龙云总是给予各种支持帮助，甚至是庇护。以至1939年1月，国民党云南省三青团主办的刊物《青年公论》创刊号，竟公开刊登毛泽东致该刊的信和题词——"全国青年团结起来，为驱除日寇，建设三民主义的新中华民国而斗争！敬颂青年公论社"。

1942年1月初，孔祥熙"飞机运洋狗"事件传到联大，很快引发了大规模的"倒孔运动"。在龙云开明政策影响下，国民党云南当局的警力并未加阻拦。运动发生后，国民党特务头子康泽两次来昆，企图逮捕进步学生，龙云又致电蒋介石，说学生们"毫无背景与组织，应请从宽作罢"。1944年5月，联大举行"五四"座谈会，国民政府军政部长何应钦要龙云进行镇压，也被婉言回绝。

1938年5月至1945年10月，在龙云的坚决抵制和巧妙周旋下，广大师生在历次民主运动中安然无恙。

不仅如此，他自己参加的，以及省府主办的许多活动，总是邀请联大常委或知名教授一起出席，给予这些著名学者以极高礼遇。如1943年2月6日，温泉宾馆时，开幕式由龙云主持，梅贻琦则代表嘉宾致辞。梅在日记中写道："下午三点温泉宾馆开幕，龙到场主持，余复被拉作来宾演说，为讲趣话二则，以缓和太严肃之空气。"1944年6月24日，华莱士离开重庆飞赴昆明访问，除了省政府主席龙云军政界主官以外，梅贻琦、熊庆来等学界名流也被邀请前往迎接。昆明市召开运动会，由联大教授马约翰任总裁判长，龙云总是和他站在一起向运动员和观众致意，既体现了他对云南体育事业的重视，也表达了他对老牌体育教授马约翰的敬重。因此，马约翰1946年进行在滇开展体育工作八年回顾时这样表彰龙云："在这八年中发现了云南热心倡导体育的人士甚多，尤以体育协进会龙理事长更作有力而实际的工作，对社会贡献甚巨，龙理事长平日少讲话多做事，脚踏实地的苦干，所以他是一个实际对体育推动者，如志舟体育会的创办成立以及设备之完美，都可以说明他对倡导体育成功之实例。"

龙云也尽量创造各种条件改善联大师生在经济和生活上的困难。作为云南大学校董，他争取专项经费，自1942年起在云大设立了"龙氏讲座"，刘文典、华罗庚、陈省身、汤佩松、李继侗、刘崇乐等联大教授都受聘担任讲座教授。该讲座不仅"年有名师在校讲学，于教学裨益甚大，于研究有贡献"，也从一定

联大时期，任昆明市运动会总裁判的马约翰（右一）与云南省主席龙云（左三）在运动会上。

程度上缓解了教授们的经济压力。联大社会系教授陶云逵病逝后，其妻子林亭玉悲伤过度，加之贫困交加，生活无着，竟投滇池自尽，幸好被渔民救起。龙云获悉后，紧急捐款3万元帮扶陶教授遗属。

学生方面，为奖励成绩优良而家境清寒的大学生，龙云于1940年夏协调富滇新银行和省财政厅各拿出5万元经费设立了"龙氏奖学金"。奖学金首期受奖名额500名，联大占210名（据1940年5月25日《云南民国日报》），许渊冲、王玉哲、刘绪贻、刘泮溪等同学都是这一奖学金的受益人。对于龙云的特别关怀，联大同学内心充满了感激。余贻骥校友在回忆录中就写道："当时云南省主席龙云军政大权在握，对联大师生活动极为开明，除尽可能照料生活外，极少干预，使联大的学习与政治气氛极为生动活跃，非当时其他地区可比。"

祸兮福兮

恰似贺联奎校友所说："在西南联大读书三年期间，生活物资全靠云南父老供给。"龙云为西南联大等校在滇高水平民主办学倾尽的苦心，自然得到广大师生的赞赏。于是，西南联大师生也就能很快与云南人民、云南社会、云南教育、云南文化融为一体。他们心情舒畅地徜徉着云南高原的缕缕阳光，并为这里的人民、这里的社会经济，为这里的边疆开发全力贡献着自己独特的力量。

他们，也毫不掩饰自己对龙云、对云南人民的欣赏。

1940年元旦，在龙云就任昆明行营主任之际，联大、云大、同济、中法、艺专等十校5000多名学生，为表达龙云为坚决抗战、保卫大西南所作贡献的崇敬之情，特联合制作"为国干城"四字锦旗敬献龙云并作了热情洋溢的献词。献词说："我们十校学生，有的原在云南，有的是抗战后辗转流徙才到云南的，我们都已清清楚楚看到，云南之能成为抗战后方最重要的支柱，绝不是偶然的，而是主任励精图治，努力建设的必然结果。十二年来，主任总管云南的军政重任，使云南在一切条件比较困难的环境中，跃入现代化的境域，担负起复兴民族根据地的使命，使我们能在主任的爱护扶掖之下，继续弦歌不辍，培养我们的知识技能，为抗战建国稍尽应有的职责，我们在万分感奋之余，向主任致崇高的敬礼。今天，当抗战的烽火已经燃遍了整个中国，复兴民族的曙光已经普照东亚的大陆，日本帝国主义者企图攻略西南，以求其最后一逞的时候，主任毅然以钢铁的意志，就委员长昆明行营主任之职，来迎接保卫大西南的更迫切的任务，我们更不知要怎样欢欣鼓舞，追随主任，服从主任，听候主任的驱策，为保卫大西南做最大的努力。我们自知力量有限，但我们愿意坦白地陈述我们坚持抗战到底的决心，和贡献我们团结一致的微力。我们相信，在主任的正确领导之下，云南一千七百万同胞一定会像我们一样，愿意牺牲一切，甚至洒最后一滴血来粉碎敌寇愚妄的企图。我们更坚决地相信，云南美丽的山河，将永久保持完整，如果敌寇胆敢进犯，恰好如同自己掘自己的坟墓。"

1946 年 4 月，联大剧艺社在昆明龙云公馆举行的联大校友聚会上演出《凯旋》后在公馆花园里的合影。（选自《我心中的西南联大》）

龙云则作了情真意切的答词："西南联合大学等十大学学生诸君联合制赠锦旗，并致颂词，礼隆义重，至深惭谢。当此国难严重期间，诸君能努力向学，不忘时艰，热心救国运动，至为欣慰。自抗战发动以来，各大学校先后迁滇，诸君间关万里，远道负笈，既足锻炼强壮之体魄，坚贞之意志，更与本省各学校黉序相望，形成繁荣之文化区，人才荟萃，互相观摩，学术上更见进展，从此日就月将，底于学成。今日做有为之青年，能立于知识界做群众之矜式，将来能担负重任，为国家之主人翁，前程甚远，责任甚重，尤望诸君本知而力行之旨，更加奋勉，共此新更之岁序相进步……"

双方之倾情互动，如是可见一斑。

1941年4月27日，龙云出席了清华大学在昆明举行的30周年校庆纪念大会并作了演说。演说中，他尤其肯定了联大来滇三年以来的不凡表现，他说："联大迁滇，跋涉千里，此种坚苦卓绝之精神至可钦佩。"又说，"联大迁滇三年，对本省文化的提高，已有决定的作用，同学们坚定的精神，向学的毅力，弦歌

1941年4月27日，龙云出席清华大学30周年校庆纪念大会并作了演说。这是他与梅贻琦合影。（龙美光提供）

勿辍，本人深受感动。同学们家庭接济断绝，而在物价高涨的昆明苦撑，这情形，本人也所深知，无如力不从心，不能有所救济，常用疚心。最近国际情势的变化，敌人颇有自越南北窥云南的可能，局势的演进，本人在深切注意中。敌军如有所企图的话，本人誓率三迤健儿予以迎头痛击。本人对于迁滇大学的安全是深切注意的，不论将来交通工具是如何的不敷应用，对于同学们的安全我们已有详细的计划，此后与各校当局及有关机关必与之密切联络，当随时将有关的重要消息通知……联大跟本省已结成历史上的关系，我敬祝贵校为国努力"。

正因龙云与联大师生此种过于亲密的接触，整个联大、整个昆明都很快成为海内外闻名的"民主堡垒"和矗立于祖国西南的文化中心。同样，云南也因

在龙云及云南省政府的模范支持下，地方企业也为联大提供奖助经费、给予实习便利等支持，联大师生则以地方及企业为服务对象、研究对象。图为裕滇纺织公司摇纱工厂。（云纺博物馆提供）

此而成为国民党最高当局的眼中钉、肉中刺。

抗战胜利后，蒋介石采取调虎离山之计夺取了龙云的军政大权。为了防止西南联大的民主力量制造"麻烦"，蒋介石方面可谓煞费苦心。据杜聿明在《蒋介石解决龙云的经过》一文中回忆："由于西南联大的进步人士和革命分子多，民主运动当时十分高涨，在解决龙云的过程中，我对联大师生暗中戒备甚严，以防止他们集会活动，支持龙云。尽管联大师生并无这种行动表现，但是我当时贼人胆虚，不得不严加防范。我在表面上假意地派人慰问西南联大师生，可是将西南联大对外的交通和通讯联络完全截断，因之在解决龙云的过程中，联大师生对外的联系是隔绝的，少数住在较远地方的师生也无法与校中取得联系。"

龙云被释兵政大权后，昆明民主空气陡然紧张。联大的处境愈发艰难，与龙云时代完全不一样了。然而，反动势力的这一切安排都是徒劳的。时局越来越坏，反动派与昆明进步力量最终撕破脸皮，形成敌我对峙的局面，引发了震惊中外的一二·一运动和"李闻"惨案，使蒋介石政府更为迅速地失去了民心，并导致了国民党政权的最终崩塌。

1962年6月，龙云以全国政协委员身份在京逝世。有感于抗战时期在西南联大从事民主运动时得到龙云的掩护和在经济方面受益于龙云的帮助，罗隆基、潘光旦等当年在联大任教的几位教授特地参加了遗体告别仪式。他们以感激之心，虔诚地去见战时的老朋友最后一面。

"感奋钦忭，莫可言喻。"联大与龙云，这是一个时代的绝响。

我们的救亡工作

——董田庄、赵羽人致联大同学

1938年5月20日，昆明《南方》月刊社收到由西南联大学生王一民转到编辑部的一封信。信中说："编者先生：素仰贵刊内容一以抗日救国为职志，前特寄上由蒙自联合大学寄来的通讯，即希刊登为荷！此祝撰安！王一民谨上。"

接转来信后，编辑部连同王一民的信一同刊发，并配发了简短的"编者按"："本刊即希望此类通讯，望一民先生及做救亡工作的同学们给我们一些这类的通讯，使救亡工作中的同学们有交换意见的机会，这于抗战前途是有莫大的关系！"

这是一封怎样的信呢？我们且看——

诸位可敬爱的老弟们：

握别以后，已是十来天的光景了。我们是在怎样挂怀你们的哟！？我们在热切地挂怀到各位的工作和各位的健康。

我们本是以陌生的过路人资格，出现在诸位面前，可是另有一种伟大力量，把我们紧密地拉在一起，是的，我们是应当在一起的，我们是应当永远在一起的，为什么？为了我们的工作，为了我们的理想。

也许是因为你们更年轻些吧，我们感觉到你们更有希望些，你们那如饥如渴的求知欲望，你们那如火如荼的斗争情绪，表现出一副英勇迈进的姿态，多么令人感动，令人兴奋哟！！我们生活在银灰色的圈子里的人，每天呼吸着窒息的空气，眼望着身旁的绝望的一群，我们是感到空虚了。可是在见到你们的时候，由不得便重新立定了脚跟，挺起胸膛了，因为在从你们各位身上望到了中国的新生。

来到蒙自以后，便发动组织起一个北大同学会，由同学会作了一回宣传，就在五月八号那一天到城里去工作。

经过是这样的，北京大学和清华大学的同学和教授，都有一种爱校心理，因而我们便在清华同学开纪念会的时候把北京大学同学组织起来。以后由负责人向县政府及县党部作了一次例行的先容工作。结果非常圆满。

五月八号是星期日同时还是场期，所以参加工作的人很多，同时更不愁没有工作对象。

工作的方法，还是应用注入式的讲演。不过对于蒙自的民众还算合适。他

1938 年 8 月，联大暑假结束前，蒙自夜校师生合影。

们都很注意听讲。结果非常良好。

讲演的技术，只注意到：（1）通俗化，少用或不用术语。（2）故事化，多说故事不搬弄理论。（3）说话要慢。（4）音调要沉痛有力。（5）一律着朴素之衣服或制服。

因为工作上有效率，所以每个工作人手都很卖力气。

因为事前向党部及政府先容，而讲演时又加重宣扬六十军之战绩，所以并未引起地方当局之反感。

缺点并不是没有，例如：讲演式虽为大庭广众时说话之方便形式，但是还不如个别谈话式收效之大。

工作人手，生手居其大半，技术修养不够。

口号标准太低，只能撩拨民族间的反抗情绪，而且谈到其他。

现在准备要作的工作有：

（1）下乡宣传，这个已得县政府允许。

（2）办壁报：①街头；②学校里。

（3）通俗讲座。正与民众教育馆接洽。

昆明方面情形如何，请告诉我们，过去经验告诉我们，不合作的态度，是很难于开拓工作的。至少也要取得他们的谅解。同时还要以充分的惊觉性，来注意到自身的堕落与腐化。过左的气氛是有害于工作的开拓。但是不要放弃了极严格的自我批判。专此恭致

民族解放敬礼

董田庄　赵羽人鞠躬

这是一封特殊的来信，显然是为了动员昆明的联大同学积极参加抗战救亡工作的。董田庄、赵羽人何许人也？笔者并未在西南联大历年的学生名单和教职员名录里面找到他们。不过从这封信的叙述来看，他们倒有可能是北大的校友，或者是联大的密切关注者。总之，他们是从事抗日救亡工作，奋力于民族

解放事业者中的一员。他们在联大驻滇上课的第一个月，就发起了抗日救亡的宣传攻势。

所以，他们说："我们本是以陌生的过路人资格，出现在诸位面前，可是另有一种伟大力量，把我们紧密地拉在一起，是的，我们是应当在一起的，我们是应当永远在一起的，为什么？为了我们的工作，为了我们的理想。也许是因为你们更年轻些吧，我们感觉到你们更有希望些，你们那如饥如渴的求知欲望，你们那如火如荼的斗争情绪，表现出一副英勇迈进的姿态，多么令人感动，令人兴奋哟！！我们生活在银灰色的圈子里的人，每天呼吸着窒息的空气，眼望着身旁的绝望的一群，我们是感到空虚了。可是在见到你们的时候，由不得便重新立定了脚跟，挺起胸膛了，因为在从你们各位身上望到了中国的新生。"

在蒙自，他们发动组织北大同学会，并以此为阵地团结联大师生参加救亡工作。此时，全面抗战还不满一年，但在联大文法学院驻扎的蒙自，"五四""一二·九"的血液已经悄然注入。这批经受日寇侵华屈辱的师生的到来，已经给这里带来国破家亡的危急气氛。在北大同学会的参与下，救亡工作的开展，自然也就得心应手。

对于这一群知识分子开展的救亡工作，最具效果的当然是作者在信中所说的"注入式的讲演"。实际上，也就是卖力地进行抗战救亡动员。讲演方面，不论是讲述的通俗化、故事化，说话的慢节奏、音调的沉痛有力，乃至衣着的朴素大方，大家都已注意到。当然，这样的讲演式救亡动员，若有关工作未

西南联大学生会劳军演出《夜未央》入场券

做好，势必惊扰地方。好在已事前报备过，加上讲演时着重宣传了滇军六十军在台儿庄大战中的辉煌战绩，故而没有受到地方当局的干涉。

其实，在作者计划进行抗战救亡工作的同时，联大已极为迅速地开展了相应的工作。早在5月4日蒙自分校开学当日，联大同学就开展了纪念"五四"的徒步活动，并召开了五四运动十九周年纪念会，由朱自清、罗常培、张佛泉、钱穆等发表了演讲，激励同学们发扬五四精神。5月8日，在梅贻琦校长到蒙自之际，联大师生举行了大规模的茶会。这一天，同学们还举办到滇后的第一次抗敌宣传大会，大家冒雨到街头讲演、筹办民众夜校、定期进行通俗讲演、在茶馆开设抗战讲演、出版壁报、成立话剧团……这些都在紧锣密鼓地筹备着。

作者在信中指出，下一步的救亡工作，还需开拓范围。不仅要在城区，也要进到乡村宣传动员。

启迪民智，需要多向发力，消除民众与知识分子的隔膜。信中特别告诫联大的同学们，"要以充分的惊觉性，来注意到自身的堕落与腐化。过左的气氛是有害于工作的开拓，但是不要放弃了极严格的自我批判"。

那么，这以后，在两位作者、在北大同学会等团体及联大广大同学的努力下，联大蒙自分校文法学院的师生的抗战救亡宣传工作做得如何呢？我们仅以七七事变一周年的纪念活动情形为例来反映大家的救亡工作情况。

联大同学进行抗战救亡演出后向抗日军属赠送纪念品。

1944年夏，同学们组织的"学生假期服务队"向昆郊部队宣传抗战救亡后回归校园。前排右一黎章民、右三李储文。

1938年7月7日是卢沟桥事件爆发一周年。为了纪念国耻日，激发抗战斗志，这天清晨六时，联大400余名师生就在大操场集合，冒着霏霏细雨举行了纪念仪式。活动由艾光曾同学主持。在樊际昌教授报告了活动的意义后，由文学院代理院长冯友兰教授发表了主题演讲。冯友兰在演讲中指出，这次中日抗战，几十年来历史上已有远因，非出偶然，1937年的七七事变仅是导火索而已。不过，抗战一年来，成绩很可乐观。最先敌人以为"三个月可以完全征服中国"，然而历时一年仍茫无头绪。我国在战略上且战且退，意在消耗敌人实力，延长抗战时间。抗战时间越长，敌人的财力、人力消耗就越大，待敌人民穷、财尽、精疲力竭之时，即我国最后胜利之日。目前我们在后方应积极努力自己的工作，才对得起所有为抗战死难的同胞与将士，同时也才配享受将来最后的胜利。

午后一时，淅淅沥沥的雨声中，蒙自县在民众教育馆组织召开了由县城各学校、机关和联大20余团体600余人参加的"抗战建国周年纪念及公祭阵亡将士死难同胞大会"。会上，举行了公祭仪式，并由联大教授王信忠从中日两方民气、人力、物力、财力四方面演讲《抗战到底中国必胜理由》。继而由联大中文系学生迟习儒讲述去年今日事变之实际情况，历时两个多钟头才散会。同时，在艾光曾、张仁仲、徐昭等同学领导下，联大同学分两批向城内各界人士及城外工人进行了抗战宣传，到下午五点左右才返校。

　　这天，联大全校师生员工和蒙自各界人士还举行了"七七素食"活动。素食活动所得的节余资金，最终全数转赠前方将士。

　　总体而言，蒙自同学的救亡工作是有声有色的。

昆明像北平

——胡祖望致胡适

1938年5月30日，胡适之子胡祖望从昆明致父亲胡适一封信。全信写道——

爸爸：

我来到昆明已将一个月了，学校也上了两个礼拜的课了。学校搬来昆明后，诸事都较前振作，功课虽然是在刚开学的几天，已很显出忙来了。尤其我们工学院的，今年每星期竟有三十五小时的课。

1939年8月，朱自清、陈竹隐夫妇及三子朱乔森、幼子朱思俞在昆明翠湖留影。（选自《朱自清》画册）

昆明有好多地方像北平，街上有好多牌楼，有一座西山，也有一个昆明湖，并且气候也有点像北平，有相当的气象，有相当的干燥。昆明的云很好看，尤其是黄昏的时候。还有我在昆明黄昏的时候，曾经发现过一个从来没有看见过的景缀。那就是我一向以为日本海军旗上的旭日章是他们凭空创造。然而有一天的黄昏，我看到在太阳落山时，果然在天空中映出了好几道红光，正如日本海军旗上所表现的，我才明白了那旭日章不是凭空创造出来的。

我们在学校住在一个师范学校中，教室是在农业学校。两下竟距离大约有十五分钟的路程。这里还没有电灯，我们用的是植物油灯，但因为不够亮的关系，所以在念书时还要用洋蜡。我们用的桌子是用汽油木箱和木板搭成的。柜子也是汽油箱，注册组的柜台，会计室的柜子，都是由汽油箱改造的。汽油箱的功用，在联大正显出了它的伟大。

妈妈前些时已搬家到法租界，但她不曾把住址给我。假若你仍不［知］她

1938 年，在昆明西山华亭寺合影。左起：周培源、梁思成、陈岱孙、林徽因、金岳霖、吴有训，孩子为梁再冰、梁从诫。（选自《周培源》画册）

的新住址的话，请你写信时，寄到"上海法租界天主堂街五十号镛成毛巾厂"由法正转交可也。

舅舅、舅妈在此都好，老二也好，他们都很挂念你。小芳也来昆明了，入了联大。

不多写了，祝你安好！

祖望

五月卅日

信中提到的妈妈，即江冬秀。舅舅、舅妈指联大数学系江泽涵教授、蒋圭贞夫妇，老二系胡祖望的姐姐胡素斐。小芳则是著名社会学家陶孟和的长女、胡适的干女儿陶维正，她当时也考进联大理学院生物学系，后来与遗传学家沈善炯、曾昭抡的小妹曾昭楣等同时毕业。

胡祖望说他从海路到昆明已将一月，那时正是联大各路师生大会师的时候。到昆明后，他认为学校师生较长沙时更有精神气。虽然才刚刚开学，功课已经显得繁忙，就工学院来说，一周竟有35个钟头的学时要完成。

昆明好多地方像北平

"昆明有好多地方像北平。"这是胡祖望对昆明这一天南中心城市最深刻的印象，它太像北平，而且不止是有点像，而是好多地方都像。和北平一样，这里也有牌楼，也有西山和昆明湖（滇池，又称鸭池）。虽地处南方，却拥有干燥的气候。对于这些，其实联大的许多师生都有同样的感受。

这一时期，著名作家冰心也随在云南大学任教的丈夫吴文藻在昆明呈贡居住。除了曾参加由联大同学发起的劝募寒衣运动外，她也曾被传言在联大任教。虽然联大的教职员名录上并没有她，不过她在呈贡县的默庐，却是联大一些知名教授时常光顾的地方。冰心在《摆龙门阵——从昆明到重庆》的散文中就极为生动地讲过昆明是如何像北平的——

　　喜欢北平的人，总说昆明像北平，的确底，昆明是像北平。第一件，昆明那一片蔚蓝的天，春秋的太阳，光煦的晒到脸上，使人感觉到故都的温暖。近日楼一带就很像前门，闹烘烘的人来人往。近日楼前就是花市，早晨带一两块钱出去，随便你挑，茶花，杜鹃花，菊花，……还有许多不知名的热带的鲜艳的花。抱着一大捆回来，可以把几间屋子摆满。昆明还有些朋友，大半是些穷教授，北平各大学来的，见过世面，穷而不酸。几两花生，一杯白酒，抵掌论天下事，对于抗战有信念，对于战后的回到北平，也有相当的把握。他们早晨起来是豆腐浆烧饼，中饭有个肉丝炒什么的，就算是荤菜。一件破蓝布大褂，

抗战时期昆明金马碧鸡坊

昂然上课，一点不损教授的尊严。他们也谈穷，谈轰炸谈的却很幽默，而不悲惨，他们会给防空壕门口贴上"见机而作，入土为安"的春联。他们自比为落难的公子，会给自己刻上一颗"小姐赠金"的图章。他们是抗战建国期中最结实最沉默最中坚的分子。昆明还有个西山，也有黑龙潭，还有很大的寺院，如太华寺华林寺等。周末和朋友们出去走走，坐船坐车，都可到山边水侧。总之昆明生活，很自由，很温煦，"京派的"——当然轰炸以后又不同一点了。

冰心文章中的这些"穷教授"，多半是她和丈夫在西南联大的朋友们，如梅贻琦、郑天挺、杨振声、罗常培、陈达、沈从文、戴世光等，他们都是到访"默庐"的常客。

1941年8月，老舍来昆明讲学和养病，并广泛走访他在西南联大的朋友们。历时半月之久的昆明生活，使他对"昆明像北平"有了更为深切的感受。他在系列散文《滇行短记》里说：

昆明的建筑最似北平，虽然楼房比北平多，可是墙壁的坚厚，椽柱的雕饰，都似"京派"。

花木则远胜北平。北平讲究种花，但夏天日光过烈，冬天风雪极寒，不易把花养好。昆明终年如春，即使不精心培植，还是到处有花。北平多树，但日久不雨，则叶色如灰，令人不快。昆明的树多且绿，而且树上时有松鼠跳动！人眼浓绿，使人心静，我时时立在楼上远望，老觉得昆明静秀可喜；其实呢，街上的车马并不比别处少。

至于山水，北平也得有愧色，这里，四面是山，滇池五百里——北平的昆明湖才多么一点点呀！山土是红的，草木深绿，绿色盖不住的地方露出几块红来，显出一些什么深厚的力量，教昆明城外到处让人感到一种有力的静美。

四面是山，围着平坝子，稻田万顷。海田之间，相当宽的河堤有许多道，都有几十里长，满种着树木。万顷稻，中间画着深绿的线，虽然没有怎样了不起的特色，可也不知怎的总看着像画图。

老舍觉得，昆明不仅似北平，其风物之好，还更胜于北平。

在1938年3月20日的一封信中，陈梦家夫人赵萝蕤则说："这里刮风扬土很像北平，四合院红漆门也像北平。"和赵萝蕤一样，联大中文系教授浦江清在1944年4月16日致妻子的信中也有相似的感受，他说："这里已过清明节，天气很暖，路上刮风沙，像北平一样。"

学生方面，和胡祖望一样走海路过来的历史学系学生胡嘉（即胡佳生）在《离乱纪闻》中说："在昆明读书真不能算苦，气候是四季如春，环境富于江南风趣，本地人又是顶老实的，因为有滇越铁路接通海口，这里早已逐步近代化，只要有钱也能获得物质方面的享受，有人说昆明像成都，又像北平。"

关于昆明像北平，如闻一多、陈寅恪、浦薛凤等人也有类似的观感，我的师长余斌教授曾有《"北平像昆明"考》详述之，兹不赘言。不过，这种种的"像北平"的感觉，与其说是形式上的相近，倒不如说是情感上的认同。时在联大地质地理气象学系兼任教职的杨钟健先生就说：

许多人由北平来到昆明，不免会想到近日楼的地位和式样有如前门，翠湖好比北海，房屋的建筑，与如四合院的房子也有些像。最引人注意的，北平有西山群胜之区，而昆明也有西山，古刹若干，亦点缀名胜不少。但这些说法，与其说是相似，毋宁归功于我国文化之伟大。凡是中国的都市，东北自东三省，西北迄新疆，西南至云南，甚至南洋，差不多都有若干共同之点。再说我们由北平来到昆明流浪的人，与其说是昆明与北平相似，毋宁说还有些因目下到不了北平，姑且以昆明为北平，聊以自慰的感想吧。

所以我虽然也是留恋北平的一个人，但我不能附和一般人的意见，以为昆明即北平，但我并不否认昆明的美及其可恋。昆明的美及其可恋，并不在像北平的那几点，北平有北平的伟大与美，昆明有昆明的伟大与美。若以为昆明之

抗战时期的昆明

美，即在其像北平的那几点，那么也是对昆明的一个侮辱，我们不能不为昆明而抗议。

　　……昆明与北平，表面上或有些相似之处，但实质上其个性甚多，在目下不能回北平，不必附会其像北平处，而当尽量地赏鉴其特有之风格，并发展其特长。能如此方不负在昆明之暂居。

　　也许，就是昆明便利的交通，怡人的气候，秀丽的风光，古雅的建筑，质朴的民风，厚重的历史，多样的文化，非常友好地接纳和滋养了内迁边地的科学文化中坚，使得这些来自古都的同胞犹如置身于北平学海，更感祖国的伟大和自身使命的神圣。

　　从情感上以昆明为北平，并以之为慰藉，这就是真正的"昆明像北平"。

七巧板式的床铺桌椅

胡祖望在信中说，到昆明后，住在由昆华师范学校租来的宿舍，上课则是在昆华农校，两处相距15分钟的步行路程。其实这还不算远，若从工学院所在地拓东路到师范学院所在地，则需近一小时步行里程。所以，联大同学赶课，常常需要小跑着找教室，哪有今天的孩子们进课堂前悠然而行的工夫。

信中说，刚到昆明，学校还没有电灯可用，用的是植物油灯。由于油灯不够亮，念书时还须用上蜡烛。这时候，植物油灯也并不普遍。即便到了1943年，云南彝良籍微雕艺术家陈守仁发明了成本更低的"守仁菜油灯"，能用上的市民也并不多。

信里特别提到了汽油木箱在联大的流行。不仅桌子是由汽油箱拼成的，就是柜子、柜台也都由汽油箱改造的，"汽油箱的功用，在联大正显出了它的伟大"。

可以说，联大的办学，是伴随着汽油箱的持续使用而向前推进的。1938年5月21日，联大发布了《关于学生寝室、家具配备的布告》，规定："各生寝室家具数量，每人限用梯床一位或铺板一副、铺凳两条，或铺板一副、油箱四个；另为收藏书籍及杂物，得用油箱三个。按此规定，其有多余者，应即交还事务组，不足者得向事务组声明听候补发。嗣后凡经指定属于公用之家具及油箱，概不许擅行搬移他用，如有故违，定予严惩。"到复员北返时，联大给国立昆明师院的财产移交清册，竟有53加仑汽油箱74个。这说明，汽油箱的确是学校极为珍视的财产之一种。

1938年10月26日，蒋梦麟、梅贻琦、张伯苓三常委函陈教育部自本校移设昆明以来校务进展情形时亦称："本校初迁来滇，购大批汽油木箱以代床铺桌椅，其时每具仅值国币一角，以后总价增多，每具竟达国币一元。"为此，联大新同学进校报到，在办理宿舍入住手续时，往往除领取一张木板床之外，还会从学校领到7个从昆明航校买来的1加仑容量的汽油箱以作桌椅。

何以要用木箱替代这些家具？胡嘉在《离乱纪闻》中这样回忆："在昆明，一时买不到许多木材和竹头，包工的匠人又不守信约，讲好日子交货，往往临时延期，说是没有法子；所以教职员和学生刚到昆明时都利用汽油箱，床铺是汽油箱拼起来的，桌子是汽油箱搭起来的，把汽油箱横摆可以当凳子，直放可以作书箱。"

联大校舍里的汽油箱，除了学校配发，据称也有同学们自己搜求来的。在昆开学三年后，石横即在1941年就已发表的《抗战中产生的西南联合大学》一文中说，联大的"宿舍里没有桌凳，因为学校有限的经费，要供扩张图书仪器之用，难以兼顾。这使同学感到最不便，因为书还可拿在手里读，字却不能不

南院女生宿舍一角，最显眼的是汽油木箱搭成的桌凳和书柜。

在桌上写。后来大家居然想出办法来，各人自备三个汽油木箱，两个重叠起来是桌子，一个便做了凳子，箱内用来放书籍文具，真是一举多得了。以后人人都这样做，直弄得昆明市的汽油木箱，一日三变价，后来竟感到缺货，直到现在还须重价才能买到"。

外文系学生卢飞白在《联大剪影》中则回忆了这种桌椅的构造方法。他说，联大"每个寝室有二十来张叠铺，既没有桌子又没有椅子。亏得哪一个聪明人想得好：二个汽油木箱一横一竖叠起来，在上的箱子里放点书籍文具，在下的箱子放点零碎什物，居然是张极合用的桌子。至于椅子，那可由床铺来'兼任'。"

校内宿舍较为简陋的情况下，一些同学也搬到了校外，联大宿舍里以汽油箱改造家具的传统也被移到了校外租住的宿舍里。

历史学系的程应镠同学就租住于先生坡树勋巷五号，他在《树勋巷五号》一文里回忆："1938年8月，我到昆明后住在迤西会馆联大工学院宿舍，等待借读联大。9月，我和两位江西同学在树勋巷五号租了两室一厅朝南的房子。两人一室，可住四人。学校在大西门外昆华师范，距树勋巷约十分钟路。联大宿舍十分拥挤，有的多至五六十人，上下铺都人满，设备也很简陋。开学大概是在10月，原燕京大学同学李宗瀛和我同住。各有一书桌，我还用汽油木箱叠成书架，四层，临时买了一些旧书：世界书局影印两巨册的《资治通鉴》和中华书局四部备要本的《国语》《战国策》，商务印书馆出版的《宋人轶事汇编》《宋史纪事本末》是我书架上最早的史书；我从南昌带来的《中华二千年史》《十八家诗抄》当然也是第一批出现在这个书架上的书籍。"

1941年初，历史学系学生刘北汜、萧荻，以及另一位男生王文燾也从新校舍男生宿舍搬出，租住到钱局街金鸡巷四号。这时，巴金女友萧珊和她的好朋友王树藏也租住在这里的另一个房间。半年后，巴金第二次来昆看望萧珊。刘北汜回忆："巴金这次在昆明，就住在我和王文燾住的那间屋里，睡在萧荻去龙陵后空出的那个铺位上。说是铺，其实既无床板也无凳子，而是用六个盛汽油的铁桶、旧木箱子拼凑起来的，昆明当时是国民党统治区的大后方，中缅公路的终点，市里到处有摆摊卖旧汽油木箱和美军剩余物资的。我们用来搭床、当凳子、作书架、当书桌的，都是用汽油木箱搭的，也是我们当时能够买得起的。”

学生方面是如此，教师们利用汽油箱也并不逊色。吴宓曾在日记中记述其用有所破损的汽油箱换同事稍完好的汽油箱以装运书籍赴西北，以及叶公超托其代为搜求30个汽油箱“以供其家用，而愿以上好之铺板一副赠宓为酬”的情形。

鲁迅好友、北大办事处秘书章廷谦则回忆道：“所谓北大办事处，是三层楼上的一间统的三开间屋子，只南北有墙，东西两面都是板门，假使门全开了，外面还有廊、栏杆，就很像一个亭子了。在靠西的南北两角上，各有用木板隔

联大附近的昆明西站（美国国家档案馆保存）

成的一间小房，放下床铺以后恰还能摆一张办公桌椅和一个衣箱，我和校长蒋孟麟先生一人一间。我的那一间是在南首，靠楼梯的。后来杨今甫兄又用汽油木箱垒起来在东首靠南的角上和孟麟先生那间并排的隔了一间，我和他就经常的住在那里，像下围棋似的，每人各占一个'角'。这些汽油木箱，原来校方以每个一角钱的代价向航空委员会买来的，除公用外，就转让给同人。因之不但同人们的书箱、衣箱、柜子……果然都是它，还往往用三个箱子叠起来当作茶几，横摆着铺上一块椅垫便当沙发，在联大同人住的屋子里，几乎没有一家没有这种陈设。还可以搭出其他很大方很雅致的式样，犹如七巧板，一拼凑就凑出来一个花样。八年来这些木箱一直陪伴着我们，在离开昆明之前，我们也没有舍得离开他们。"

可以说，联大师生都将汽油箱的功用发挥到了极致。

恰如当年的一篇文章所说："在抗战中，中国大学生的生活，其困苦艰难的情形，实不易为一般西方人士所理解——他们认为西北学生的住地窖，西南学生的用汽油箱作床铺，作书桌，都是神话，都是奇迹，好像是在人世间很难找

西南联大时期的滇南首郡坊昆明府甬道市场一角，清华集体宿舍即在席蓬后。

到的事。然而这些近似神话，近似奇迹，近似不可能的事，中国在抗战期中的大学生却安之若素了。"

话说回来，如果不是家国遭难，谁愿意过这样艰苦的日子？！这样的景观倒也引起了外间人士的关注和惊叹。在参观了汽油箱搭成的联大校园的家具景观后，时任教育部参事陈石珍非常感动地对师生们说："这种拼七巧板式的家具看起来颇觉有趣。见到你们的生活，不禁使我体味到都德的《最后的一课》的精神。"林语堂来联大演讲时，见此情景，更为动情地说，联大师生"物质上不得了，精神上了不得"！

正是这样一种在《最后的一课》的悲壮情绪中生发出来的"不得了"的精神，造成了一种不知停歇地、勇敢奋力地向上登攀的联大气度。

胡祖望在昆明只念了一年书，1939年8月，他就转到父亲胡适的母校美国康奈尔大学机械学系就读去了。但是，他这封信所折射出的，一代学人面对极端困窘的环境而不怕苦不怕难的名士风流，足以照映后人。

以身殉学也是甘心的

——罗常培致胡适

1938年6月10日，北大暨联大文学院中文系主任罗常培在联大分校教员宿舍里给他们的院长、时在美国担任大使的胡适（胡未到滇时由冯友兰代行院长职）写了这样一封信——

云南蒙自西南联合大学文法学院　中华民国二十七年六月十日

适之先生：

自从去年七月九日在米粮库握别，匆匆的快一年了！这一年间的离情别绪真是说来话长，不知从哪里写起！自北平陷敌后，我

西南联大时期的罗常培（1944年）

本打算暂时留平，安贫忍痛，完成几年来积压下的工作。九月间得到您在九江轮船中，署名"藏晖"，写给毅生和我们留平几个人的一封信，勉励我们利用闲暇与患难，仿效陈仲子井上食残李时的态度，努力完成各人的工作。当时每人所得到精神上的安慰和鼓励，就是被敌人捉去，以身殉学，也是甘心的！到了十月中，接到孟麟先生的函电，责以共赴国难，共撑北大的危局，于是我们

一行，等毅生把平方校务结束妥帖后，在十一月十七日离开了北平。到香港后，绕道梧州、桂林，至首都陷落后的二日（十二月十四日）我们才分别到了南岳和长沙！这一行中，到南岳的是大年、雪屏、建功和我；到长沙的是毅生、廉澄、濯生、霖之、庸中。这时留平的只"三老"：绥经、心史、幼渔；"三不老"：汉叔、启明、志歀；"二壮"，徐祖正、龙际云；"二弱"：缪金源、孙子书。此外就是不到长沙的也都离开北平了。

我们到南岳不到一月，又因迁校议起，跑到长沙。后来搬昆明的计划决定，于是我又于今年二月十日自湘经粤港海防，走了十六天才到昆明。五月二日搬到蒙自，现在已经住了一个多月了。半年来的飘泊生活，到这里才算略得安顿！

看见您四月廿七日写给孟麟先生们的信，使我们在徐州失陷后，又增加一点新生气！我盼望实验主义者的假设，不久就可以证实的！我相信您这几个月的努力，为我们国家和民族所播下的良好种子，是不可以数量计的。所以我们文学院的同人虽时时感觉"群龙无首"的遗憾，但是"贤者"既然去"识其大者"，我们这班"不贤者"只好努力来"识其小者"！您能看个"水落石出"再作归计，虽然为北大、为同人、为学生是很大的损失，可是为国家、为民族、为正义，却贡献的多多了！然而从学校和同人方面讲，恨不得您马上飞到蒙自！

北大国文系的学生去年到南岳的共有三十八人，随同到滇的只剩二十三人，但比起清华来还多着十八个人呢。教授到的只有庸中、建功和我三个人。毅生被从吾抢到史学系去，他近来除讲隋唐五代史外很注意到南诏史地的问题。蒋先生因为他结束平方校务时，不辞劳怨，答应他暂时不管事务，所以他到蒙自后却得到了埋头的机会。下年除盼先生能速驾外，已商得蒋先生同意，请郑石君来滇。至于清华方面有佩弦、一多、叔雅、浦江清、许维通、陈梦家、李嘉言七人，下年遇夫、了一还来，可是他们的学生暑后就剩下一个人了。

文学院其他各系，外国语系有公超、Empson和莫泮芹，下年拟约黄绍虞、潘介泉来；史学系有从吾、子水、宾四、毅生四人，下年受颐不见得回来，西洋史尚缺人；哲学系有锡予、贺自昭、郑秉璧、容元胎四人；心理组有逯羽、雪屏二人；教育系有大年和罗廷光二人，下年拟添聘齐泮林教统计、测验。俊升自任教育部高等教育司后，一时不见得回来。

法学院以法律系甚缺人，君亮、李祖荫均未来，现只有陈克生和蔡枢衡二人；政治系有张佛泉、崔书琴二人；经济系有廉澄、周濯生（作仁）、秦瓒三人，下年拟补充侯树彤一人。枚荪大约一时不能返校，蒋先生颇盼端升兄能早一些回国。

至于联大文法学院的组织，现由文学院长芝生代，法学院长陈序经，文学院代表二人逯羽、佩弦，法学院代表二人岱孙、濂澄合组一校务委员会，推逯羽任主席，管理两院普通行政事务。下面由薛德成管注册，包尹辅管事务（现已聘胡子安替代，尚未到）。逯曾现在汉口，蒋先生想找他管文牍，兼保管北大文学院各系文件。图书馆比较小一点，但学生看书的风气很踊跃，每晚大演其"争座位"，现已另谋开间，并且史语研究所的二百多箱书，孟真也答应借给我们看。

蒙自地方虽然荒僻，但联大所在地——海关、银行、领事署、医院、哥胪士洋行——却是很好的。银行及领事馆内树木森蔚，风景清幽。门外有南湖和军山、蓬莱等公园，可供散步临眺。在这个年头儿真是一个适于读书的地方。城内虽然不大，但日常应用品并不缺乏。每逢子午卯酉日都有"街"（就是集），到那一天许多non-Chinese的民族，如同猡猡、土獠、苗家、狆家、摆夷……之类，都可以看得见，这对于弄语言学的人，也好像董彦堂得到大龟七版那样喜欢！因此我们很想利用这个环境作出点儿什么来留个纪念。

眼看着我们北大的四十周年快到了。我们想联合自然、社会、国学三种季刊出一个纪念册。这个意思在北方时就同您谈到。现在蒋先生给我们筹了一笔印刷费，决定在八月底集稿，九月初付印。先生现在虽然忧劳国事，但仍望勿忘读书，振起"老将"的精神来，替我们写一篇"寿校兼以自寿"（十二月十七

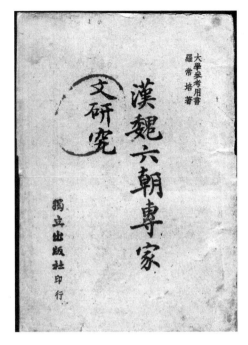

1945年，罗常培在昆明岗头村完成的《汉魏六朝专家文研究》。（龙美光保存）

日是您的四十八岁整（^））的好文章，这是义不容辞的，渴望于我们付印时可以寄到！！

元任下年度到檀香山大学担任中国语言、音乐、戏剧的客座教授，史语所二组的工作他托我照管，好在昆明到蒙自，比南京到北平近多了，我仍抱定兼差不兼薪，居实不居名的态度，不受他们的名义和报酬。好在都是一家人的事，用不着再分彼此的。

最后，我托您一件事。您如遇到孟治先生时，请代陈明，去年北大托他购仪器时还有一点余款，最好请孟先生先替北大存在银行，俟时局稍定时，再议论购买。我最近另有信寄给他，请您先代达一声。琐碎烦渎，谢谢！专此祝您身心康健，为国努力！

受业罗常培谨启。

端升兄均此致候！

我在蒙自看见了这封信。麟

公超附候

汤用彤附候

赵廼抟敬祝康健

陈雪屏　邱椿敬候起居

逯羽同候

信中说，自从日寇全面侵华，与胡适别过之后，又将周年。回想北平沦陷之时，本来是计划暂留古都完成积压工作的。然而，9月间，却忽得胡适在九江轮船中写给郑天挺等多位留平教职员的一封信，信中勉励大家要像陈仲子那样，为了坚守个人的节操，宁可食蟛李也不改其志的人生态度和人生境界，努力担

罗常培信手迹

负好自己的分内使命。这对每一位同人来说，都深受安慰和鼓励，大家认为，有适之先生这样的勉励和劝慰，就算以身殉学也在所不惜。

又过一个多月，又接到蒋梦麟校长函电，要求同人一体，共赴国难。于是就有了先后辗转到湖南、云南办临时大学和联合大学的非凡经历。

在信中，罗常培着重谈了北大文学院同人在长沙临大、文学院和法商学院，在联大蒙自分校的大概情形和学生的分布情况，也谈了他所在的迁徙队伍通过海路迁滇的大致情况。他认为，联大文法学院在蒙自，"图书馆比较小一点，但学生看书的风气很踊跃，每晚大演其'争座位'"，这和教职员的振奋精神，矢志于战时教育事业也是无缝对接上了的。

又说，文法学院所在的蒙自虽显荒僻，但联大校址却是安排在海关、银行、领事署、医院、洋行等极好的建筑内，这些地方"树木森蔚，风景清幽"，门外又有南湖、军山等名胜，"在这个年头儿真是一个适于读书的地方"。这里民族风情浓郁，"对于弄语言学的人，也好像董彦堂得到大龟七版那样喜欢！因此我们很想利用这个环境作出点儿什么来留个纪念"。如董作宾研究甲骨文得到大龟七版一样，这里也是研究民族语言学的最好土壤。

北大40周年校庆即将来到，适之先生的48岁生日也将在同一天来到，因此恳请先生撰写一篇佳作"寿校兼以自寿"。在这里，罗常培俏皮地使用了"(ˆ)"这一表情符号，传神地表达了他对收信人面带喜色的崇敬与祝贺之情。

罗常培在信中说，下年度，赵元任将离昆去檀香山任客座教授，史语所二组的工作即由自己代管，自然应当承揽，但"我仍抱定兼差不兼薪，居实不居名的态度，不受他们的名义和报酬。好在都是一家人的事，用不着再分彼此的"。

这封信虽是罗常培致胡适的私信，可是，这信发出去之前，还有八位北大同事也得以传阅。所以，蒋梦麟说："我在蒙自看见了这封信。"钱端升、叶公超、汤用彤、赵酒抟、陈雪屏、邱椿、樊际昌等也顺致问候，一致表达了对罗常培此信的认同之感。

"好在都是一家人的事，用不着再分彼此的。"在抗战硝烟的大背景下，联大教授们这种在自由民主作风下坚持精诚合作、相互团结、相互补位，师生空前热烈、空前昂扬地教书救国、读书报国的爱国热情，正是联大办学成功的重要基石之一。

围棋以外没别的消遣

——柳无忌致柳亚子

1938年6月22日，暑假前，柳无忌在云南蒙自给父亲柳亚子写信。在信中，他谈这里的天气，谈这里的城市风貌，谈这里的交通。当然，也谈这里的治安，谈在这边城下自己的经济生活。

他的信是这样写的——

父亲：

六月十二日飞机信昨日收到，走了九天，毕竟是快得多。

……

在此一切依旧，日子很快的过去，六月又即完结了。在上海，谅早是夏天，不知你们热得如何？在此地，仍不觉太热，我们的洋行楼上时有凉风吹来，穿着西装衬衫读书做事正是舒服。在太阳下有点热，十二点钟下课自校返此时要流些汗，不过一回室内，把洋服脱去，就又很凉爽了。

再一个半月，就可放假。暑假仍将相当的长，因为学生要去受训练。开学将在十一月初。所以二舅父预备回沪一行。

在此天天下围棋，大有进步。除此外，实在没有别的消遣。散步只能在晚饭后或清早，其余的时候热而不适。

蒙自城面积极小，自南至北，步行二十分钟左右，西至东大约亦如此。城

1938年，柳无忌夫妇与女儿柳光南合影。

的大小，顶多如吴江一样。街道都是石头砌的，说不上整齐。商业亦谈不上，只有几家小铺子。自学校来后，稍为"荣繁"一些，至少在学校旁有了三家咖啡店（安南人开的。二家是旧的，一家新开。）及几个洗衣处。没有马路。没有黄包车，不要说汽车了。只有几辆没有人坐的破轿子。此外就是步行。在郊外可骑马。自来水没有。电灯有等于无，因为电力不足，还不如洋灯。校内仅图书馆有，特别加了一根电线，尚可用。此外我们都是用洋灯，晚上怪黯淡的。至于县政，名义上有个县长，实在最有权力的是驻在此地的军人，一个团长，蒙自的皇帝。

治安不太佳。晚上出门要小心。一个女生，一个男生，一个英国教员，都出了事情。前者险被拖去，后二者被抢去些钱。现在女生自校返城内宿舍，有一定时间，由警察荷枪护送。其他一切可知道了。

自昆至蒙，可坐米其林，即特别快车，自昆至碧色站六点钟可达。不过在碧色站要等几点钟，始可到蒙自。实际上总要一整天即十二点钟。我上次来去昆明即坐此车。坐普通车要一晚一天半，时间上更不经济了。

从学校门口至洋行，约走六七分钟可到。路不好，有高高低低的石头路，下面泥路。平常还没有什么，一下雨可就糟了。我的套鞋是不是忘在上海？找不到。初来蒙自时没有买新的，正碰上雨季，弄得我狼狈不堪。后来在昆明买到了一双，才解决此问题。

……

信仍请寄学校，不要寄洋行。因为现在洋行仍做生意，开旅馆，寄那边去就要遗失了。

薪水已发至四月。仍打七折，有二百余元。现在我与蔼鸿住两处，太费，因两处都有开销，走一次又要四十余元。总共在昆每月最省用百元（房租即四十元），乃日常开销，小孩食物及衣服不在内（衣服我们抵此后没有做过，也不需，希望二年内可不必做）。我每月用四五十元。（饭食十五元）再加上一月一次的旅行，就要过二百元了。所以这不是办法，希望明年我们可以住在一起，较为省些。不过在蒙在昆，都有不好地方。在蒙自无医生，怕病，又怕治安，而且没有合式房子（法国医院改为新生宿舍，不给教授住家了）。在昆房租太贵，与我的工作不合式（只有一年级英文可教），而且现在有人也怕飞机来空袭——将来或不免。所以我实在定当不下来，且等着吧。

……

再会！祝好！

无忌上 六月廿二日

信中所说"舅父"，即联大理学院算学系教授郑桐荪（郑之蕃），他也是哲学心理学系教授周先庚夫人郑芳的叔父。因此，柳无忌在这一时期的家书中也曾谈及周先庚一家在云南的情形。

信中特别谈到在蒙自的娱乐，说："在此天天下围棋，大有进步。除此外，实在没有别的消遣。"在这场史无前例的教育文化大迁徙中，作为文人雅士所推崇的"四艺"（琴棋书画）中的"棋"，围棋确实也是联大师生最为活跃的文化活动之一。

联大教授中，醉心围棋者，精于棋道者，勤于棋艺者，大有争美景象。在围棋运动的队列中，除了柳无忌而外，张伯苓、蒋梦麟、冯友兰、汤用彤、吴宓、陈雪屏、杨武之、陈省身、王竹溪、邵循正、陈嘉、马约翰、浦江清、汪德熙、费孝通，等等，都曾留下对弈的身影。他们对于黑白之战的钟情，仿佛是天生就有的。

浦薛凤：痴迷围棋解烦忧

检阅联大的迁徙经历，围棋不离身，棋子不离手，棋语不离口，似乎也是他们的生活常态之一。即从平津迁往长沙之始，亦莫如是。政治学系教授浦薛凤在《长沙鸿爪》中说："予之南下，曾将棋盘及围棋带来。继侗、心恒、明之均喜互奕，而武之尤往往予吾鼓励。故午后晚间，往往在我二楼廿一号房中，下棋消遣；此外则玩桥。非曰国难期中，尚图逸乐，实因战事消息使人寝食无味，不得不借此以解烦减忧。予致友人函中，曾云古人有醉酒清愁者，余今日则借醉'棋'与醉'桥'以图解闷。"

联大文法学院从长沙迁云南蒙自，围棋亦一路随行。浦薛凤在《蒙自百日》中说："到蒙授课外，以弈棋为消遣。因心恒将棋具携置彼室，不便独自打谱，故苦无进步。"不久，文法学院迁到昆明联大本部，浦薛凤更是棋瘾不绝。他在《昆明重游》中写道："胡芹生（元义）本清华同事（之椿时代），但仅半年。此次休假回国，由西贡来滇。武汉开学亦尚远，故下榻旅社，决计多住几时。闻人说我好棋，来昆师访谈。适外出未遇。次午予回拜，乃约弈棋。伊盖留学日本时嗜此，当然比我高强，让四子或五子。嗣后伊不时来弈，予为介绍武之、明之与来，尚非明之敌手，太喜杀不稳重。武之、雪屏则加入黄军长之棋会，每星期日一次，轮流请客。予曾与江清、继侗参观一次。闻一位发白须长者，足为继侗与予对手，但不愿出丑未曾下子，仅作壁上观。芹生亦去，与赵君对弈，负一子。予每日费一二小时研究弈萃，似稍有悟。江清已非我敌（昔年秋，江清开始教我下子）。今虽对弈，自觉可让伊二子。（盖伊往往输数十子。）继侗则白子亦不能保持。去冬在长沙，予戏谓继侗一月后要拿白子，伊屡以此为谈笑资料。后伊离长沙，游贵州归湘，则又值迁滇计定，予到蒙自，伊在昆明无对弈机会。此次相值予屡翩作战，伊殊巡逡，往往强而后可。虽互有胜负，然予之把握似稍多一筹。予执白子之期，会当不远。予近来深感人心势利，乱后益形浇漓，有一分聪明者，辄欲暴露两分，以妄诞为能事，视忠实为愚怯，恨不能伴狂避世，故在木枰石子之间消磨日月，借减忧思。有时邀江清来对坐慢弈，或剥花生，或进水梨，至深夜十二时告寝，亦避乱无聊中之一项雅趣。"

在《金碧弦歌》中，浦薛凤又写道："搬住农校后，生活渐觉安定与惯适。盖一则上课近在咫尺，二则三餐近而方便，且亦经济。三则地处西郊，空袭时亦易于躲避。……予与江清同室，引为快事，盖遣愁消闷可以随时对弈。……弈棋似稍有进步。前年在清华园时，本已由江清受我五子，退至对弈。自蒙自初到昆明，江清尚着白子，其后伊屡战屡北，且往往一轮三四十子，故改变由我执白。此番商订进退办法，凡两次连负二十子，则退一子。于是一周之间，我让伊至三子四子，间有退至二子之机会，嗣后又改为一次胜三十子，始有进退。结果予仍执白子。"

浦薛凤等教授对围棋的迷醉如此，确实也是联大生活中最难得最惬意的一景。

钱穆：重开弈戒在天南

历史学系教授钱穆也是一位爱好广泛的名士，他在盆栽、箫笛、昆曲、京剧等方面都有浓厚的兴趣，围棋也是挚爱之一。不过，他的爱棋与别人不同，据说他不喜与人对弈，更喜欢独个儿摆谱，因为不愿由此而伤神费时。不过，可能也是因此，来联大之前，他已歇棋二十载。

在联大重开棋艺，乃始于一次旅行。钱穆说："一日，余约自昭两人同游大理，已登入汽车中，见车后络续载上大麻袋。询之，乃炸药，送前路开山者。余与自昭心惧，临时下车，此后在昆明数年中，乃竟未获机去大理，是亦大可追惜之事也。余与自昭既下车，遂改计另乘车去安宁，宿旅店中。游附近一瀑布，积水成潭，四围丛树，清幽绝顶，阒无游人，诚堪为生平未到之一境。余两人久坐不忍去。明日再来。不意数日行囊已倾，无以付旅馆费。乃作书以此间风景告锡予等嘱速来。用意实求济急。一日，自昭坐旅店房中读书，余则迈步旅店走廊上。忽见一室门敞开，室中一老一幼对弈。余在梅村小学教书时，酷嗜围棋，一旦戒绝，至是已及二十年。忆在北平中央公园，曾见一童，立椅上，与人对弈。四围群众围观。询之，乃有名之围棋天才吴清源，然余亦未动心挤入观众中同观。今日闲极无事，乃不禁往来转头向室中窥视。老者见之，招余入，谓余当好弈。彼系一云南军人，即此旅馆之主人，对弈者，乃其孙，告余姓名，已忘之。邀余同弈。余告以戒此已二十年矣。老人坚邀，不能却，遂与对弈。老人又言：'君可尽留此，畅弈数日，食宿费全不算。'不意当晚，此老人得昆明来讯，匆促即去。而余两人俟锡予诸人来，亦盘桓不两日而去。余之重开弈戒。则自此行始。"

钱穆对棋艺的精通也影响到侄子钱伟长（曾在联大任教）。钱伟长在回忆少年时看钱穆四兄弟下棋的情景时说："我很喜欢他们下围棋打谱，我也一定会坐在边上看。以后慢慢地我也看懂了围棋斗的是什么，斗的不是简单地吃掉几个子，甚至是杀掉一块棋，斗的是全局。要想取得全局胜利，一定要顾大局，一定要占先，让对方跟着你走。看棋到真的看懂时，是对看棋人的品格锻炼最重要的时候，因为这时很容易站在输方，甚至指手画脚，让输方按你的想法走下去。我在父叔等人下围棋时看棋，就不会进入这种发疯的场面，我在看棋中得到很好的训练。"此后，钱伟长也终生爱棋，是中国围棋协会的资深顾问之一，即便自己跟自己下，也自得其乐，因为他认为，围棋能磨炼人的意志，又能使人在处理问题时力求精密无误。因此，到临终前，钱伟长仍以摆棋谱自娱。

教授们：痴迷棋艺何其多

联大在云南八年，也常动荡不安。除了短暂在蒙自、叙永办过分校，在驻守昆明的八年，也时常遭受敌机空袭之苦。在经济拮据、生活窘迫、疲于跑警报的情形下，许多教授仍然一如既往地痴爱着围棋。

联大校友、教师张起钧在《西南联大纪要》中谈到吴宓和汤用彤两位教授的娱乐生活时说："蒙自海关位于蒙自城外，房舍宽大，花木扶疏，极为幽雅宜人，便作了文法学院上课的课堂和教授们的宿舍，不过非常狭促而已。像张佛泉、崔书琴两位教授合住一屋，那还算好的，而像诗人吴宓、哲学家汤用彤各位便是四五个人合住一间空房子，屋内也缺少陈设，有一事可以为证，吴宓虽是名满全国的大诗人，而我还是一个未毕业的学生，但我们家中是世交（先父叙藩公和吴氏尊人建常公同为丁酉拔贡），我管他喊大哥，我们都喜欢下围棋，蒙自没有围棋，我们就买了两百个白纽子，两百个黑纽子，由我画一个棋盘，放在床铺上就下将起来，汤用彤先生每次都笑'这就是吴先生的好棋子'。吴先生也不言语，倒是我说：'管它好不好呢，只要能下就行了。'"

柳无忌则在另一篇文章里回忆："当时，除教学与读书外，很少别的事情可做。昆明城大，有家眷的教职员分散各处，没有像在南岳与蒙自时那样过往的密切。当时唯一的消遣，是与同事们作桥戏与棋战。在一起玩的，有清华的二浦（浦薛凤与浦江清），都是我的好朋友，在围棋与桥牌的技艺方面，我们亦不相上下。北大的陈雪屏却是此中一位高手。打桥牌时可以靠手运，下棋却要真本事。与雪屏比赛时，他总得让我三四子，苦战了几个回合，还是不能必操胜算，与我下棋次数最多，兴致最高的为历史系教授邵循正。他是清华的少壮派，比我年轻得多，下棋时一点也不留情。我们一有空暇（就是说不去教书、不预备功课、不跑警报）就下棋，一玩几盘，每局杀得痛快，而且下子如飞，不假思索。他比我棋艺好，所谓棋高一着，缚手缚脚，老是把我欺侮着。但是，有时我借机偷他一两块地盘，把他杀得片甲不留，总算报了仇。与邵循正在昆明别后，就没有会见过，不知他下落如何，在回忆中不免记念着这位棋友。"

数学家杨武之对围棋的喜爱当时也曾名闻联大。下围棋是杨武之业余的最大爱好。在昆明时，因杨武之家里有一副云南出产的名棋"云南扁"（即"云子"），时常吸引到各界棋友前来弈棋。在他的棋友中，有联大教授余瑞璜、陈雪屏等，也有军政名流周至柔、黄毓成等。周航在《余瑞璜传》中说，杨武之和余瑞璜对弈，"有时一盘棋往往下得难解难分，常常从杨武之家下到金属研究所；有时下不完，就第二天休息时再下。杨武之先生的夫人罗孟华拿他们也没办法"。在杨武之与棋友们晚饭后以"云南扁"对弈时，杨振宁兄弟也常在旁边观战，他们很快也学会了下围棋。杨振宁棋瘾来了，弟弟杨振平就成了他现成的对手。

北大校友蔡少卿在自述中则回忆了与陈嘉教授见面的情景，当他介绍自己是邵循正教授的学生时，陈嘉惊叹地说："邵循正啊！是我的老朋友。在西南联大时我们经常一起下棋打牌，他的围棋下得很好，桥牌打得也好，我们都不是他的对手。"徐樱在《方桂与我五十五年》中则说李方桂教授"从不嗜赌，但是象棋、围棋、桥牌、麻将等，他一上场，总不大会输的"。

联大教授对棋艺的钟爱由上可见一斑。最令人钦佩的，是联大教授于战乱环境中，能以弈棋之境，将苦难抛之脑后，潜心问学。他们甚至把自己的居住环境也以棋喻之。章廷谦在《在昆明》中就说："所谓北大办事处，是三层楼上的一间统的三开间的屋子，只南北有墙，东西两面都是板门，假使门全开了，外面还有廊、栏杆，就很像一个亭子了。在靠西的南北两角上，各有用木板隔成的一间小房，放下床铺以后恰还能摆一张办公桌椅和一个衣箱，我和校长蒋孟邻先生一人一间。我的那一间是在南首靠楼梯的。后来杨今甫兄又用汽油木箱垒起来在东首靠南的角上和孟邻先生那间并排的隔了一间，我和他就经常的住在那里，像下围棋似的每人各占了一个'角'。"

联大教授在昆明西山龙门村周培源寄居处门前合影。右一为围棋爱好者邵循正，前排左一李继侗、左二沈同，后排左起：周培源、陈岱孙、陈福田、陈省身。

　　1939年9月23日，昆明《中央日报》的报道《昆明赛棋募捐慰劳前方将士》中说，"中央信托局主办之赛棋募捐慰劳前方将士会，定二十四日起举行"，其中有谢侠逊、太虚法师、李根源、李烈钧以及与联大教授弈棋甚欢的黄毓成将军，想来也有联大的围棋名手吧。

　　不过最绝妙的是，不少教授能把棋道应用于学道。如冯友兰教授，在时事座谈中也曾以棋喻战局："战争有如围棋，今以棋喻这，我方仿佛一片大围棋，但无活眼，有被提可能，但在未被提前，对外也在影响，提出时间大有关系……"他还把棋道融于哲学意境中，并在其名著《贞元六书》中小试身手："一种社会中的人的行为，只可以其社会的道德标准批评之。如其行为，照其社会的道德标准，是道德的，则即永远是道德的。此犹如下象棋者，其棋之高低，只可以象棋的规矩批评之，不可以围棋的规矩批评之。依象棋的规矩，批评一个人的象棋，如其是高棋，他即是高棋，不能因其不合围棋的规矩，而说他是低棋。"

联大同学：书香以外觅棋香

也许有朋友觉得，联大从长沙到昆明，到蒙自，到叙永，艰难困苦，同学们忙于学习，疲于兼差，一定是没有时间娱乐、运动和休整的。其实是大错特错，联大的课余生活丰富得令人难以想象。书香以外，校园社团活动和文体活动丰富多彩，足够同学们发展个性特长的了。

在众多的课余生活中，围棋也是一项极受欢迎的特色活动。联大作为当时国内的顶尖高校之一，也曾吸引了国内众多名流的子女入读，其中不少人也像杨振宁一样受到父母的影响而爱上了围棋。如熊十力之子熊世菩、后来成长为水利专家的李鹗鼎院士等不少人，来联大念书前就受到围棋文化的影响，对围棋也非常痴迷。而同学间的互相影响，当然也造就了一种对弈不绝的风气。

至于联大的师长，对学生课余玩围棋，也是大加赞成的。在1946年出版的《联大八年》里，就有这样一段话："有时候，陈先生（指陈雪屏教授——笔者按）也告诉同学在读书之余不妨学学下围棋，玩桥牌，因为这些都颇有益心身。"

弈棋以怡情，也就成为联大同学在艰苦环境中的一种休闲，一种时尚。弈棋的地点，除了联大同学自主开辟的学生公社（设于师院图书馆，设阅览室、游艺室，齐备报章、杂志、象棋、围棋、乒乓等），更多的是在学校附近的茶馆中。茶馆，既是同学们温习功课，了解社会风情的场所，也是弈棋的最佳阵地。许功锐校友回忆说："西门内风翥街一带开设了不少的小茶肆，距离校舍不远，几乎全被同学们承包下来，成为同学们阅读备课的场所；其他主顾也就不去问津了。特别是到了周末、假期和节日，同学们更喜欢到小茶肆消遣休闲，因为对清寒贫苦的同学来说，这里是最经济最适宜的去处。对弈、桥牌是同学们最感兴趣的文娱活动，加上一杯清茶，一碟花生、松子，足可消闲自娱，怡然自乐。"

陈珍琼同学在社会调查论文《茶馆与昆明社会》中也说这些茶馆中"茶客大都是联大学生"。为了招徕茶客，茶馆中也会备上围棋、象棋、围棋棋盘、象棋盘等棋具，并以"围棋茶2角，象棋茶2角，毛尖茶1角半"等明码标价，但"租棋并不需任何代价"。这自然就吸引了一大批棋友参与其中。

马识途同学回忆："宿舍的天地太狭窄了，我们常一同到文林街、龙翔街一带去泡茶馆，找个僻静的角落，或各自看书写东西，或互相切磋，或是天南海北地聊天……"马识途和联大的不少同学常在那里打桥牌、下围棋，沉醉其间，自得其乐。

联大的围棋活动之热闹，也受到本地媒体的关注。1940年7月1日，昆明《朝报》刊登云南社发布的消息《联大举办棋赛》："西南联大定七月八日举行围棋象棋比赛，特由校制备锦旗两面，奖励优胜者。"同期，昆明《中央日报》等也作了报道。

围棋活动的普及，不仅在校内，在学校附近的茶馆，联大同学所到之处，无不充盈着对弈人的身影。即便在烽火硝烟的中印缅抗日战场，联大同学也没有忘记这一高雅的娱乐活动。罗达仁校友在《亲历中印缅抗日战场》一书中回忆："自由的世界里，三五成群，自由组合，有的打桥牌，下围棋、象棋；有的闲聊，天南地北，随兴之所至。我不会打牌、下棋，有时参加漫谈，但遇到所谈题目我不感兴趣，就缩到我那屋角里，在暗淡的灯光下看书、写信、写日记。……有时晚饭后，同学们或打桥牌或下围棋，我们对闲聊也不感兴趣时，便相邀出外漫游，每人手里捏一只手电筒，向着雷多方向漫游闲谈。"

同样，在联大同学，围棋是一项有益身心的娱乐活动，也是一项启迪思维的益智活动。不少联大校友，也从围棋中悟出了学问之道。杨振宁就说："确定研究方向，首先要抓住一个好的题目。因为只有抓住好题目，才会出成果。这就如同下围棋在关键部位下一着，必会受益无穷。"熊秉明在谈书法艺术时则说："书法有点像围棋，规则非常之简单，而变化非常之大。比如绘画，有光影、色彩、透视、空气等问题，有像不像的问题。书法只有线条与空间的问题，这空间不是平板的二维空间，也不是虚拟的三维空间。书家就凭笔法的支配和黑白的分布使我们觉得艺术的精髓、人生的问题全在那里了。"

对于我国围棋事业的发展，早在1974年元旦，常迥先生（联大电机系校友，著名信息科学家）在《赋上过老，兼和罗老》（过老即中国围棋界元老过惕生，罗老即棋手罗建文的父亲罗世方）的旧体诗中就有前瞻：

盛世弈坛尊首冠，精湛微察众所推。

纵横楸枰传国技，经纬黑白育新才。

花开百处同争艳，旗展高峰誓可追。

莫道东邻多勇士，黄龙直捣共干杯。

得到一种写信的命运

——沈从文致张兆和

新文学作家沈从文与西南联大有着天然的缘分。

1933年7月，应另一位作家杨振声之邀，沈从文从青岛大学辞职，到北平与朱自清等一起参加由教育部组织的中小学教科书编辑工作。9月23日起，又与杨振声一起为《大公报》编文艺副刊，团结了朱自清、李广田、卞之琳等一批新文学作家为之撰稿。

1937年七七事变后，在敌寇枪炮声时常可闻的险要境地下，他仍本着一颗爱国之心，不愿迁离。7月15日，他在致大哥沈云麓信中说："从八日起中日即已冲突，且近在城外二三十里。目前似乎随时可以扩大至成全面战争。……我个人意思绝不与此大城离开，因百二十万市民与此城同存亡，个人生命殊太小也。"7月28日，北平沦陷，他依然未有离开的计划。

8月11日，教育部密令他随北京大学、清华大学教职员撤离北平。于是第二天一早，他就奉命随梅贻琦、杨振声、叶公超、周培源、钱端升、张奚若等人乔装逃离北平赴天津。中下旬，又辗转过烟台、南京，于9月4日达武昌，继续编写教科书。

10月28日，沈从文从武汉到长沙，和杨振声、朱自清继续商谈教科书编纂工作。在这里，他又见到了张奚若、金岳霖等北平高校的老朋友。第三天，他返回武汉。

1938年1月中旬，教科书编辑处决定迁昆明。3月7日，长沙临时大学湘黔滇旅行团因大雪阻滞，停留在沅陵。此时，沈从文正好住在沅陵其兄刚盖好的瓦屋里，于是特地设宴为旅行团辅导团导师闻一多洗尘，并安排其住下。沈从文回忆说：

一多和旅行团到沅陵，天下起大雪，无法行进。我那时正在家，就设宴招待他们，老友相会在穷乡僻壤，自有一番热闹。我请一多吃狗肉，他高兴得不得了，直呼"好吃！好吃！"一条破毯子围住双腿，大家以酒暖身。我哥哥刚刚起了新房，还没油漆，当地人叫它"芸庐"，我安排一多他们在芸庐住了五天。

1938 年，沈从文在昆明。

4月13日清早，沈从文也从沅陵出发，经贵阳辗转，于4月30日抵达昆明。他1980年在致彭荆风的信里回忆说："还记得初到昆明那天，约下午三四点钟，梁思成夫妇就用他的小汽车送我到北门街火药局附近高地，欣赏雨后昆明一碧如洗的远近景物，两人以为比西班牙美丽得多，和我一同认为应当是个发展文化艺术最理想的环境（过了四十年，我还认为我们设想是合理的）。所以后来八年中，生活虽过得很困难不易设想，情绪可并不消沉。"

到了昆明，他继续和杨振声等一起从事教科书编辑工作。在这里，他又重新见到了北平时期的许多老朋友，心情异常舒畅，频繁地与家中亲人、文朋诗友通信。

7月27日、28日、29日、30日，他连续致信夫人张兆和。29日和30日的信是连着一起写的，谈《长河》的写作，谈在昆明的生活起居——

廿九晚十一点

三姐：

已夜十一点，我写了《长河》五个页子，写一个乡村秋天的种种。仿佛有各色的树叶落在桌上纸上，有秋天阳光射在纸上。夜已沉静，然而并不沉静。雨很大，打在瓦上和院中竹子上。电闪极白，接着是一个比一个强的炸雷声，在左边右边，各处响着。房子微微震动着。稍微有点疲倦，有点冷，有点原始的恐怖。我想起数千年前人住在洞穴里，睡在洞中一隅听雷声轰响所引起的情绪。同时也想起现代人在另一种人为的巨雷响声中所引起的情绪。我觉得很感动。唉，人生。这洪大声音，令人对历史感到悲哀，因为它正在重造历史。我很想念小虎小龙，更想念起他们的叔叔，因为叔叔是很爱他们，把他们小相片放在衣袋中的。一年来大家所过的日子，是什么一种情形！我们隔得那么远，然而又好像那么近。这一年来孩子固然会说话了，可是试想想，另外一个地方，有多少同样为父母所疼爱的小孩子，为了某种原因，已不再会说话，有多少孩子，再也无人来注意他！

我看了许多书，正好像一切书都不能使一个人在这时节更有用一点，因为所有书差不多都是人在平时写的。我想写雷雨后的边城，接着写翠翠如何离开她的家，到——我让她到沅陵还是洪江？桃源还是芷江？等你来决定她的去处吧。

近来极力管理自己的结果，每日睡六小时，中时还不必睡，精神极好。吃饭时照书上说的细嚼主义，尤有好处，吃后即做事，亦不觉累。已能固定吃两碗饭。坐在桌边，早到晚，不打哈欠。

孩子应多睡一点，因为正在发育，大人应当少睡，方能做出一点事情！

写一个乡村的秋天。这个乡村的秋天便落到了写信人的纸上。尽管已是深夜十一点，却有一缕缕的秋阳洒满了作者写作的纸页，使他忍不住要记录下这并不沉静的黑夜。秋声、雨声、雷声、人生、孩子……"一切书都不能使一个人在这时节更有用一点，因为所有书差不多都是人在平时写的。"因此，写作时忘"我"的沈从文想写人们平时未曾写的，尤其，"我想写雷雨后的边城，接着写翠翠如何离开她的家……"在写作欲的推动下，也在自己的严苛自律中，睡觉、吃饭、做事，都有自己独特的一套。但是他告知爱人，孩子可不能像他这样。

第二天一早，他接着写：

卅早七点

一家人都上西山玩去了，只剩下我一个人坐在桌边。白天天气极好，已可换薄夹衣。但依然还不至于到要吃汽水程度。所以这里汽水从不用冰冰过。看看大家都能够安心乐意的玩，发展手足四肢之力，也羡慕，也稀奇。羡慕兴致甚好，稀奇生活毫无建树，哪有心情能玩！据我个人意思，不管又学什么，一天到晚都不会够，永远不离开工作，也不会倦。可是我倒反而成为病态了，正因为大家不觉得必需如此，我就成为反常行为。翟明德视为有神经病，你有时也觉得麻烦，尤其是在作事时不想吃饭，不想洗脸，不想换衣，这一类琐事真够麻烦。你可忘了生命若缺少这点东西，万千一律，有什么趣味可言。世界就是这种"发狂"的人造成的，一切最高的记录，没有它都不会产生。你觉得这是在"忍受"，我需要的却是"了解"。你近来似乎稍稍了解得多一点了，再多一点就更好了。再多一点，你对于我就不至于觉得凡事要忍受了。近来看一本变态心理学，明白凡笔下能在自己以外写出另一人另一社会种种，就必然得把神经系统效率重造重安排，做到适于那个人那个社会的反应——自己呢，完全是"神经病"。是笑话也是真话，有时也应当为这种人为的神经病状态自悼，因为人不能永远写作，总还得有平常人与人往来生活等等，可是我把这一套必需方式也改变了。表面上我还不至于为人称为"怪物"，事实上我却从

1938 年 11 月，沈从文在昆明。

不能在泛泛往来上得到快乐。也不能在荣誉、衣物或社会地位上得到快乐。爱情呢，得到一种命运，写信的命运。你倒像是极乐于延长我这种命运。为我吻孩子。

四弟上

一大早，"一家人都上西山玩去了，只剩下我一个人坐在桌边"。坐在桌边，就写信，就冥想，就永不厌倦地写写写，"一天到晚都不会够"，"也不会倦"。这种反常，这种"神经质"，却是独有的自我。"你可忘了生命若缺少这点东西，万千一律，有什么趣味可言。世界就是这种'发狂'的人造成的，一切最高的记录，没有它都不会产生。"

晚七时，他再次提笔写了这天给张兆和的第三封信，继续倾谈《长河》的写作。

他说，自己不能在荣誉、衣物或社会地位上得到快乐。

但是爱情又不一样，"爱情呢，得到一种命运，写信的命运"。因为自己勤于写信，所以"你倒像是极乐于延长我这种命运"。

这是另一种等待与被等待的快乐，也是另一种跳到纸上、钻入心田的幸福。

经多次的家信之后，8月2日下午，沈从文再次致信张兆和：

三姐，得孩子们相片，并七月十六日信。小虎简直太像洋娃娃了，大家都觉得好看得可笑，都愿意他早来受众人欢迎。他不来很耽搁我事务，因为望着他那睁得极大对一切俨然惊奇的眼睛，我就好笑，什么也不用做了。文件已办，日内寄港。

真一来信说你想由上海转船。我看还是香港好，因为那里有萧三哥和你二弟照料一切，省事而方便。来时记着，为你和九和孩子，到港"白塔"那么一个外国名铺子，各买胶底麻麻的织成材料的鞋子一双，徐植婉说大人的只一元八一双，这里可买不着。但鞋子到这里穿它可顶合用。我也需要，只是不便带，就不带。

树藏款算来应已拨到。各书各物不必吝惜，丢的丢，不要紧。我那些宝盘子尽可能带来存老伯伯处好，带来也好，全寄存瑞菡处更好。这里不需要它，因为走动时磕磕撞撞不便。这里有四个。最可惜的是在家打破那个小的，旁边有小眼儿的，只剩下些碎片，非常可惜。我们若当真在北方住上十年，我的收藏倒真可成一格，能印出书来必成为一本很有价值的书。现在已不可能了。我拟在无事时写一本忆盘录，用顶新方法来写它，每个盘子成为一个故事。

但愿路上平安。

熟人统问好。

四弟

爱人即将南来，先看到孩子们可爱的照片，幸福打从心里来。看着虎雏"睁得极大对一切俨然惊奇的眼睛"，心里真是乐开了花，"我就好笑，什么也不用做了"。这样的父爱之心，看了使人忍不住从21世纪20年代智能手机的微信朋友圈借一个偷笑的表情贴在原信后面。

爱人行将南来，各书各物该丢的丢，不必感到可惜。但是那些珍爱的收藏品，还是希望找个安妥的地方存好。"我们若当真在北方住上十年，我的收藏倒真可成一格，能印出书来必成为一本很有价值的书。"不过，"现在已不可能了"。

这种收藏的爱好，其实难以舍弃。到了昆明，沈从文很快又沉湎到古董摊中去了。

决心长期从事于学术

——陈梦家致胡适

　　一朵野花在荒原里开了又落了，

　　不想到这小生命，向着太阳发笑，

　　上帝给他的聪明他自己知道，

　　他的欢喜，他的诗，在风前轻摇。

　　一朵野花在荒原里开了又落了，

　　他看见青天，看不见自己的渺小，

　　听惯风的温柔，听惯风的怒号，

　　就连他自己的梦也容易忘掉。

　　这是刚过18岁的陈梦家1929年1月作于南京鸡鸣寺大悲楼阁的《一朵野花》。胡适曾说，他和闻一多都极喜欢这首诗："我最喜欢《一朵野花》的第二节，一多也极爱这四行。这四行诗的意境和作风都是第一流的。你若朝这个方向去努力，努力求意境的高明，作风的不落凡琐，一定有绝好的成绩。"

　　此时，陈梦家已有近3年的诗龄。两年后，他的第一部诗集《梦家诗集》在新月书店出版（其书名系著名诗人徐志摩题签）。从此，陈梦家也成为"新月诗派"的代表诗人之一。

1939 年春，陈梦家三兄弟及赵萝蕤合影于西南联大。（陈泽行提供）

1931年出版的《新月诗选》，也是由陈梦家编选的。

也因诗，陈梦家与新月社的主要成员闻一多、胡适等由相识而熟识。自从1928年冬第一次拜见闻一多，陈梦家就逐渐受到闻一多的赏识和栽培。1930年12月10日，闻一多在青岛致信朱湘、饶孟侃时，自得地说："陈梦家、方玮德的近作，也使我欣欢鼓舞。梦家是我的发现，不成问题。玮德原来也是我的学生，最近才知道。这两人不足使我自豪吗？便拿《新月》最近发表的几篇讲，我的门徒恐怕已经成了我的劲敌，我的畏友。我捏着一把汗自夸。还问什么新诗的前途？这两人不是极明显的，具体的证明吗？"

1932年3月，陈梦家赴青岛大学任教，成为闻一多的助教。在闻一多的影响下，他后来很快致力于古代历史和甲骨文等古文字学的研究。臧克家在《我的先生闻一多》一文中记载：

"你知道梦家成了重要的考古学家了吗？"忽然他大有意味地笑着说。

"各地发掘的古董，多半邀请他去鉴别呢。"

"他很有才气，一转向，就可以得到成功。"

"他也是受了我的一点影响。我觉得一个能写得出好诗来的人，可以考古，也可以做别的，因为心被磨得又尖锐又精炼了。"

离开青岛大学后，陈梦家和恩师又都先后到北平求学和任教，并始终保持着和胡适等师友的联系。诗人、师生兼友人的关系，使得他们的关系愈来愈密切。

七七事变后，在燕京大学工作的陈梦家与新婚不久的妻子赵萝蕤等一起离开北平，辗转回到浙江德清祖屋居住三月之久。其间，写信请闻一多介绍工作。

此时，长沙临时大学已经开始组建，在闻一多帮助下，陈梦家到了长沙临时大学。随之，又随校迁到云南，赴西南联合大学文学院任教。

长沙临大以来至蒙自、昆明初期的教学、研究与生活，陈梦家于1938年10月30日写了一封信向恩师胡适汇报。信较长，但笔者不忍肢解，特将全文抄在这里——

适之先生：

去年六月间在府上晤教之后，迄今又一年又半了。七七事变之后，我与内人离平南下，住在浙江德清县岳家，八九月间曾有一信寄教育部转先生，其后阅报先生已渡洋赴美，那封信一定没有收到。长沙临时大学于去秋十一月开学，清华国文系教授到者尚少，即电召我去任教文字学一课，遂于十月去湘。文学院在衡山开课，又与内子同住衡山一茅庐，后有峭壁清泉，前有楮树如林。茅屋筑于一绝径的山冲上，风景甚佳，伏处其中，温读从前所不能整读的书籍，除了写文字学讲义外，成《先秦的天道性命》一书。此书以商卜辞中所见的自然崇拜为始，追溯古代关于天道天命种种的来源和看法。南岳三月，又因学校迁滇，从海道过安南而抵昆明。文法学院在蒙自，又去蒙自。小城生活简易，南湖而外，无处可游，所以也能多多看书，把老子思想来源和《老子》一书其自身的思想系统，略为考究一下，成《老子考释》。八月间又由蒙自搬回省城，暑中读容希白改编的《金文编》晒蓝本，把金文全部看了一遍。现在着手整理《甲骨文编》，重加考订，拟将"甲""金"两编附以《说文》小篆，不按《说文》十四卷的分类，而以形体为主，依类分系如谱系，作成一表，可由古文字之形以定形声。因此，对于上古音系也得一材料上的资源。本学期我还是教文字学和卜辞研究两班，课余或者可以把上述的计划逐渐作成。此是一年半以来，东奔西走和读书研究的大概。

这五年以来，我埋首于甲骨、钟鼎和古籍之中，知道了清代人的考据，和如何应用古文字以窥探古代的历史、社会制度、宗教。我的兴趣在古代，而尤集中于宗教和历史制度；因古文字的研究，常常把经籍中所埋沉的发掘出来。这五年的苦读，救疗了我从前的空疏不学。我从研究古代文化，深深地树立了我长久从事于学术的决心和兴趣；亦因了解古代而了解我们的祖先，使我有信心虽在国家危急万状之时，不悲观、不动摇，在别人叹气空想之中，切切实实从事于学问。但是虽然从事国学，我自己往往感到许多缺欠，而尤其是国学不惟是整理旧典籍和材料，更重要的是新方法以及别国材料方法的借镜。最近看增订的《金文编》，材料加多了，编制考释一仍吴大澂之旧。而清代古文字学，自吴大澂、孙仲容、罗氏、王氏、容氏，或精于文字剖析，或博于典籍。然而由我们今日看，某一字可释而不释，某一字释而有误，其原因：

（1）但释字，而不管某字在一句中之地位，即不管文法；

（2）但释字，而不管此字所代表之制度，盖往往由研究一制度而发现某某字的新注释；

（3）虽然注重历史，援用典籍，而不能由比较材料得征信。

所以，我常时时警惕自己，我们生于吴、孙、罗、王之后，我们所从事者为古史学、古文字学、考古学、考据学的汇合，有前人为我们准备道路的（如清人的注疏，二王之学），但我们今日则不但是继承之，而是发展为新的。我们读先生的《胡适文存》，觉其最大的价值在承清儒之后而开新学之端。而我看近今的学者，承此潮流而发扬的固多，仍然复蹈清儒故辙而不改者还是不少，则是这类学问不是不增加价值，而是不变新、不创造。我常想及此，总想对于典籍材料稍稍涉猎深，要注意训练自己的新方法、新态度，而研究古代文化，西洋的考古学、人类学尤为急需。因此，总愿意有机会出国一次，而苦于经济，无力自费，一年半以来，消耗于行旅，而此想望更成泡影。我倘肯甘心老死于中国式学者之事，倒也罢了，但我总觉得自己处此际会，也极难得，总可以尽其所能，略有责于学术。

我今以诚恳急渴地希望要求于先生，希望先生对于我之从事学业，有最大的援助。在过去，先生于我的爱护提携，使我铭刻不忘；而我今日想到出国深造，以有惟一可以求托者，只有先生一人而已。我想先生必能了解我的渴望，而予以同情援助。我的希望，最好能在哈佛读书。我今虽受聘于清华，而燕京尚保留我的事，故若入哈佛，我可因哈佛燕京学社之关系而稍得便利。如哈佛不行，则Yale亦甚合宜。我希望能得一笔奖学金，以便专心读书，否则一半做事，一半有奖学金也可以。所做之事最相宜者为博物院、图书馆（藏有中国器物书籍需人整理考证者），或汉文教员或其他。我的妻子亦同来，她可以做的事比我多。她（名赵萝蕤Chao Lo Jui）从燕京西洋文学系毕业，即入清华研究院，凡四年，所受的教育比我彻底得多，自幼即有系统的读书。在大学研究院时代，即深入英法文学，几大家均统读其全集。所以她的文学造诣，不知比我高出多少。她对于中国文学，亦涉猎很深，也常写新诗。我不欲因她是我的妻故，而故意夸说，然她之西洋文学造诣，实在很高。可惜她以一女子的原因，虽有所作，不欲发表，除读书外，郁郁不能伸其素志。二三年前，她同时攻读英美语言学，现从罗莘田先生游，受其指导。果若我们能一同游美，则她甚愿于文学之外，兼习语言学。不然，以她的英语，或可寻一点职业，以便同时入学读书。总之，我们并不想偷懒，能专心读书更好，否则我们得愿以工作来换到读书的权利。

希望能快得回音，而能将具体的办法告诉我。至于我的英语，看书可无问题，也可以普通会话。另邮寄上我的一些论文单行本及内子作品数种。专此，敬请

秋安！

陈梦家敬上

二十七年十月卅日昆明

来示请寄：昆明西南联合大学文学院

在信中，作者将"东奔西走和读书研究的大概"尤其是五年来"埋首于甲骨、钟鼎和古籍之中"，如何进行古代史、古文字研究的情况进行了扼要的汇报。他认为自己"这五年的苦读"救疗了"从前的空疏不学"。他表示："我从研究古代文化，深深地树立了我长久从事于学术的决心和兴趣；亦因了解古代而了解我们的祖先，使我有信心虽在国家危急万状之时，不悲观、不动摇，在别人叹气空想之中，切切实实从事于学问。"

他认为，"国学不惟是整理旧典籍和材料，更重要的是新方法以及别国材料方法的借镜。""我常时时警惕自己，我们生于吴、孙、罗、王之后，我们所从事者为古史学、古文字学、考古学、考据学的汇合，有前人为我们准备道路的（如清人的注疏，二王之学），但我们今日则不但是继承之，而是发展为新的。"因此，"要注意训练自己的新方法、新态度"。

自此，他由一位新诗界备受瞩目的作家，继而转型为古代史、古文字史的研究者了。不仅如此，他还助益同事或好友也躬行于此道。

联大在蒙自期间，他就极力鼓动钱穆写作中国通史的教科书。在《八十忆双亲 师友杂忆》一书中，钱穆回忆了其名作《国史大纲》的写作缘起：

有同事陈梦家，先以新文学名。余在北大、燕大兼课，梦家亦来选课，遂

陈梦家墨迹

好上古先秦史，又治龟甲文。其夫人乃燕大有名校花，追逐有人，而独赏梦家长衫落拓有中国文学家气味，遂赋归与。及是夫妇同来联大。其夫人长英国文学，勤读而多病。联大图书馆所藏英文文学各书，几乎无不披览。师生群推之。梦家在流亡中第一任务，所至必先觅屋安家。诸教授群慕与其夫妇游，而彼夫妇亦特喜与余游。常相过从。梦家犹时时与余有所讨论。一夕，在余卧室近旁一旷地上，梦家劝余为中国通史写一教科书。余言："材料太多，所知有限，当俟他日仿赵瓯北《二十二史札记》体裁，就所知各造长篇畅论之。所知不详者，则付缺如。"梦家言："此乃先生为一己学术地位计。有志治史学者，当受益不浅。但先生未为全国大学青年计，亦未为时代近切需要计。先成一教科书，国内受益者其数岂可衡量？"余言："君言亦有理，容余思之。"又一夕，又两人会一地，梦家继申前议，谓："前夜所陈，先生意竟如何？"余谓："兹事体大，流亡中，恐不易觅得一机会，当俟他日平安返故都乃试为回之。"梦家曰："不然，如平安返故都，先生兴趣广，门路多，不知又有几许题材涌上心来，哪肯尽抛却来写一教科书？不如今日生活不安，书籍不富，先生只就平日课堂所讲，随笔书之，岂不驾轻就熟，而读者亦易受益？"余言："汝言甚有理，余当改变初衷，先试成一体例。体例定，如君言，在此再留两年，亦或可仓促成书。"梦家言："如此当为全国大学青年先祝贺，其他受益人亦复不可计，幸先生勿变今夕所允。"余之有意撰写《国史大纲》一书，实梦家两夕话促成之。而在余之《国史大纲》引论中，乃竟未提及。及今闻梦家已作古人，握笔追思，岂胜怅惘。

在陈梦家提议下，钱穆很快就开始了《国史大纲》的写作。1939年4月29日，钱穆在致北新书局胡佳生（**联大历史学系毕业，同年曾以"胡嘉"为笔名出版《滇越游记》**）的信中写道："穆在此一切如常，在蒙自时曾草《国史大纲》，今已脱稿，方嘱人录正，再谋付印。"（**见《方继孝说书信收藏与鉴赏》一书中该信影印件**）钱穆竟能以一年时间完成近60万字大作，令人惊叹，这更应感谢陈梦家的鼓动之功。

到昆明后，陈梦家还将好友常任侠发表在《时事新报》"学灯"副刊上的考古论文《重庆沙坪坝出土之石棺画像研究》转赠恩师闻一多，引起了闻先生很大兴趣。闻收到信后很快与常任侠书信研讨，在收集了丰富的参考资料后写成了专论《伏羲考》，成为文坛佳话。

在联大，陈梦家教授"文字学"、《论语》等必修课程。汪曾祺回忆，在中文系，"除了一些基础课，如文字学（陈梦家先生授）、声韵学（罗常培先生授）要按时听课，其余的，都较随便"。许渊冲则回忆：

陈梦家先生讲《论语·言志篇》，讲到"莫春者，春服既成，冠者五六人，童子六七人，浴乎沂，风乎舞雩，咏而归"时，他挥动双臂，长袍宽袖，有飘飘欲仙之慨，使我们知道了孔子还有热爱自由生活的一面。

这是联大的名师风采之一。

为了更好做好学术研究，他在1938年10月30日的这封信中，还恳请胡适帮忙，能够出国深造，以期在史学和文字学的研究领域开疆拓土，大有作为。以后，在美国学者费正清的介绍下，陈梦家赴美深造的愿望得以实现。

信中提到其内子赵萝蕤。赵萝蕤也是一位才华横溢的女作家（在燕京大学时被称为该校校花），在燕京大学，二人相恋而婚。这次南来长沙、云南，也随之而来了。只是无论长沙临大还是西南联大，均实行清华大学"夫妇不能同在本校担任有给职务"的规定，赵萝蕤就只好牺牲自己，成全丈夫了。她在昆明的居所"楷庐"中曾写下这样的话——

男主人因衣食的缘故，每常要进城去。在这种情况下，女主人便在孤独的菜园花园孤独的一排房舍中写到中夜。年来在人生的奋斗中懒得举一拳踢一脚，但若有个小偷劫贼想在我楷庐上挖一洞或越墙而入，则我将飨以拳脚而无憾。

这段简简单单的文字，倾诉着才子与佳人的爱恋。

"走"字上面发生种种困难

——金庸致上海《文汇报》

西南联大，以其独特的魅力，一直吸引着全国各地的有志青年。

得知联大已在昆明办学，一群从北平逃到上海的青年学生坐不住了。1938年9月，他们致信上海《文汇报》编辑：

我们是一群从北平逃出来的青年，在北平，几个月来，我们很困难地凑了几百元；大家商量好久之后，一齐瞒着家里，偷跑了出来。这虽然在一方面上是不对的，离开了各人的父母和家庭，实在每个人都有不能离开家的困难。但是我们的热情、时代的狂流再不容我们停顿在那死沉沉的故都里了。我们要到内地去，我们要把我们的力量献给国家。经大家再三决定后，我们计划好了，是往云南上联合大学去。

这些青年学生的爱国热忱甚为难得。不过，联大外文系校友王景山先生在他的个人文集《粉笔生涯》里说过："一般说来考取联大不易，而考取后要从外地千里迢迢到昆明去入学，也不易，甚至更不易。据说现今名扬海内外的作家金庸和聂华苓当年都曾考取联大，却都因从重庆去昆明的路费无着而作罢论。我拿到联大的录取通知书后，同样无法逃避这一难题。眼看联大开学在即，我还在贵阳坐困愁城。"

他进而解释道："现在从贵阳去昆明，方便得很。坐飞机估计只要个把钟头，坐火车十二小时准到，公路走坐汽车两天也足够了。可是那时筑昆道上没有铁路，不通火车；坐飞机，穷学生想也不敢想。倒是有长途汽车和邮政车可搭，但车票钱哪里来呢？准备了点儿钱，难道不吃饭了？"

像王景山这样的情况当然不是个例，这些从北平逃往上海，立志要到联大念书的学生，也面临同样的问题。

王景山在文中列举的金庸、聂华苓，当时分别就读于浙江省立嘉兴中学（不久，金先生去了重庆）、四川长寿国立十二中，也都是考取了联大

1938 年，陈序经教授经海路抵达蒙自后留影。（选自《陈序经图录》）

后，因学费、路费等原因，而分别就近改读了当时的国立中央政治学校、国立中央大学。

1994年10月，七十岁的金庸来到北京大学访问，并向同学们作了饱含深情的演讲。他证实："抗战时期，我考大学，第一志愿就是考西南联大，西南联大是由北大、清华和南开三所大学合办的。我有幸被录取了。或许可以说，我早已是北大的一分子了。不过那时因为我没有钱，西南联大又在昆明，路途遥远，没法子去，所以我不能较早地与北大同学结缘。"

事有其巧，在金庸先生中学时，1938年11月11日，《文汇报》刊发了一封署名也为"金庸"的读者来信。全文如下——

编者先生：

内地大学录取的最后揭晓，直到昨日总算有一小部分发表了。这是交大代招的一部分，至于暨大代招的那二百余位同学怎样呢？仍然杳无消息。这姑且不去说他，反正交大发表，不见得暨大代招的会向隅。现在我们应该急起讨论的问题，倒还是录取了以后怎样？

这答案，无疑的就是一个"走"字。但是正唯这"走"字上面就发生了种种困难，爰将各种困难分述如后：

（一）经济的困难——十月十五日《文汇报》读者意见栏内载有蒙泉君的话如下："此次投考联大的学生，像一般有钱的公子，固然上海好玩内地更可出风头，但是我们一般由沦亡区逃来的学生，所备一百余块之路费，不待消费在路上而消耗在三个月的等候时间内。"像蒙泉君这种情形的同学，想还不在少数吧。就是鄙人虽不能说已备之款消耗殆尽，但是欲跋涉长途，到得异乡又得自维口食，这区区一二百块钱又够什么呢？（单是路费就得一百五十到二百元）

（二）交通问题——自广州沦落后，内地交通有无阻梗？这实在是一个大问题。如西南联大学生在昆明，只要领得到护照，自然还有海防一条路可走，可是领此项护照该多少钱，有什么手续？如西北联大，远在陕西，今粤汉中断，究竟怎样取道？浙大同济在广西，要绕道桂林，又该如何走法？这还不过是取道问题，还有时间问题。如今报载内地大学已于十一月一日开学，今天已是十一月五号，暨大代招的一批还没有消息，待我们准备好再辗转到校，又该是什么时候了？此外尚有路费问题，据我个人知道，到云南去就得二百元左右，若再深往内地，其用费之浩大，殊非想象所能及，这一点就在经济情形稍好的同学，也不得不考虑到。

（三）家庭问题——我有一个朋友，这次也考取内地，他自己及其家长原都很热心赞成到内地去读书。但是最近他也很苦痛地告诉我，他不能去了。因为他家长鉴于日机到处轰炸不设防城市，今广州陷落，昆明已成为抗战根据地了。

将来难免不和广州一般的有大轰炸（按：这个朋友是志愿入西南联大的）。此去恐有若干危险性，这一点姑且不去管它。听说西南联大有迁大理之说，万一等了教育部的消息来，好容易到得昆明，而西南联大却又播迁了，那又怎么办呢？西南联大究竟是否再迁移？再有，我们追随着学校的播迁而搬动，经济上是否要加重？就是经济富裕的人，虽然可以多带，试问在这兵荒马乱的时候，路上多带钱，是否没有危险也还是问题。这种顾虑不能说是无病呻吟。我想其他的同学，家庭中这种顾虑怕也不会没有吧。

以上三点，只不过举几个普通的例，实际上各人有各人自己的环境，也有自己的苦衷和困难点，种种问题的发生，怕还不止以上三点吧。

如今我们急应设法补救的工作爰拟下列三则。

（一）公开请求照路费远近发给旅费津贴。

（二）交通路线请当局详细告知，最好有团体经济的办法，须办护照者也请当局代办。

（三）有不能去内地者，请代招生诸校，允许借读。

1938年5月20日，在云南蒙自西南联大文法学院，南湖诗社部分成员合影。左二向长青、左三林蒲、左四穆旦（查良铮）、右一刘兆吉、右四赵瑞蕻。

以上三点最好由我们组成一个团体，再由团体名义向当局请求，这是我们刻不容缓的事，愿诸同学共起讨论之。

金庸

这封信特别以联大为例，从经济、交通、家庭三个方面，倾诉了大学新生录取名单分批公布后，沦陷区学子面临的困难境地。

正如信中所说，被心仪的大学录取了，自然是很高兴的事。但是，录取以后，第一件事——去到将要就读的、已经迁到内地的大学，——一个"走"字，却暴露了太多的无奈与辛酸。

经济方面，本身路费已经不菲，但在沦陷区等录取榜单的工夫，却足以消耗手头的大半金钱；交通方面，因各校开学时间不一，而有的学校已开学，录取榜单却还没有公布，到时要赶去上学，交通上存在极大困难；家庭方面，除了空袭的顾虑，更多的是大学的校址摇摆不定，迁东迁西导致动荡加剧，安全感稳定感缺乏。

对此，西南联大倒是有其应对办法。

一是与浙大等几所高校一起联合招生，以利广大学子在各地即考即报。当时，热心学生工作的联大训导长查良钊受教育部委任，身兼沦陷区学生的辅导之责。姚秀彦同学就是在联合招考中，考入国立中央大学后，又在查良钊的指导下通过转学考试考进西南联大的。汪曾祺同学则是在联合招生中直接投考了西南联大。

二是由在昆的联大同学组织的级会等学生团体，以及在各地的联大校友会，编写、出版《联大投考指南》等读物，或在报纸上为高考学子介绍联大的情况，助力将来的学弟学妹们投考。在香港《大公报》等报刊上，就曾几次刊有这样的参考文章。

三是对在沦陷区的联大同学给予方便，允其在外地就近借读。也允许从沦陷区来的他校同学，转学来本校或在本校借读。当然，无论转学或借读，第一

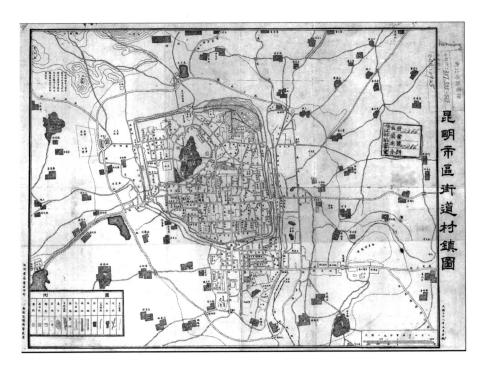

1939年《昆明市区街道村镇图》，图上标有西南联大的位置（左上形似三角处）。

年均限于同一专业。

四是对沦陷区来的同学加大救助力度，除教育部拨发的助学贷金外，还通过各种渠道争取助学金、奖学金帮助同学们渡过难关。如联大外文系主任陈福田到国外休假，就在美国募捐了檀香山奖学金。对于在外兼差的同学，唯一原则是不能影响学业。如因兼差影响学习，四年制的文、法商、理、工四学院一般须作"五年计划"，五年制的师范学院亦须延长学制。这无形中形成了以学生学业的高质量完成为终极目标的弹性学制在联大的实施。

最重要的一点，是学校始终保持相对的安定。除了1938年、1940年因校舍紧张或越南形势严峻而不得不分别在蒙自、叙永设过分校而外，联大始终坚持在昆明办学，以不变应万变。即便在频繁的空袭警报声中，联大还是通过调整作息时间、缩短寒暑假、增加图书馆开放时间、增多师生交流等办法，使学校高质量地运转下去。这种无惧无畏的办学气度，也造就了一批身在困境而刚毅卓绝的优秀学子，并感染了无数见证者。

1943年8月20日，重庆《大公报》在头版刊登了《国立西南联合大学招考新生广告》，公布了在渝招考新生、转学生、研究生及先修班学生的录取名单。在转学生名单里，有查良钊训导长之子查瑞传。在文学院新生名单第五位，"查良镛"亦赫然在目。紧随其后的，则是后来牺牲在抗日战场的缪弘。

11月11日给《文汇报》写信的这位金先生，也许并不是本名为"查良镛"的金庸先生。可是，遗憾的是，确确实实正是因了一个"走"字，难倒了这位武侠大师，使他与多彩而自由的西南联大失之交臂。

不敢荒废北大的一贯精神

——蒋梦麟等致胡适

1938年12月17日，西南联大在昆明开学已经七个多月了。

这天，是北京大学建校40周年纪念日。校方于当日下午两时在云南大学大礼堂召集全体师生、校友代表及来宾举行两个半小时的纪念会。校长蒋梦麟等教职员，清华大学校长梅贻琦、联大秘书主任杨振声、联大文学院院长冯友兰及有关教授、国民党云南省党部代表甘汝棠及在校学生300余人出席。

会上，清华大学赠送了"黉教先声"镜屏一方。镜屏两边，是清华同学会所献之花篮等纪念物，会场布置得庄严肃穆。纪念会上，蒋梦麟代表校方致开幕词。其谓：

今日为北大四十周年纪念日，吾人在此国难严重、国步艰难的今日，来开此纪念会，所引为快慰者，即北大虽因国难，辗转数千里，仍然继续存在，并得于今日照常庆祝，实为可慰。吾人视此会场景象，极与北大大礼堂相似，会场外日光亦若北大大礼堂外之日光。回忆过去在校举行此项纪念之时，其情况是如何热烈，如开放图书馆、实验室等等。到现在，一切已在敌人铁蹄之下，仅在此静悄悄地来纪念，实不胜无限感想。吾人今后唯有同舟共济，共同努力，继续四十年来艰难缔造历史，更增加勇气，振奋精神，以完成"民族复兴""学术进步""思想改进"三项使命，此乃吾人责任，希望北大、清华、南开三校诸

出席庐山谈话会
时的蒋梦麟

先生共同奋斗，共同努力，将来必底于成。

　　开幕词强调了在国家危难之际，北大与清华、南开一起，照样坚持办学。国难严重、国步艰难，但北大仍然继续存在。大家唯有在敌人铁蹄之下，仍然继续振奋精神，艰苦创业，精诚团结，才能完成民族复兴、学术进步、思想改进的重要使命，取得最终的胜利。

　　继之，由甘汝棠、梅贻琦及教授代表罗常培、校友代表陶希圣致词。梅贻琦致词谓：

　　北大创立四十年，亦可谓为我国维新的四十年，其间思想上与学术上成绩，国人皆知，自不必言。近有人谓我国大学教育失败，此语余誓不敢承认，现在从事国家各项建设工作之人，是否均为大学出来，或从北大出来，吾人可从事实证明也。又有人以当兹抗战时期，大学生应赴前线杀敌，此未免误解，须知赴前线杀敌，固为急需，而后方准备工作，亦更重要。不过教育事业，为有永久性的、非一时的，故大学教育效力，一时不易显现出来。吾人敢说，我国苟非过去有数十年之大学教育历史，则今日之抗战，也许不能如今日之坚强而持久。吾人须准备四十年做雪耻工作，大学所负责任重大，希望北大以后四十年历史，较以往更为发扬光大，领导后起，负起责任，向前努力。

梅贻琦的致词，首先肯定了北大创校40年来引领国家维新进步的光荣历史和重大贡献。继而指出，抗战时期，和奔赴前线杀敌相比，永久性、前瞻性地办好教育，让教育成为将来国家进步发展的强大后劲，也显得非常重要。反言之，今日抗战之所以能够"坚强而持久"，如果没有过去几十年来的人才基础，也是很难想象的。他认为，如今北大已走过40年，但是需要引起注意的是，我们还应该做好再拿40年的教育成绩为国雪耻的准备。到那时，我们一跃而成为教育强国，必然就是中华民族扬眉吐气的时候了。因此，无论北大也罢，清华也罢，联大也罢，均有发扬传统、领导后起、奋力前行的使命。

随之是罗常培教授致词，略谓：

北大四十之年，正年富力强，实为不老，且经惨淡经营之学校，尚未恢复，亦不忍言老，不敢言老，盖老者，实时代落伍之谓。若因现在学校设备缺乏之故，即心灰意懒，此实可畏，吾人应更扩大治学精神，奠定学术重心，向前努力，并以"不学便老而衰"，为师友之警惕。

罗的致词实际是针对"老北大，北大老"的口头禅来发挥的。记得在五年前校庆日出版的《北京大学卅五周年纪念刊》上，赫然印着《"老了想当年，穷了提方便"的北大三十五周纪念》的文章。文章毫不客气地批评着："单恋着

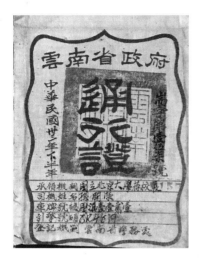

云南省政府发给蒋梦麟的汽车通行证

过去的光荣是世界上顶没出息的事情。一个有机的个体或集团要如果只夸耀以往的伟业，只咀嚼以往的陈迹，而不思作前进的奋斗，这就表现着该个体或该集团已经失却了向上的活力，走进了僵死的状态。我们北京大学现在就染了此种僵死的大症。近几年来完全暴露了它的衰老、萎谢、退化和落伍。"过了五年也才四十周年，何以言老？实为年富力强之时。因此，不该言老，不忍言老，也不敢言老。抗战当头，国家、民族、学校都在最艰苦之时，更应"扩大治学精神，奠定学术重心，向前努力"。

罗常培致词后，由北大同学会代表献校旗，北大云南同学会献纪念品，并由陶希圣校友和学生代表发表演说。陶演说云："在此抗建时期，应从实际社会自然环境中，尽力于学术研究，以期对于抗战有实际贡献。北大的精神，为科学的精神，希望今后更发扬光大。"

纪念会还印发了纪念刊和《国立北京大学四十周年纪念论文集》。

纪念会当天，蒋梦麟、郑天挺、汤用彤、樊际昌、钱穆、姚从吾、黄国聪、邱椿、杨振声、章廷谦、罗常培、陈雪屏、魏建功、容肇祖、赵迺抟等十九位北大同人还特别致信远在美国的胡适，与这位北大的老校长一起共贺校庆——

中华民国二十七年十二月十七日自昆明寄

适之兄、师：

今天是北大四十周年纪念，同时欣逢你四十七岁良辰。在滇的同人们都愿你发挥无碍的辩才，申展折冲樽俎的身手，做一番旋转乾坤的伟业，寿国寿民兼以自寿。我们虽然遁迹天南，也不敢因此荒弃了北大的一贯精神。大家都在

不敢荒废北大的一贯精神——蒋梦麟等致胡适　　159

各竭所长地去做自己能做的事。就想拿这一种精神献给你做寿礼。你还觉得真挚吗？最后我们希望你在转移国运之后，功成身退，同我们一起再回咱们老家去。在那五十整寿的那一天，咱们再重开"寿酒米粮库"的华筵，重尝徽州一品锅的美味。想来，你盼望的比我们还切罢？谨以为祝

"我们虽然遁迹天南，也不敢因此荒弃了北大的一贯精神。大家都在各竭所长地去做自己能做的事。"

北大的四十周年校庆，正好是在西南联大落定昆明的特殊日子。在云南这荒蛮而又现代的边陲，中国高等教育开始经受近代以来最为艰难的洗礼。

正因北大带来了北大的精神、清华浸润了清华的血液、南开融入了南开的气韵，才有了西南联大刚毅坚卓、五色交辉、相得益彰的辉煌成就。

联大的精神，正是三校优良办学精神的总联合、总爆发。

西南联大租借的校舍之一——云南省立昆华工业职业学校（龙美光保存）

1939

抗战洗净了
我们一百年来的耻辱，
唤醒了多年来
在半睡状况中的国魂，
完成了全国的统一，
开发了偏僻的内地，
铲除了种族间和省界间的成见。
我们的抗战，
在世界历史上，
占了重要的地位；
在中华民族的历史上，
是对付外来侵略空前的奋斗。

——曾昭抡

总免不掉这一套

——巴金致杨苡

西南联大也是一个连接文学的地方。

联大教师中，如朱自清、闻一多、罗常培、杨振声等，早已是知名的文学家。乃至化学家曾昭抡等科学家，也有着极高的文学造诣。学生中，穆旦、汪曾祺、杜运燮、林蒲等，也很快成长为文学大观园里的新葩。

联大在昆明一落定就赶来念书的外文系女孩杨静如也是一枚铁杆儿的文学爱好者。她到联大之前就深受巴金小说的影响，从此与巴老终生保持着书信联系。

以下这一封信，写于1939年1月，是正在编《文丛》半月刊的巴金从桂林寄到西南联大杨静如同学处的——

静如：

两信都收到。我这几天正为《文丛》的事忙碌着。要到五六期合刊出版，我的工作才告一段落，这个月底我便可以走了。寄你们的刊物是平寄的，大概"走"得慢，以后等新的出版，一并用航空信寄你。在那本刊物里《火》第六章内有一首朝鲜民歌，你可以学来唱唱。我听见一个朝鲜朋友唱过，是很凄凉的。

听人说昆明很暖和，但你信上却描写出那样的冷。这里也冷过两天。不过比起上海天气毕竟差得多。这年除夕和元旦都是在阴雨中过去的。整天在外面跑的人，连过年过节也忘记了。沈太太父亲去世的消息我以前还不知道。沈先生处我也久不去信，所以不知道他的近况。我还以为他在那里过着很舒服的日子。

你看见月色想哭，大概又在思念家乡，出门不久的人总免不掉这一套，以后在外面久了，新的环境会使你渐渐忘却了旧的，倘使是由于寂寞，你就应该设法排遣它。你现在是个大人了，应该"大人气"才行。要是你只管放任感情，说不定会给你招来更多的忧郁的思想。

我在这里还好。这半年来敌机似乎就跟着我炸。我到哪里它炸到哪里。今天昨天都投过炸弹。每次不过强迫我们游山。我始终未受到损失，而且胆子也大了。

余后谈

祝好

德瑞

十二日

转上陈小姐给你的信一封。

杨静如，即杨苡，赫赫驰名的世界名著《呼啸山庄》中文译名的首创者，此时正在西南联大外文系就读。德瑞，即巴金先生1934年去日本时用过的别名。小陈原名陈蕴珍，即当时巴老的女友萧珊，亦在联大就读（后来他们二人结婚了）。沈先生、沈太太，即沈从文、张兆和夫妇，沈先生也是作者在西南联大的恩师，亦为其翻译文学的引路人。

和以往不同，1939年元旦前后的昆明，确实已经进入冷天。其实早在一个月前，气候就已出现异常。11月中，昆明即飘起了微雪。至12月，则已全面进入冬季气候，和往年相较，晴日天数，仅有从前的四分之一。12月20日起，寒潮猛袭。两天后，开始连续降雪，因此哪有不冷的道理。联大的老师同学，大约有一月之久是处于寒流之中的。这是一个大家都不会忘记的冬天。

至于说"看见月色想哭"，杨苡在《雪泥集》中自注道："那时我才十九岁，

婚后的杨苡在昆明翠湖（赵苡、赵蘅、赵苏提供）

从来没有离开过北方。一九三八年八月，经过一个月的旅行，通过滇越铁路到达昆明，同一些平津流亡学生一道进了西南联大，开始过着比较艰苦的大学生生活。由于生活和过去的完全不同了，觉得不太习惯，总是在思念家乡的朋友和一切。"

杨苡原本出身于一个条件优裕的富贵人家，不能习惯昆明艰苦简陋的生活当然是可以理解的。这自然也是北方来的一些同学的心理常态，尤其在随组成联大的原三校迁到昆明的同学，不比别的，单比校舍，也是有心理落差的，多数同学难免要在心里谱上各自的《思乡曲》。不过，巴金希望她还是"大人气"一些，不要放任情绪。杨苡一定是听进去了。

杨苡最终爱上了昆明这座古老的城市，爱上了西南联大这所战火中从天而降的学校。虽然，她和她的先生赵瑞蕻在这里也只待了两年。

读到这封信，我自然想起与杨苡先生的第一次见面。

2018年7月27日，在南京进行西南联大校友口述史采集时，我见到了99岁的杨苡先生。一见到我和我的同事们，她就俏皮地说，在昆明，人们总是一口标准的云南方音："是了嘛，是了嘛！"她的生命里，已经融入了昆明人质朴无华的乡情。

我在她微型展览馆似的客厅里找了最矮的一个木凳，恭恭敬敬地坐在了她跟前，等着她讲述那过去的故事。话匣子一打开，她就语调和缓地说："人家说联大是藏龙卧虎之地，确实是不同。我认为她虽然是三个学校，但清华是主要的，所以整个校风、一些教育的做法，还是以清华为首。刚进入联大时，清华的学号是T开头，北大P开头，南开的N开头。男同学特别爱开玩笑，经常开玩笑说'P字好，T字香，N字没人要'。因为我是N2214，所以老觉得有人在欺负我。后来考进来的都是'联'字号，转学生是'转'字号，所以我们那时的学号是不一样的。"

在信里，巴金把跑警报戏称作"游山"。昆明是怎么"游山"的？杨苡也有简要的注述："一九三八～一九三九年，桂林、昆明一带都常遭日寇轰炸，我很担心巴金先生的安全。这里巴金先生轻松地谈起'游山'，因为桂林、昆明都没有防空洞，一遇空袭警报，老百姓就纷纷出城找山坡山沟隐蔽，往往早出晚归，走得越远越好。也有人带着皮箱和细软，联大师生多是带着干粮和书，名之谓'跑警报'。"

我们访问时，谈完学号，她也很快地谈到了在昆明遇到的第一次轰炸。她回忆，

1940年8月14日，赵瑞蕻、杨苡在昆明结婚广告，即陈嘉庚启事左侧。

"1938年9月28日上午轰炸，那时候我正在青云街。我们那院里头，杨振声、沈从文都在那儿（后院有施剑翘）。那天的炸弹扔到翠湖那一带，联大刚刚安定下来，男生宿舍也中了弹。我们同去的人，带的东西都炸得没有了。……不过后来就跑警报了，这是很可怕的日子。

我们上课的房子是从农校借的，上课有警报就跑。每次要放预行警报，预行警报一响大家就有一个准备了。然后现情警报就来，预行警报完了还有紧急警报，不停地响响响，所以一直到几十年后，我们心里都听得到。"

1941年，赵瑞蕻、杨苡夫妇在西南联大。

她也回忆了沈从文先生对自己的影响："当时我本来保送的是中文系，但沈从文叫我进外文系。因为我在天津中西女校待了十年（从8岁到18岁），所以沈从文说你把英文丢了就比较可惜。你可以翻译书，而且你本来就是要写东西的。于是，我就进了外文系。不管是外文系也好，中文系也好，一定要选规定的社会科学课程，这都是清华的规矩。我选的就是陈序经的社会学。还得选一个自然科学，我就选了地质学。还必须学通史，我们外文系一定要学外国通史。整个是非常有序的，该学什么就学什么。你想，我们那时候人才济济，那简直是——真是最幸福的时候。"

她回忆了吴宓的课堂情况、陈福田的阅读课情形等，艰苦而回味无穷。继而说，"至于联大的图书馆，每天5点钟吃饭，很多人就在图书馆外头排队了，我从来（不去排队）。我只进去过一次，要排很长的队。没有地方，大家都是蹲着的，谈不上椅子。我们多半在茶馆里，还有在山上念书……我都是在茶馆做功课。"不过她说，图书馆虽然坚决不去，却很向往，因为里面有灯光敞亮的汽灯。

她认为联大这两年"更助长我的自由主义"。她回忆，在联大上学，老师并不点名。一位姓周的同学平时上课不见人影，哪儿去了也不知道，结果大考的时候出现了，原来是到缅甸跑单做生意去了，但老师并不计较。拜访中，她以自己所见、所闻、所受的经历告诉我，联大的教育教学制度是非常活泼多样、颇具创新精神的，尤其"我到中（央）大（学）就发现了，中大比较死，所以教育不改革根本就不能往前走"。她颇为沉醉地说："在联大的两年，是一个永远不会忘记的美梦。"

重读这封信的时候，信中所有的人物都已作古了。他们，都是文学连接联大，联大青睐文学的重要见证。他们，则是走向历史深处的旧日时光留给我们的美梦。

互让过度就会互弃职守

——蒋梦麟致胡适

适之兄：

久不与你通信了，笔懒如此，罪该万死。上月接来信，知你身体已好为慰。我一年多在昆明安好。西北联大彼此闹意见，闹得一塌糊涂。西南联大，彼此客客气气；但是因为客气，不免有"纲纪废弛"的坏结果。互让是美德，但是过了度，就会变成互弃职守。这界限是很难划。我是不怕负责的，但是见了西北的互争之弊，就忍受下去了。

前个月我飞渝两次，第一次为经费，第二次为全国教育会议。见了不少人，精神都大致很好。

我这次来港，是为中基会开会，想贡献点意见。大致是"动用基金的美金，充实值得帮助的大学"。顾临先生与我同一意见。赞成的当然有人，反对的恐也不乏其人。我也尝试尝试罢了。

昆明的朋友都很好，学生也还肯用功。本月八日敌机轰炸昆明，联大未被光顾。我与曾毅在麦田里伏了一小时。被炸的为航校，损失并不大。我定五月一日乘船由海防返昆明。

国事你知道的恐怕比我多，就不谈了。祝你康健。

梦麟

廿八年四月二十一日

香港山光道山光饭店

以上是1939年4月21日西南联大常委蒋梦麟在香港所写的一封信。信是写给白话文运动的领袖胡适的，而信本身也非常语体化。他深深懂得西北联大闹矛盾"联"不下去的根本原因，这就是，学校之间的团结首先是人的团结。

因此，西南联大的"联合"首先是三所大学领导、同人、学生的人心聚合，所谓"精诚团结"无非如此。但是真正做起来，却很难。表面上客客气气，并非是团结联合的真谛。客气过了度，就容易像蒋先生所说的会互弃职守，人心最终还是会涣散。如此，把握好合作中互让的度就很关键。

那蒋梦麟常委是如何做的呢？

和衷共济谋联合

1937年7月7日，全民抗战的枪声打响时，蒋介石正在召开庐山谈话会，联大的成立成为教育界的当务之议。1943年蒋梦麟在物价飞涨和警报声声的昆明写成的《西潮》中回忆："与北方三个大学有关的人士正在南京商议学校内迁的计划。大家有意把北平的北京大学、清华大学和天津的南开大学从北方撤退而在长沙成立联合大学。胡适之从南京打电话给我，要我回到南京商量实施这个计划的办法。我经过考虑，勉强同意了这个计划。"

为什么只是勉强同意？蒋先生在四年后所写的《纪念日话联大回忆当年》中说得明白："当初由胡适之、王雪艇、傅孟真三位先生，创议北大、清华、南开三校联合在长沙开办临时大学的时候，我摇头不赞成。我眼光短浅，有些害怕。说这三个历史和校风不同的学校，放在一起，我可办不了，我不去办，让年高德劭的张伯苓先生去办吧。我于是一溜烟跑到杭州去躲避了。我说一窝蜂里有三个蜂王，是不成的。必定要把多余的蜂王刺死，才不致分窝。我不待养蜂的来刺，我先自己刺死。我当时想，三个校长中，如有两个愿意放弃校权，这事就容易办些。后来胡适之先生派了樊逵羽先生到浙江把我拉了出来。中国人终是中国人啊，情面难却四个字。"

1938年4月28日，湘黔滇旅行团抵达昆明时蒋梦麟慰问情形。（龙美光保存）

就这样，蒋梦麟到南京后几天便搭轮船溯江至汉口，再搭粤汉铁路赴长沙。这时，清华大学梅贻琦校长已经先期到达。面对战乱时期"三个个性不同历史各异"的大学，又"各有思想不同的教授们"，在胃病时发的情况下，"我仍勉强打起精神和梅校长共同负起责任来，幸靠同人的和衷共济，我们才把这条由混杂水手操纵的危舟渡过惊涛骇浪。"

在长沙办学才几个月，南京很快沦陷，危及长沙，蒋梦麟乘飞机到汉口征询政府对学校再迁内地的意见。在陈立夫的建议下，他又去征询蒋介石的意见。"他赞成把临大再往西迁，我建议迁往昆明，因为那里可以经滇越铁路与海运衔接。他马上表示同意，并且提议应先派人到昆明勘寻校址。"

1938年2月间，搬迁的"准备工作已经大致完成，我从长沙飞到香港，然后搭法国邮船到越南的海防。我从海防搭火车到法属越南首府河内，再由河内乘滇越铁路火车，经过丛山峻岭而达昆明"。2月15日抵昆当晚，云南省教育厅厅长龚自知设宴洗尘。翌日，又晤见省主席龙云。不久，迁昆途中的长沙临时大学奉教育部令改称国立西南联合大学。这样，蒋梦麟就成为筹建昆明西南联大的急先锋，"只身往昆，拓荒结舍，颇费周章"，他在昆明和蒙自协商各方，选校址，筹经费，为联大在昆明落脚奠定了立校基础。联大校友当时就说："联大能顺利地搬到昆明，借到大批的校址，安安稳稳地上课，谁能否认不是蒋校长之功？"

不管者所以管也

三校在长沙合组之初，为了更好联合，就出现了少有的谦让校权。首先是张伯苓校长要把"表"交给蒋梦麟校长"代"，后来梅贻琦校长也表达了此意。蒋梦麟虽然没有说要把"表"给张伯苓和梅贻琦"代"着，却在行动上作出了非常务实的表示。"我有一个偷懒的秘诀，凡人家可办的事，都全权交给人家办。有困难的时候，才挺身出来，负起责任。困难的事，到底有不了几桩。一年中当了一两桩，其余的时间就可安乐了，闲空的时候，就可以看看书，想想古今大事，白日里可以做梦。凡我应办的事，我交给总务长，先是沈莆斋先生，后来是郑毅生先生。常务委员会有主席一人，我推梅月涵先生当第一任主席，以后每年轮流。等到轮流到我，我就恳求梅先生驾轻就熟，再连一任。月涵先生亦上了情面难却四个字的当。我一次一次地推宕下去。第一年不算，他一共当了七年的主席，真是偏劳得很。有一次，傅孟真先生骂我懒惰，不管事。我说：'孟真，你哪懂得，不管者所以管也。'"

其实，在联大常委之外，另有重任的蒋梦麟先生和张伯苓先生都一样，对联大的事并非不管。1938年北大四十周年纪念会上，蒋梦麟发表过这样的话："个人之生命有限，大学之生命无穷。吾辈从前之奋斗，尽入北京大学之血液。为功为罪，想不能磨灭。今后之努力，与在联大中之三校共之。三校各有奋斗之历史，陶冶合一，贡献于联大。联大共同之努力，亦将入三校血液，为功为罪，三校亦共之。"因此，他表面上较少留在昆明处理校务，但实际上却在校外不断为联大争取外援，使联大在校内由梅贻琦常委坐镇办学，校外有他和张伯苓常委全力协办，凡是联大需要他们出力的时候，必能尽全力而至。

蒋梦麟常常也成为西南联大的"新闻发言人"，他时常通过各种场合向海内外的校友、朋友介绍联大的情形。他说，学校经济情形相当困难，因物价高涨，全校教职员及学生之生活，均极困苦。学校图书仪器及其他用品，相当缺乏，但尚能勉强维持，"图书方面，最近（1940年4月）学校购买一部，南开大学又运来一部，但图书馆中，仍争相抢阅；学校管理方面，组织常务委员会，统一管理，由北大、清华、南开三校长出席，最近更扩大组织，故三校可谓完全合作。即学生方面，……纪律与精神均甚佳，态度亦非常沉着，用功读书"。他对联大的力挺，也是联大成功办学的无形资产。

对于联大的真正联合，蒋梦麟感到非常满意。清华三十三周年校庆纪念会上，他一再说："西南联大是中国的民主堡垒。"（朱自清日记）他认为："联大合作成功最大的秘密，是教员们求学做人，都有相当的标准。他们不敷衍了事，骗碗饭吃。他们都把学生当人，决不下流，把他们当兵自己当督军。大家是君子人，彼此有很多的批评，有时使人难受。但对于公事公办，决不用卑劣手段。呜呼，此联大之所以为联大欤？"对于联大内迁的影响，蒋梦麟非常欣慰地表示："在战后的一段时期里，西方影响一向无法到达的内地省份经过这一次民族的大迁徙，未来开发的机会已较以前为佳。"事实上，在蒋梦麟、梅贻琦、张伯苓三位常委和三校同人、学生的通力合作下，联大不仅影响了整个教育界、文化界和边疆各项事业，也从办学精神上壮实了三校自身。这八年，也是北大、清华、南开塑造大学精神的黄金期。

蒋梦麟常以忠厚著称，又能以清廉自持。1939年11月28日，其父蒋履斋在老家余姚病故。他到12月15日下午才在昆明景虹街华丰礼堂设奠家祭，尽管有吴有训、周炳琳、傅斯年、梅贻琦等35位联大同人联名发起公祭，他仍登报声

1940 年，蒋梦麟为联大电讯专修科的题词手迹。

1943 年，张伯苓的一句题词——"合作即是力量"，道破了联大成功的玄机。

明："奠金、联幛、花圈等一概敬辞。"

1940年，蒋梦麟为即将走出校园的西南联大电讯专修科毕业同学题词："耐劳苦，勤操作，处事以忠，遇人以厚。"这句题词，以及他致胡适的这封信所传达的隐忍精神和他在父亲去世后的辞礼表率，当是他人格魅力的最好写照。

骆驼精神

蒋梦麟（1886—1964），字兆贤，号孟邻，浙江余姚人。对于蒋先生，熟悉中国近现代教育的人们并不陌生。早在1937年7月全面抗战爆发的当月，由中流书店刊行的《当代中国人物志》即以专门篇幅说他曾在美国加利福尼亚大学研究法学，后于1912年入哥伦比亚大学从杜威研究哲学，从孟禄研究教育学，先后获硕士、博士学位。"先生自民国六年回国后，即专心鼓吹新教育，到处努力提倡。"不久，被北京大学聘为教授，"在授课之暇，并助蔡元培将该校制度完全革新，因而遂使北大成为全国大学的模范，且使中国教育界受此影响，都焕然一新了"。后又升任哲学院教务长，兼任校务讨论会主席。1930年12月，出任北京大学校长，"一心一意要把北大办到和英国的'牛津'、美国的'哥伦比亚'等大学一样的齐名媲美"。由此可见，他一开始就是中国现代大学改革的先行者之一。

联大时期，国民政府实行"战时教育平时看"的举措。对此，蒋梦麟认为，"战时和平时的教育，没有很大的差别"，中国陆军、空军全有，绝不会要学生去打仗。不过，在战时除了军训加紧之外，对于国际问题，一定要特别注重，为的是使学生明了国际间的关系。工学院对于无线电及汽车两科也特别注重，以造就专门人才。

作为西南联大三常委之一，蒋梦麟曾以"骆驼精神"美誉梅贻琦，并以"敏捷的猴子"自谓，他们都是联大人永未忘记的星辰。

本校原有优良制度之一种

——倪俊等致梅贻琦

月涵校长大鉴：

敬启者，查清华教师休假赴国内外研究考察办法，为本校原有优良制度之一种，关系教师学业及学校前途甚大，应请学校自本年暑假起，恢复旧制；并为节省外汇、开发资源及救济多数已服务过期而未得休假之教师起见，更请学校库充国内休假考察研究之名额，提高国内休假考察研究者之待遇，（按旧章，国内休假与国外休假之待遇，相差甚远，且国内休假所补助之旅费，实不足实地工作之用。）以重实际而利抗战，敬祈裁可，是所至祷。

专肃敬颂

教安

倪　俊　冯景兰　张印堂　潘光旦　赵以炳　彭光钦　张席禔
冯桂连　李宪之　赵访熊　赵凤喈　刘仙洲　章名涛 谨启

廿八、五、廿四

这是1939年5月24日，倪俊等13位教授联名致梅贻琦，呈请恢复休假制度的一封信。这里指的休假，特指学术休假。

这是全面抗战以来，在西南联大要求恢复学术休假制度的第一声。

学术休假之缘起

学术休假，现在还是一个既苍老又陌生的词汇。我们今天所说的休假，往往是指各类学校师生们共有的寒、暑两个假期。这和学术休假是全然不同的两个概念。

学术休假最早起源于19世纪末的哈佛大学等欧美高等学府。当时，为了吸引一些知名教授到校任教，逐步采取教授任教每满五至七年，可以结束教学和行政等各项在校的工作，带薪休假一年的福利制度。以利这些知名学者在自由休整、调整健康状态等的同时，更好独立地开展好学术研究，或进行其他开创性的工作。这是学者和学校共赢的一项制度安排，既调动了学者从事教育和研究的积极性，也促进了学校办学质效的提升。

进入20世纪10年代，这一学术休假制度也陆续为我国有关高校所采用，组成西南联大的北京大学、清华大学、南开大学自然是执行这一制度的模范。

北京大学早在五四运动发生之前，就已逐步接轨世界，以不同形式推动了学术休假。到1934年12月1日，制定通过了《国立北京大学教授休假研究规程》。规定："本大学教授连续服务满五年者，得请求休假一年，如不兼事支半薪。其请求休假半年者，如不兼事支全薪。曾经休假一次者须连续服（务）六年方得再请休假。"至北大到昆办学之前，在联大任教的教授即有蒋梦麟、郑奠、孙云铸、江泽涵、周炳琳等获得过休假。

清华大学则自20世纪10年代末开始实施这一举措，到1929年7月18日，学校正式修正通过了《教职员休假规程》，规定："教授如按照契约及服务规程继续服务满五年而本大学愿继续聘任其担任教授者，得休假一年。如在国内休息一年而不兼职者得支半薪，休息半年而不兼职者得支全薪。如赴国外研究者得支全薪，但不另给旅费。休假期过一年者不再支薪。凡不续聘者不得援例。"并对校长和其他教职员的休假办法也作了规定。至联大合组之前，马约翰、梅贻琦、施嘉炀、萧叔玉、陈桢、叶公超、杨武之、王化成等教授都曾享受这一待遇。至梅贻琦长校后，这一制度更得以完全确定下来。蒋廷黻在《追念梅校长》一文中就回忆："在那时候，清华的评议会，由梅校长主持，通过了一种教师待遇条例，其要点如下：①清华教师薪额与其他国立大学相等；②各级教师于任教五年或六年之后得出国休假一年，由学校担任旅费及安家费；③图书及仪器尽量补充；④教师为研究便利，得请求减少授课钟点。"

笔者虽然未见及南开大学制定的休假制度，但该校其实也于20世纪20年代中期就已开始了学术休假的实践。后来在西南联大任教的邱宗岳、姜立夫、杨石先都曾实际享受了在国内外的学术休假。例如，杨石先赴美深造期间，学校照发了工资。

在这样的情形下，三校教师，尤其是教授，到了一定的在校服务时间，都自然而然地会呈请校方赋予学术休假的福利。

然而，七七事变打破了这一局面。全面抗战爆发后，已决定南迁，与北大、南开联合办学的清华大学于9月27日在长沙召开校务会议，议决："……（二）教授于长沙临时大学开学前到湘者，薪俸自九月起照发；于开学后到湘者，自到湘之月发薪；不来湘者除学校指定有任务者外，概不发薪。（三）本学年出国研究教授暂缓出国，在国内研究者，照在校服务教授薪俸成数支薪。"

自此，出国休假暂停，国内休假尚允实行。不过，从此时开始，不管是清华，还是北大、南开，国内休假也已形成大面积的暂停事实。在此情形下，叶企孙、闻一多、赵忠尧、吴有训等教授，都因战事的发生而放弃了学术休假，紧急奔赴长沙临时大学任教。

国内休假在联大之施行

如此，两年过去了，学术休假在西南联大被教授们重新提上了议事日程。教授们为此致信梅贻琦，呈请及时恢复休假制度。大家认为，学术休假制度为清华最好的制度之一，与教师学业和学校前途关系极大。因而，要求加大力度地恢复休假制度，尤其是请求学校参照国外休假的办法，相应提高国内休假的待遇，以利抗战期中教授们开展实际工作。

教授的呼声得到了及时的回应。

就在倪俊等十三位教授的信发出后第三天，5月27日，昆明花椒巷，清华大学评议会正式讨论了"本校同人来函请求恢复国内外休假研究旧制，并扩充同人休假国内研究名额，提高国内研究待遇"事项。

评议会最终议决："本大学教师服务及待遇规程第五十条及第五十七条国内研究办法，下学年度照常施行，教授以十名为限，专任讲师、教员及（全时）助教以五名为限。关于国内研究如赴远地调查者，其旅费仍以五百元为限，惟遇特别需要提经评议会核准后得酌量增加，但总额不得过一千元。"

7月12日，第二次评议会正式修订《国立清华大学教师服务及待遇规程》，对休假制度进一步完善：

（一）教授、副教授连续服务满六年而本大学愿续聘其任教授、副教授者，得休假一年；如不兼事支半薪，或休假半年如不兼事支全薪，但曾经休假一次者，须连续服务六年，方得再享休假权利。

（二）教授、副教授，如欲休假期内，作研究工作者，应先填写请求休假研究单，详具研究计划，经评议会通过后，方得享受如下待遇，即：赴欧美研究者，除支半薪外，给予来往川资，各美金520元，此外给予在外研究费每月美金100元；赴日本研究者，除支半薪外，给予来往川资各日金150元，此外给予在外研究费，每月日金150元。留国研究者，支全薪，如赴远地调查者，其旅费须提出详细预算并经评议会核定支付，但其总数不得过500元。其中，赴欧美或日本研究者，由出国日起，至起程回国日止，须满10个月，不满10个月者，其研究费应按月减发。

至于联大全校，郑昕在1946年8月27日致胡适的信中则回忆说："联大章程，凡请假不拿学校薪金者，第二年可休假。"即无薪请假的第二年可享受休假待遇，但此休假办法，其实未见执行。况且，战时状态，能无薪休假者恐也极鲜见。

至此，在联大，国内学术休假首先实行。第二次评议会结束不久，闻一多、赵凤喈、张印堂、冯景兰等教授首批获准到国内各地休假。如：张印堂于10月起在清华大学、资源委员会及滇缅铁路局三方的资助下，带领助教刘心务、助理研究员邹新垓前往滇缅沿线进行调查，以2500公里的行程，对滇缅铁路沿线地理概况、矿产运输等情况作了具体比较，最终完成了《滇缅铁路沿线经济地理调查报告书》（获教育部社会科学类三等奖）。

1940年6月17日，又批准了中国文学系教授朱自清、浦江清，历史学系教授刘崇鋐，地学系教授张席褆，生物学系教授彭光钦，电机工程学系教授章名涛的国内休假研究申请。1942年，批准了金岳霖的国内休假申请。1943年，又批准了李谟炽、吴宓等的国内休假申请。

对于这些教授的休假申请，学校始终执行教授任教资历与学术研究兼顾的总原则。休假本身需要达到在校服务的最低年限，又能对学校学术进步有所助益。教授在提出休假申请时，还需同步提交休假期间的研究计划。如研究计划未获得校方认可，休假也不能得到批准。此外，教授休假期间不能在外进行兼职，如有兼职则取消相应的有关待遇。正因如是，冯景兰休假期间，云南大学熊庆来校长拟聘其为矿冶系主任而未获准。

于是，按照休假申请规则，闻一多提交了中国上古文学史研究计划，赵凤喈提交了法律习惯调查方面的研究计划，章名涛拟汇编《电工数学》，朱自清拟研究"散文（包括骈散二体）之发展"，刘崇鋐拟著《十九世纪英国史》，浦江清拟完成一部《元剧诂训辞典》，冯景兰拟赴川西康东一带调查研究，张席禔拟在中国西南部作调查研究工作，彭光钦拟从事《普通生物学》教科书之编著，金岳霖拟撰著《知识论》一书……这些休假研究计划，对于战时西南联大的教学与科研的提升，都是很有意义的。

至于休假结束时的研究成果，都达到了预期目标。仅以地质地理研究为例，梅贻琦于1946年撰写的《复员后之清华》一文中就这样写道："本系教授复因休假之便，远赴其他各省工作，如张席禔教授有关贵州三叠纪地层之研究，袁复礼、冯景兰二教授先后赴西康作地质矿产之调查均是。故自滇越、滇缅两交通线相继封锁，国外图书仪器来源几告断绝之际，本校其他各系之研究与教学

1940年5月，朱自清在成都休假时与家人及亲友合影。（选自《朱自清》画册）

工作无不稍受影响，而本系乃以独得地利，反益趋活跃，且由是而与云南地方当局发生密切之联系，故于民国三十一年夏，本系与云南省建设厅合作，成立云南地质调查所。"

由这些休假而产生的《精读指导举隅》《略读指导举隅》《知识论》等学术著作，则影响了一代又一代知识分子。

休假未归与放弃休假

在恢复休假制度的过程中，清华校方注意到，在学校里已经出现了休假不归的情况。这与学校给予休假待遇的初衷背道而驰，在教授中已引起不满。

1940年7月10日，政治学系主任张奚若教授致信梅贻琦，就本系萧公权教授在成都休假逾期不归事致函梅贻琦，要求校方予以追回给付经费。信曰：

月涵校长先生道席：

敬启者，政治学系教授萧公权先生于卢沟桥事变后即未到校。去夏学校因盼其回校，乃从宽办理，给以休假权利。冀其能于休假后回校服务。萧先生当时亦曾来函声明，谓休假后一定回校，绝不食言。不意日前忽接萧先生来函谓，近又决定下年不回校，并辞去聘约。至于所受休假权利一层，则仅谓所领薪金如学校认为应当退还，彼亦可照办。

奚若认为萧先生此举其不当处有二：第一，不应于在特殊情形下享受休假权利之后，竟不回校。第二，若不回校，自应自动归还假期中所领薪金，不应存丝毫希图规避之心。惟事实既已如此，学校自应索还所领薪金，以维校章，而杜效尤。倘万一萧先生于接到学校此种通告后，借口事实上无此能力而图规避，则请在奚若薪金内每月扣还百元，以至扣清为止。奚若虽非富有，然为明责任、维校章，不能不如此办理也。再，此种建议全出至诚，绝非虚伪形式，如不幸萧先生果不肯还或不能还，则只有如此办理，绝不宜有任何客气之处。盖萧先生之所以竟然不肯回校者，完全出于计较个人小利，而吾人为维护学校计，应绝对出以大公，不应计较私人利害也。情出至诚，尚祈鉴核办理为幸。余不一一。即颂

教祺

张奚若

七月十日

信末，张奚若教授还详列了合计达4200余元的催款账单，以供校方催回给付经费作参考。

作为政治学系主任，张奚若认为本系教授享受休假权利而未归，自当归还休假期间所领薪金。如对方找各种理由不予归还，那么就请学校从自己的薪金里扣抵，以维护休假制度的公允执行。

针对休假不归的状况，1940年7月15日，清华大学在昆明西仓坡五号召开了第三十三次校务会议。议决："本校教授、副教授休假研究期满后，因故不能返校服务者，应将休假研究期内所领薪金及研究补助费归还学校。"萧公权的这笔经费应当是追回了。

值得一提的是，在学校的关怀下，除了战事开始不久部分教授暂停休假，一些教授在特殊原因下，也毅然放弃了既得的休假权利。

理学院院长吴有训教授之子吴再生回忆："清华大学规定教授连续工作六年可以公费出国休假一年，1941年正轮到父亲休假，他却主动放弃了这项权利。为了维持生活，家中稍值钱的东西都被卖掉，那时真是一贫如洗！由于操劳过度及营养不足，大约在1942年父亲患了伤寒病，住在农村缺医少药，卧床近两个月，主要靠他原来健康的底子和母亲日夜精心护理，总算侥幸地战胜了疾病。这场大病使他得了手颤抖的后遗症，所以病后父亲形成了他特殊颤

栗笔迹。母亲为解决家庭经济困难，在繁重的家务劳动之外，用她擅长国画及刺绣的特长，设计出各种图案并刺绣成各种制品，出售给那些在珍珠港事变后来昆明协助中国作战的盟国军人，这项家庭手工业收入，补贴了当时家庭开支。"在沉重的生活负担前，身为院长的吴有训为了把休假机会让给其他教授，始终坚持在工作一线，坚守在亲人身边，与在滇的同事、亲人共度艰苦。

1943年，已经获准休假的外文系教授吴宓，也突然致信梅贻琦，请求暂停休假。他在信中说：

梅校长钧鉴：

查宓下学年度，已蒙学校允许休假在案。惟顷细思，又拟下学年度暂不休假，仍照常上课，其理由（一）今陈福田君休假，Winter亦回美国，联大外文系教授较少，主要功课多缺，倘宓不休假，可授《欧洲文学史》（必修）、《中西诗之比较》（选修）二门，对系中及学生当不无补益。（二）宓既承钧命，不离昆明，一切生活如旧，且承命代办清华外文系事，须指导新旧研究生数人学业，则在宓实与在校上课无异，故宁欲他年再休假，或可出国研究或在国内完全休息。（三）原拟出版《欧洲文学史英文讲义》事，不休假亦可缓缓进行，且修订此书，同时重授此课，正可相辅而为之。

以上理由，谨请准宓下学年度暂不休假，仍照常上课。至宓已领用之出版费、旅费六千元整，既不休假，理应退还。又本年三月二十日所借校款一万元，已还六千元，尚欠四千元，以上共万元，当勉于半年内还清。如何之处，敬候钧裁。已先奉商系主任陈福田君，蒙其认可。即请
日安

外文系教授 吴宓上
七月二十六日

国难当头，急学校之难，为同人着想，帮同事补位，替学生学业考虑，力求教学与研究相辅相成，学术休假的抉择背后，是教授们对学术精神的孜孜追求。

公私两便幸何如之

——闻一多致梅贻琦

月涵先生校长钧鉴：

迳启者，廿六年在平时一多适届休假期间，曾依国内研究条例呈请休假一年，并由系中专聘助理员一人襄助研究。比蒙评议会全案通过，准予施行。适值故都沦陷，学校迁湘上课，时系中教师颇感缺乏，遂承主任朱佩弦先生命暂缓休假，回校授课，计又两年于兹矣。顷者奉到校中通知，国内休假研究办法下学年度行将恢复，用特呈请依照上述廿六年所拟研究计划，重予核准俾便施行。惟是前次所定研究题目系编纂《诗经字典》，兹因书籍缺乏关系该项工作不易进行，爰将研究题目改为《中国上古文学史》。缘本系新定课程中本有《中国上古文学史》一门，虽早经指定由一多担任而迄今未能开班，诚叹此类新创课目内容较为复杂，即收集材料已非咄嗟可办，遑论整理。此次倘得休假一年以全副精力从事准备，则不特久缺之课程得以早日开班，即一多个人年来在此方面研究所得，亦可藉以告一段落，俾早日勒成专书以供献于社会，公私两便幸何如之。至助理员之薪金，在前次计划中原定为四十元，以目前生活程度衡之，自不免过薄。此次倘能依照大学毕业生待遇标准酌予提高，尤所企祷。以上所请各节，统希裁夺，不胜待命之至。肃此。敬候
钧安

闻一多

廿八年六月十五日

这是闻一多于1939年6月15日写给时任清华大学校长、西南联大常委梅贻琦的信。在清华评议会于本年5月底决定恢复教授休假制度后，一多先生及时请求重新核准战争初期学校已获准但临时中断达两年之久的休假待遇。

正如闻一多信中所说，他本拟于1937年暑假即开始呈请休假并已经清华评议会正式通过。正要启动休假时，北平沦于敌手，学校决定迁湖南上课。当时，校方勉力支持并批准了他的国内学术休假申请。但是，当时中文系教师缺乏，加之系主任朱自清恳切请求他及时赴长沙临时大学任教，他毅然放弃了已经由学校正式批准的休假计划。

然而，学术休假对闻一多等联大教授而言，意味着更好的自我提升机会。好不容易，在全面抗战将届两周年之际，1939年5月底，清华大学评议会终于议决恢复战时学术休假制度。两月后，学校正式出台了包含学术休假在内的改善教育待遇的相应管理办法。

休假制度既已确定，闻一多的申请自然就得以照准。7月17日，清华评议会议决："闻一多教授请求在国内休假研究案。通过。并由校供给研究助理一人，月薪五十元至八十元。"（闻自己推荐刘云樵为研究助理，但刘实际只是在昆代办领薪等事宜。）

1939年9月，闻一多迁居昆明以南四十多公里的晋宁县北门街苏宅，开始了为期一年的国内休假。

这一年的休假，并不是安逸闲适的休假，而是饱受贫苦之困的休假。勉之在其传记著作《闻一多》一书中写道：

在乡间，虽然可免空袭的恐惧，但是，另一个重大的威胁，降临到闻一多的头上了。抗战越来越艰苦，物价不断地向上爬，到了一九四〇年，爬得更快了。闻一多一家八口，住在乡村的房舍中，饮食疏淡，开始了贫困的生活。但他没有埋怨，他相信他的生活还是比前线战士好。曾经有人对他的贫困表示同情，他说："我们过去享的福也太多了，现在吃点苦也是应该的。这是战争中必

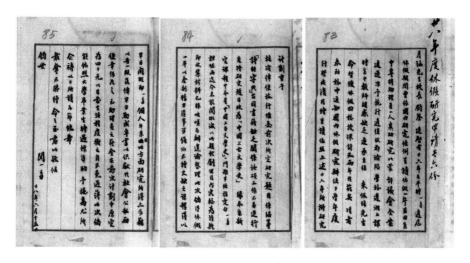

1939 年 6 月 15 日，闻一多提交的申请休假研究计划书。

然的情形。"

这一年的休假，也是学术丰收的休假。闻一多不负学校在赋予学术休假待遇时寄予的期待，进行了更为深入的学术探索。闻一多自己在1940年5月26日致赵俪生信中也述及在晋宁的学术研究："校中休假办法，去岁又经恢复，多年限已届，遂即请求休假，迁居距昆明四十公里之晋宁县城。到此闲居将近一年，除略事整理《诗经》、《楚辞》、《乐府》、神话诸旧稿外，又从《易经》中寻出不少的古代社会材料。下年将加开《上古文学史》一课，故对于诗歌舞蹈戏剧诸部门之起源及发展，亦正在整理研究中。"

勉之接着写道："在这一年的假期中，他安心过着贫穷困苦的生活，专心于他的著作和研究。除了《易经》《诗经》《楚辞》之类的古书外，他还进一步研究古代的甲骨文、古代神话、古代民俗。根据这些材料来追究中国民族远古的生活方式。龙凤龟麟这四种动物，在古老的中国，一向被当作崇拜的对象，这是什么道理呢？闻一多研究到这个问题，他认为这四种动物原来是中国民族的

'图腾'，他发表一篇很长的文章来分析这个问题。叙述他的见解，这种见解，引起很多学者重视。"

闻一多次子闻立雕在《红烛——我的父亲闻一多》一书中回忆："父亲休假不是一般的放假，而是进修假，是要利用这个时机从事学术研究、学术考察以进一步提高业务知识，休假前要向学校报计划，休假结束后，要向校方交出学术研究'报告'……晋宁条件虽然一般，但优点是很僻静，来客少，没什么干扰。可以一心一意埋头做学问。这一年他用清代学者的考据方法，利用敦煌残卷、殷墟卜辞、商周铜器的有关资料，对先秦两汉时古书中的一些字音字义作了深入的研究和探讨，对上古文学的时代背景、思想潮流进行了必要的分析解说。在具体工作方面，他除整理了有关《诗经》、《楚辞》、《乐府》、神话等方面的研究成果，以及从《易经》中摘出有关古代社会的材料外，还对诗歌、舞蹈、戏剧的起源与发展作了深入的研究，完成或发表了《乐府诗笺》《周易闲诂》《姜嫄履大人迹考》《易林琼枝》等一批很有学术价值的著述与论文。"

闻立雕还在书中回味了闻一多在休假中对孩子们进行"诗化家庭"实践的生动情景——

"诗化家庭"这个话题，是父亲1922年出国前从巴河老家寄给梁实秋的信中的用语。当时他闲在家里没什么事，每天就教母亲和晚辈们学诗，他告诉梁实秋说在家里"诗化家庭"。那时他刚结婚，听诗的小孩都是我的堂兄堂姐们，此刻在晋宁他要"诗化"自己的儿女了。

父亲靠在床头上，娓娓动听地讲诗或闭目聆听我们背诗的情景，给我们的印象太深了，至今一提起那些难忘的日日夜夜，我们都会倍感温馨，沉醉在无比幸福的情境之中，心情难以平静。

父亲学富五车，尤其精于我国古典文学与古文字学，对诗人所处的时代背景，诗人的情况，诗人所用的字、句的本意及其沿革演变等都非常熟悉，他本人又极富情感，因而讲起来驾轻就熟、深入浅出、生动传情。讲到出神入化时不但他自己融入到诗情诗景中去了，而且把母亲和我们孩子们，有时甚至连正在做饭的赵妈都吸引进去了。听着听着便无形中随着他的感情及诗里的喜怒哀乐而跌宕起伏，时而激昂兴奋，时而低沉婉转，忧愁悲伤……父亲讲诗有个突出的特点，他不只是就诗讲诗，而是把诗人所处的时代背景、诗人的生平等都讲得清清楚楚，把听者引到古时候那种历史环境里去，融会到那时的生活之中，尽可能使大家像古人一样感受和领会那些诗，从而从更深的层次上把握诗的内涵和真谛。

听讲只是"诗化家庭"的一半，另一半是要我们背诵。父亲说能背，印象才更深。父亲常年伏案阅读、写作，时间长了，不免腰酸腿疼，时时要我们捶几下。他讲诗的时候，身子靠在床头上，双腿伸直，我们就轮流挥动小拳头一下一下地给他捶。有时候他讲得太精彩了，我们听出神了，如痴如醉，以至于小拳头也忘记挥了。

……在晋宁的这一年中，父亲先后给我们选讲了《卖炭翁》《茅屋为秋风所破歌》《长恨歌》《兵车行》《孔雀东南飞》《琵琶行》《春江花月夜》等一批唐诗。同时还讲了《史记》中的《项羽本纪》《刺客列传》等古文。这些诗文大多是关系国家兴亡盛衰和人民艰难困苦、备受煎熬的诗文。

闻一多长女闻名则在闻先生遇难后不久所写的《我的爸爸》一文中回忆："爸爸休假了，带着我们到晋宁住。爸又埋头到古书里去了，对于外面的时局不闻不问，往往接连三四天都不看报，甚至于节省下买报的钱给我们去买文具。这段日子，诚然又是爸的刻苦的诗生活。每月爸总要换几个方式来摆那些破烂不堪的家具，因为他要使整个的屋子变得艺术些，美些。我们放学后爸常讲些诗给我听，每天晚饭后，爸带着我们去城外散步，在黄昏里又叫我们背诗了……"

因此，这一年的休假，闻一多在学术研究方面的收获是丰硕的。一年之中，他在"晋宁旅次"的学术研究硕果累累。休假结束后，他向学校提交的《中国上古文学史报告》中详列了学术休假期间有关研究工作的大致情况——

研究旨趣

（一）了解文学作品。文艺作品为文学史之最基本、最直接的材料。学者对于文学作品，苟无较深了解，而遽侈谈其渊源流变，何异无的放矢？唯是上古文学最为难读。乾嘉以来学者，凭其校勘训诂诸工具，补苴旧说，发扬幽隐，厥功伟矣。然而古书之不可索解者，犹十有四五。今拟遵清人旧法，佐以晚近新出材料（如敦煌残卷及殷墟卜辞、商周铜器等），对于先秦两汉诸古籍之奇文滞义作更进一步的探索，冀于昔贤传注、清儒考订之外，有所补充焉。

（二）考察时代背景。文学史为整个文化史中之一环，故研究某时期之文学史，同时必须顾及此期中其他诸文化部门之种种现象。今拟以若干问题为中心，就其社会背景或其思想潮流等方面，详加分析，求其相互的关系，庶使文学史得成为一种有机体的历史，而非复一串账簿式的记载而已。

研究工作。基于上述二项旨趣，本研究工作可分为下列二项。

（一）专书研究；

（二）专题研究。

研究结果。

（一）专书研究要目：

《尚书》补释（已成虞夏书部分）；

《周易》闲诂（行在本校学报发表）；

《庄子》章句（已成内七篇）；

《楚辞》校补（已交《北平图书馆图书季刊》发表）；

《离骚》叙论；

《天问》疏证；

《乐府》诗笺（已交联大师范学院国文系主办之《国文月刊》发表）；

易林琼枝；

上古文选校释。

（二）专题研究要目：

古代教育；

商周铜器艺术；

史职与史书；

史诗的残骸；

采诗制度蠡测；

古代著述体裁之长成；

神仙与先秦思想；

舞蹈与戏剧；

宴饮与诗；

（附相关问题论文目录）

夏商世系考；

姜嫄履大人迹考（载《中央日报·史学周刊》）；

象舞考原；

雷纹解；

说瑵（已交《金陵学报》发表）；

释燮；

释屄；

释臣。

　　同时，在家庭教育方面给予孩子们润物无声的传薪式教化，却也是意蕴深长的。恰如闻立雕所说："这一年我们收获颇丰……我们不仅古汉语的水平有了不同程度的提高，历史知识和社会知识有所丰富，更重要的是通过这样的潜移默化与熏陶，培育了我们对人民的爱和对黑暗与邪恶的憎恨。"

　　其实，休假期间，闻一多也有兼职他处挣外快的机会。早在休假开始一个多月后，驻于成都华西坝的金陵大学中国文化研究所主任李小缘就连续三个月力邀闻一多到该所担任专任研究员兼国文教授。然而，一多先生最终还是婉拒了李小缘的好意。

据徐雁平教授在南京大学图书馆发现的闻一多先生于1940年12月28日致李小缘的信中写道——

小缘吾兄左右：

月初接奉手教，藉悉一切。弟不能离开此间之困难，实不祇一端，前函偶尔述及旅费事，特举其最现实最具体之一例耳，乃承吾兄过爱，再度相邀，并商得贵校当局同意提高待遇种种办法，尤令弟惭恧莫遑。比奉手教，本拟即赴昆明向敝校当局商酌并探询旅行种种手续，适舍间女仆（自北平携来者）病重，乡间医药复不便，以故不敢离，诚恐内子事忙，万一看护不周或致不救也。迨至上周女仆病退，弟始克赴昆明一行，结果种种方面皆与愿违。第一，弟在敝校本年适在休假期中，敝校章程规定休假期满后必需在校中服务一年，此次曾托故与当局商量请求变通办理，未蒙应允。弟以在此八九年之久，于感情上实不便过分坚执也。至旅行方面，则公路因军运关系，客车久已停止通行。近来川滇交通除飞机外，公务人员则间有乘专车者。此二者在事实上财力上几皆为不可能，如系弟个人只身来蓉城无困难，然弟不能只身前来，家庭方面牵挂极多，则前函已言之甚详。总之在学术方面弟实极愿前来，徒以人事上困难太多，虽屡承吾兄及贵校当局设法解决，亦枉费心力，高情厚谊，私衷感谢，匪言可喻。贵校方面仍祈吾兄转达此意，不胜大愿之至。耑此敬复藉颂

教祺

弟一多再拜　十二月廿八日

"公私两便幸何如之。"为了照料家佣病体不忍离开，为了履行与学校的约定不能离开，为了表达对学校的忠诚情感不肯离开。闻一多面对艰窘生存环境，仍然老老实实在昆明乡间坐满一年冷板凳，考索古今，苦研学术，以实际行动兑现他致梅贻琦信时所表达的休假初心。

牛津教书　恳陈衷曲

——陈寅恪致梅贻琦

陈寅恪

在联大蒙自分校结束办学后，1938年8月13日晨，陈寅恪与邱椿、刘崇鋐两位教授一起搭快车随校回昆明任教。在昆明，陈寅恪住在中央研究院历史语言研究所租赁的靛花巷三号青园学舍三楼。

新学期开始，即在中国语言文学系讲授"佛教翻译文学"（三、四年级选修，4学分），在历史学系讲授"两晋南北朝史"（二、三年级选修，2学分）。同时，开设"晋南北朝隋唐史研究"（三、四年级选修，4学分）。

有关他上课的情况，历史学系翁同文同学回忆："寅恪师上课，入教室后，即打开所携包袱翻书，将主要资料写上黑板，使学生抄录，然后归座讲解，声音既不高，又往往闭目发言。若是看惯表演，只会欣赏作秀的人，不知集中精神注意所讲内容，自然不觉有味。惟若注意讲解，领悟内容，就知他闭目发言，乃凝神运思的方式或模范，对学生也有激发思想的作用。后来我任教时，曾遇见好些学生，异口同声地反对所谓填鸭式教育，但却不肯用大脑主动思想面对的问题，只一味等待善于表演的人来灌输。我就想起，应该让他们也认识寅恪师那种凝神运思的方式，或可摆脱浮浅而走向深入。"（《追念陈寅恪师》）

同系王永兴同学也回忆："当时西南联合大学的教室在文林街的昆华北院和北门外临时修建的简易校舍，距离寅恪先生住处很远。我们经常看见他老人家抱着用黑布包袱包着的一大包书，沉重而缓慢地走在昆华路上。为什么要带这么多的书呢？寅恪先生讲课时要引证很多史料，他把每一条史料一字不略地写在黑板上，总是写满了整个黑板，然后坐下来，按照史料分析讲解。他告诫我们，有一分史料讲一分话，没有史料就不能讲，不能空说。他以身作则，总是在提出充分史料之后，才能讲课，这已是他的多年习惯。当时，寅恪先生多病体弱，眼疾已相当严重，写完黑板时常常汗水满面，疲劳地坐下来闭目讲解。他的高度责任感，他的严谨求实精神，他为了教育学生不惜付出宝贵生命力的高尚行为，深深感动并教育了我们。他的学问，他的德行，为师无愧。直到今天，当我也走上讲台去教学生的时候，我总是想着他的言教身教，他的榜样永远鞭策我前进。"（《怀念陈寅恪先生》）

翁同文同学还回忆了陈寅恪指导毕业生论文的情况："当时教国史，也可指导论文的张荫麟先生应召去重庆，就都与寅恪师议定一个范围有限的题目，开始进行。寅恪师预先警告，文字务必精简，若太冗长，必有浮滥，他就不愿评阅。"（《追念陈寅恪师》）这种宁精毋滥的治学态度，极深地影响了他的学生。

到昆不久，大病稍愈之后，陈寅恪"披览报纸广告，见有鬻旧书者，驱车往观。鬻书主人出所藏书，实皆劣陋之本，无一可购者。当时主人接待殷勤，殊难酬其意，乃询之曰：此诸书外，尚有他物欲售否？主人踌躇良久，应曰：曩岁旅居常熟白茆港钱氏旧园，拾得园中红豆树所结子一粒，常以自随。今尚在囊中，愿以此豆奉赠。寅恪闻之大喜，遂付重值，藉塞其望。……自此遂重读钱集，不仅藉以温旧梦，寄遐思，亦欲自验所学之深浅也。"（《柳如是别传·缘起》）

到昆明两个多月后，经中英文化协会物色推荐，大洋彼岸的世界名校牛津大学开始酝酿聘请陈寅恪到校担任中文教授，此为获此殊荣的第一位中国学者。据国民党中央社伦敦专电称："全球各国之学者得此荣誉者不出五十人。该院对接受此项荣誉者之学术贡献，每加以详细之研讨而后颁给，故获此项荣誉殊为难得。"

获知牛津的聘任计划后，陈寅恪再三思量，终于在1938年底初步同意受聘。经征求联大意见，决定于次年夏天赴英任教。临行前，唯恐不能访遇作当面说明，他特地致信梅贻琦——

月涵吾兄先生左右：

弟于离昆明前当奉访辞行，因恐不值，特预作一书，陈述一切，敬希垂察。

一、前晤金龙荪兄，知已将内子在港病剧及催弟速归情形奉告。弟因校课关系不便速回，勉强留滞，以期逐渐结束，庶可稍尽责任。大约预计本月二十日可以结束，故拟二十日后有适宜之快车及同伴，便赴河内，特此奉闻。

二、弟于牛津教书极不相宜，故已辞谢两次，后因内子有心脏病，不能来昆共聚一地，种种不便，而郭复初又以中英合作，即大使馆与牛津之关系为言（其实弟无宣传之能力，郭所言实可以以爱莫能助答之），故不得不诚为一行，其实为家人可共聚一地计也。今内子病后能赴英与否大成问题，即能赴英，而第三小女仅二岁，必难携往，盖牛津俸薄（年俸八百五十镑，须扣所得税），初到英须制备家具等，故多雇佣仆势难做到，尤觉窘困。现中英文化协会虽借款三百镑作旅费，但须偿还，且不能过久。现内子在港医药即挪用此款，故弟更不能不去英矣。此次内子若不能偕往，则弟所以欲赴英之目的（即家人共聚一地之目的）全不能达到，殊非弟之本意也。因此颇不愿久留英，且牛津近日注意中国之宗教及哲学，而弟近年兴趣却移向历史与文学方面，离家万里而做不甚感兴趣之工作，其思归之切，不言可知。拟向清华请假一年，敬希核准，不胜感荷之至。

三、弟已假定本月二十二日快车至河内，须本月十五日交付车费，清华薪水例于二十日发出，于付车费一点稍觉不便，可否特别通融提早将五月份薪于十五日前二三日发出？又，弟此次赴港，拟于八月初旬即乘船由港至欧，此学年自不能来昆明，此间与香港及英伦汇兑不便，可否一并将六、七两月份薪同时交弟领出，以便作出国治装之用。此则迹近支，似有未便，但弟情势稍有不同，亦不虑别有援例，致行政手续困难，故敢冒昧干请，特恃厚爱，附陈衷曲，敬希

鉴谅酌核，无任惶恐之至。专恳，敬叩

日安

弟 寅恪敬启

六月一日

信中所言，主要表达了几层意思。第一，此次赴英，将过港照看妻子，待所授课程全部结束，拟于6月20日后启程。第二，牛津也两次邀请到英任教均已辞谢，此次为图与家人去英共聚一地故同意之，因此向清华请假一年。第三，牛津之行费用有一定困难，可否提早发出五月份薪俸并提前申领六、七月份薪俸。

接陈寅恪信不久，梅贻琦及时作了书信回复。信谓：

寅恪先生道鉴：

昨奉手示，备悉一一，先生牛津之约必践，以慰彼都人士之渴慕，藉扬我国学术之精粹，本校同人与有荣焉。承示请假一年，自当照允。五、六、七等月俸薪已遵嘱饬科照备，以应需用。肃复顺颂

教祺

弟梅贻琦

梅贻琦在信中首先是代表校方表态，牛津之邀理当应允前去，并认为这是我国学术界的荣誉。至于薪俸的提前预领，也全部同意并已安排财务照备。在校方的全力支持下，6月下旬，陈寅恪启程离昆明到香港。然而，由于到港后不久，第二次世界大战爆发，被迫暂居香港，担任香港大学客座教授兼中文系主任。不久，重回西南联大任教，在日寇空袭不断的险要环境中带病教授"隋唐史研究""白居易研究"等课程。

邓广铭回忆，在昆明靛花巷与陈寅恪先生"共居一楼，每日同桌就餐，恭听先生畅谈史事、掌故等，古今中外，无不涉及"，在治学研究方面受益极深。

他说："这时我刚到昆明不久，也住在靛花巷内。陈先生返昆明后，竟先到我的住房中与我相谈……以为'华夏民族之文化，历数千年之演进，造极于赵宋之世'，鼓励我专心致力于宋史的研究。我在此后治史方向，基本上就是依照陈先生的指引的。我在此后一年多的时间内，与陈先生同桌共餐，朝夕得以聆听他的教言。……反思在那一年多的时间之内，我在治学的方法方面所受到的教益，较之在北大读书四年之所得，或许可以说是有过之而无不及的。"

时任中研院工作人员那廉君在《抗战时期的中研院》一文中回忆：

初到昆明，感到环境良好，物价低廉，但为时未久，即行改观。当时我住在云南大学前面的靛花巷，后来搬到竹安巷（翠湖湖畔）。等到我的工作机构全部疏散到北郊的龙头村，我又回到靛花巷做了一段时间的联系工作。

当时同住在此的，尚有西南联大陈寅恪教授和中央博物院职员一人，现在在台大任教的张敬教授，也曾在这里搭过伙食。更后来，西南联大的罗常培教授等，也都在这里住过一短时期。

这里有一座小型的防空洞，由于建筑十分简陋，大家都不肯下去躲警报，只有陈寅恪教授，只要警报一响，他便从三楼下来，独自躲进洞去，他当时告诉我们的一句话是："见机而作，入土为安！"

1940年7月，为了继续履行牛津大学之约，他再次赴港。次月中旬，受聘香港大学客座教授。又因欧战影响，地中海无法通航，我驻英使馆要求再缓一年去英。此时，滇越交通受阻，飞机票又高昂，他只好向学校请假，继续在港大任教。

半年时间匆匆而过，联大这边还在惦念无法赴英的陈寅恪的归期。1941年3月14日，梅贻琦致函询其归期——

寅恪吾兄惠鉴：

别来半年有余矣！比维起居安健，潭第吉羊，为颂为慰。本年授课港校，一切都顺利否，时以为念。最近，此间消息谓尊眷或与光钦眷属移住川中，想因港中局势加紧，故作此避地之计，但嫂夫人及姪辈旅行计划何如？吾兄是否同来，抑待夏间课毕再返国内？此间同人皆极关心，而尤欢迎文驾之早日返昆也。联大自去冬以来，计划可称大定。除将一年级学生安置叙永上课外，原校各部分皆未移动，惟图书仪器大部送往近郊疏散，同人家属十九已移居乡下，故教师上课时间改排于星期一、二、三或四、五、六，使城乡来往者较得便利耳。舍间一小部分亦移居梨烟村（海源寺附近），弟每周偷闲去住二三日。最近为清华卅周年庆祝筹备稍忙，四月下旬中基会在港开会，恐不能往矣。志此顺候

俪祺不一

弟梅贻琦

三，十四

此时的昆明，情况也并不乐观。空袭不断，越南局势也危及昆明，一年级已在四川叙永上课。校内图书仪器乃至教工、家属多疏散乡间。清华三十周年校庆在筹备中，同人们也都期待陈寅恪的归来。

8月4日，港大中文系主任许地山逝世，陈寅恪很快继任该职。在港任教，

1939年，陈寅恪一家在香港合影。

仍遇到在云南蒙自时的老问题——尝尽了无书之苦，只好"日入禅宗，讲宋元理学，作桐城文章"！（王重民1946年4月12日致胡适信）

任港大中文系主任才三个月，太平洋战争爆发，香港沦陷，学校停课。在日寇统治之下，陈寅恪立即辞职闲居。敌寇得知陈寅恪在香港，震于陈氏名望硕学，"曾馈送麦粉，陈先生拒绝接收"。（石君：《西南联大的坚贞教授群》）又持四十万元日币委任他办东方文学院，遭到坚决拒绝。1942年春，倭人又专程派人请他到已沦陷的上海授课，他再一次拒不接受。在此情形下，他只好设法离开香港，先后在广西大学、燕京大学等任教。1945，再次受聘牛津大学任教，并获授英国皇家科学院外国籍院士。后眼疾治疗无果，双目失明，只得辞去聘约，于次年回国，回清华大学任教。

陈寅恪与牛津大学的缘来缘失，以及其间发生的一桩桩往事，令人慨叹，发人深思。

抗战就是生活

——曾昭抡致前线战士

字"叔伟"，生于1899年的湖南湘乡籍化学家曾昭抡，费孝通心目中的这位"英雄"，是曾国藩家族的重要一员。他于1920年在清华学校毕业，曾在美国麻省理工学院留学并获得化学科学博士学位。1926年回国后，长期在我国科学教育战线工作。长沙临时大学成立之前，先后担任中央大学和北京大学化学系教授。

作为一位在20世纪30年代就已崭露头角的科学家，曾昭抡在化学科学领域作出了突出的贡献。1935年，他与吴屏合作翻译的《化学战争通论》，已使他在化学界声名远播。1936年10月，他又在大公报社出版了《东行日记》，这使他愈来愈以文学家的另一面受到学界瞩目。

琐碎的私人历史

实际上，除了浩繁的学术论著，曾昭抡也是很愿意以一个文学家的身份与他的读者见面的。这从他于1939年7月7日致一位前线战士的信中可以窥见。他的这封信刊登于第二天的昆明《益世报》。信写道：

××同志：

你们在前线为国家辛苦，是不是常收到由后方寄来的信件。近来后方各重要城市，都有一种运动，让多数同胞，参加写信，去慰劳我们前线的战士。这点解释了为什么你从一位素不相识的人接到了这封信。

我们彼此素来没有见过面。让我猜猜你是怎样一个人。接到这信以后，请你回信告诉我，猜对了几分？我想你是一位中等身材，但是很壮健的青年，在你面部的表情上，很明白地显出勇敢和毅力。我想你大约有二十三岁左右的年龄，家里父母双存，有好几位兄弟姊妹，但是并没有结过婚。我想你受过初等教育，现在一定喜欢看报，而且爱看小说。

现在且说我吧！假设你常看报纸或看杂志，也许你会知道我是谁，也许你看见过我的作品。但是无论如何，我自己简单的介绍，或者对于你不是过多。我是湖南人，现在四十岁，我很忌妒你，因为我没有机会，像你一样，在青春的时候，站在最前线，替国家争荣誉。我是许多同胞们所羡慕的，正途出身的，文化界的一分子。从坐摇篮的时候起，幸运常常对我微笑着。读罢了小学、中学、大学以后，得着机会，到美国去读了六年书。对于各种学问，我都有嗜好。但是一个人总得选一种职业来吃饭，结果偶然地选定了化学做我终身的事业。因为环境的限制，我并未能变成当初所梦想的化学家，但是现在并不后悔这职业的选择。回国以后，差不多全部的时间，是在大学教书。这职业也是我自己选定的。不过近年来国难的严重，常常令我怀疑，一个富有血气的中国人，是不是应该做这种慢性的工作。我有过世界上一般人所希望的一切——美满的家庭、称意的收入、也许太多一点的名誉。但是布尔乔亚的社会，常常会在我心中引起反感来。在职业以外，我很爱好音乐和文学。三年前偶然被一位朋友拉着写了一篇游记。从此不由自主地，先后拉杂地写了几十万字。这些事述来未免过于琐碎，但是我想，当前线没有战事的时候，读一些这种琐碎的私人历史，也许可以帮助解解闷。

人们都把你称作"英雄""勇士"。对于一天到晚在英雄生活中过日子的战士，这种空头衔的有无，或者是无关紧要。也许在你那坦白谦虚的心灵中，常常会想："我不过是在尽国民的天职，没有什么可赞扬的地方。"但是这次抗战的重要性，从纵的和横的两方面看起来，实在都是异常的伟大。物的重要，远超过你心中所能想象的。抗战洗净了我们一百年来的耻辱，唤醒了多年来在半睡状况中的国魂，完成了全国的统一，开发了偏僻的内地，铲除了种族间和省界间的成见。论起规模的宏大，牺牲的壮烈来，我们的抗战，在世界历史上，占了重要的地位；在中华民族的历史上，是对付外来侵略空前的奋斗。两年来的成绩，已经把我们的国家，从一个半殖民状态，素来为别人所看不起的国家，变成一个全世界敬仰的强国！同时也把敌国，从一等国降到二等国。抗战胜利以后，世界上的侵略国，当然受到最严重的打击。到那时我们四万万五千万受过血的洗礼的同胞，可以协同其他爱好和平的民族，共同建设全世界的新秩序，让世界变成人类可以安居的行星，不是吃人野兽可以蛮横的处所。

同志，你不要把自己对于抗战的关系，估计得太低。虽然你不过武装同志中几百万分之一。我们要想得到最后胜利，当然也需要军火、资源和其他别方面的准备。但是假设没有英勇的武士，来筑成血肉的长城，别的准备又有什么用

曾昭抡是学生爱国运动的积极支持者，图为他1945年5月4日参加西南联大的五四纪念游行。前排右边着长衫者为曾昭抡先生。（郑葆芬保存，陈晓东、陈晓方提供）

呢？建筑这个保卫国家的长城，每块砖和其他一块一样的重要，少一块也不成。

同志，跟着你足迹的后面，有成千成万热血的青年。他们全都想，得着机会，为国家上前线。敌人军队中，不断地发生厌战的事例；我们全民族的血，却永远在沸腾着。在我们用血来写成新的历史的时候，没有直接参加过战斗，对于大时代的儿女，谁都认为是一种耻辱。好多人想，抗战已经两年，还没有能够上前线打过仗，真是枉做了一世人。我自己就是作这样想的一个。少数意志薄弱的人，不免有时会叹息着问道：这仗到底还有好久可以打得完。我们的回答是，抗战就是生活。

因为前方作战屡次失利的关系，敌人的飞机，带来屠杀的使命，有时常飞到后方城市来狂炸，为的是满足他们吃人的嗜好。不可避免地，我们受着一些物质和生命上的损失。但是假若他们以为这样可以破坏我们抗战的心理，那就真是大错。我们抗战意志的牢不可破，正和我们前方的阵线一般。屠杀平民的行为，徒然更加坚强了我们的意志。在后方一切仍然是照常地工作；只是每个人的心中，更加认识了国家的可爱，和自己对于国家的责任。

同志，在两年前，你能够相信中国可以打败日本吗？中国和日本单独作战，在十年前大家都认为［是］一件不可能的事。两年以前，战争刚开始的时候，一般的同胞，虽说是一致拥护政府的抗战政策，对于战事的前途，心里却总不免怀着危惧的观念。一年以前，多数敌人对于最后胜利的获到，还只是抱着宗教式的迷信。现在呢？谁都看得到，日本帝国主义走上崩溃的悲运，不过是时间问题。你们在前方努力，已经改变了世界的历史。我们现在用不着佩服，西班牙的共和军，怎样地死守马德里城两年。我们也用不着景仰，俄国人怎样地能够坚壁清野，让拿破仑的大军，全军覆没。我们的勇士们，已经创造了世界上从来未有的奇迹。

同志，再会了。祝
你为国家自重。

"七七"两周年纪念日

抗战就是生活——曾昭抡致前线战士　203

这封两千多字的长信，是在全国慰劳总会1939年5月1日发起的征集"五十万封慰劳信"运动后所写的。慰劳信征集活动按计划应于5月30日就宣告结束，但曾昭抡并没有赶这个时间。为了在特别的日子慰劳抗敌将士，他选择了"七七"两周年的纪念日写出了这封情真意切的慰劳信。

　　这封写给未名的年轻战士的慰劳信，传达了曾昭抡对家国的由衷热爱和对前线战士的由衷敬佩、由衷赞颂、由衷鼓励。他在信中假想了收信战士的样貌、年龄、家况、爱好等，同时也作了简要的、低调的、毫不显赫的自我介绍。他说，40岁的"我很忌妒你，因为我没有机会，像你一样，在青春的时候，站在最前线，替国家争荣誉"。他说自己有着广泛的兴趣，"对于各种学问，我都有嗜好。但是一个人总得选一种职业来吃饭，结果偶然地选定了化学做我终身的事业"。然而，"因为环境的限制，我并未能变成当初所梦想的化学家，但是现在并不后悔这职业的选择。回国以后，差不多全部的时间，是在大学教书。这职业也是我自己选定的。不过近年来国难的严重，常常令我怀疑，一个富有血气的中国人，是不是应该做这种慢性的工作。"

　　他特别提到，"在职业以外，我很爱好音乐和文学。三年前偶然被一位朋友拉着写了一篇游记。从此不由自主地，先后拉杂地写了几十万字。这些事述来未免过于琐碎，但是我想，当前线没有战事的时候，读一些这种琐碎的私人历史，也许可以帮助解解闷。"

　　他认为，"抗战洗净了我们一百年来的耻辱，唤醒了多年来在半睡状况中的国魂，完成了全国的统一，开发了偏僻的内地，铲除了种族间和省界间的成见。论起规模的宏大，牺牲的壮烈来，我们的抗战，在世界历史上，占了重要的地位；在中华民族的历史上，是对付外来侵略空前的奋斗。"他说，"敌人军队中，不断地发生厌战的事例；我们全民族的血，却永远在沸腾着。"在一些人喃喃而问"这仗到底还有好久可以打得完"的时候，曾昭抡说："我们的回答是，抗战就是生活。"

抗战就是生活！曾昭抡自己在全面抗战中的八年，就是这样的。

绝不抄近路

1937年七七事变爆发后，曾昭抡还来不及履行完事变前两天就已启动的北平中学教员暑期讲习班的工作任务，就与燕树棠、戴修瓒等70多人一起，应邀参加了7月26日至29日在江西庐山牯岭图书馆举行的第二期庐山谈话会，并和与会全体人员一起致电宋哲元将军及二十九军将士，称"中国每一块土地，皆满布每一个国民之血迹！宁使人地都成灰烬，决不任敌人从容践踏而过"。

庐山会议一结束，他就转道上海，迎接从英国留学回国的夫人俞大纲，并于8月12日离开上海去南京。此时，教育部已拟定《设立临时大学计划纲要草案》。按照草案，由北大、清华、南开在长沙组成临时大学第一区。

8月30日，曾昭抡夫妇即与北大同人樊际昌、叶公超等从南京乘船，赶赴湖南与三校同人共同筹备临大建校。经过11天的辗转颠簸，9月10日，曾昭抡等终于抵达长沙，担任长沙临时大学化学系教授。临大开学后，不到三个月，就又因战局严重而再次迁滇。为了"使迁徙之举本身即是教育"，学校决定组建由300多名师生参加的湘黔滇旅行团，"借以多习民情，考查风土，采集标本，锻炼体魄"，曾昭抡作为11名辅导团成员之一全程参加。

湘黔滇旅行团68天三千五百里的行程，曾昭抡留给学生的是一个勤作考察、勤写日记、不抄小路的师者形象。因慕曾昭抡之名而读北大化学系、时为长沙临时大学学生的唐敖庆也参加了旅行团。他回忆："每天早晨，当我们披着星光走了二三十里路时，天才放亮。这时远远看见曾昭抡教授已经坐在路边的公里标记石碑上写日记了。等我们赶上来后，他又和我们一起赶路。曾先生每天如此。看来，他至少比我们早起一两个小时。曾先生的日记从未间断，听说有二三十本。"

参加旅行团的另一位学生蔡孝敏说："曾先生有两事令人难忘，其一为在途中，完全沿公路行走，即走汽车之路线，绝不抄近路，颇有曾文正公脚踏实地，实干苦干遗风。犹忆步行至黔西'二十四盘'时，所有团员均走小路，由上而下，瞬息即达。而曾先生以不变应万变，仍沿公路，循车行轨迹而下，用时多达十数倍。其二为每到中途休息或营地留宿，如时间许可，曾教授必自其背包中取出防毒面具戴在头上，向当地民众讲解防毒防空常识。"

刚任助教不久的吴征镒也在步行日记的结尾说："曾昭抡先生走路一步不苟，每上下坡必沿公路走之字形，大约为全团走路最多的。"

在敬节堂巷 7 号

曾昭抡和湘黔滇旅行团的其他师生一起，于1938年4月28日抵达昆明。这之前，4月2日，学校已奉教育部令改称国立西南联合大学。

到西南联大后，曾昭抡先后住于昆华农校、昆华中学、北门街和文化巷42号。1940年10月上旬，他新租住到钱局街敬节堂巷7号云南呈贡斗南籍教育家毕近斗家宅的上下两层五间房（其中一间为一楼的厢房），直至联大结束。

对于曾昭抡在敬节堂巷的日子，联大经济学系校友、助教金起元于2000年6月27日曾致信昆明老报人戴扶青之子、曾昭抡研究专家戴美政，生动回忆了当年的难忘时光。承戴先生提供原信，这里仅就涉及曾昭抡的内容摘录如下（原信每段前标有序号，本处从略，删节和勘误处亦不再单独标出）：

美政仁弟：

前寄一信，谅已收读。

我是在1942年秋在联大经济学系毕业后由立群兄带我去拜见曾先生后和立群兄一同住入敬节堂巷7号二楼右厢的。当时在7号住的还有戚志芬（女）与田曰灵（女）。后来还有北大经济学系的统计助教孙禩铮。

令尊当时住在二楼客厅右上角的一张木床上。他还在右上角的两边墙上斜钉一根铁丝，用以悬挂毛巾、军装和皮带等物。令尊一般早出晚归。他和曾先生所谈的似乎皆是日常之事。令尊的声音洪亮，曾先生的声音轻碎，而且带有浓重的湖南口音，因此我们听不大懂，也不大注意去听。我没在客厅里见到过令尊主办的《海鸥周刊》。

曾先生从不留客在7号住宿，令尊似乎是一个例外。

曾先生和我的关系，从法律上讲，乃是二房东（毕先生为房东）与房客的关系。从师生辈分来说，他却是我的老师的老师。伍启元先生低于曾先生一辈，而我乃是伍先生的助教。曾先生从不以长辈的身份教训后辈，所以我们很少谈什么严肃的话。

不过他在和我的闲谈中，曾流露出他对曾任清华大学校长、抗战时期做过教育部长的罗家伦先生评价不高但却称赞罗常培先生的聪明。我在上海念高中时，我的一位在北大毕业的叔父曾经跟我谈起过曾先生的《东行日记》。

我是在1946年夏离开7号的。当时曾先生似在重庆，尚未退掉7号的房子，记得我是在大西门外汽车站登上敞篷卡车的，经过新校舍校门前时，受到相识多年的出售鸡蛋饼之类早餐的小贩们的热情欢送。车行约一个小时，我回过头来，还能望见那因崩坍而留下一抓红痕的西山。昆明八年，乃是我一生中最贫穷亦是最快乐的八年。

那时候费孝通和伍启元二位都称曾先生为"曾公"，所以这乃是一种既表示比较随和又相当尊重的称呼，令尊很少带他的朋友来7号，亦似乎没有什么人在白天或晚间来看望过他。他似乎没在客厅里从事任何写作。

曾先生并不是中国共产党的党员，但他思想进步，乐于和左派的青年接近，后来他加入民主同盟，用当时流行的话说，他可以当之无愧地被称为共产党的"同路人"。

联大有一个半公开的受共产党领导的青年组织"群社"。曾先生某夜领我去参加过一次。地点在新校舍北院图书馆前的广场上，内容不过是做做游戏、演点短剧和唱唱歌曲而已。那时在国民党统治下，往往还要夹进一些如借用小放牛的调子来高唱"蒋委员长调兵马"等节目来掩盖真正的宣传目的。

当伍启元先生知道我住入敬节堂巷7号时,他便对我说曾先生乃是一位最用功的人,嘱我要以曾先生为榜样,多多向曾先生学习。

曾经来看望过曾先生的学人计有潘光旦、罗常培、伍启元等先生,曾先生的高足蒋明谦、朱汝华(女)、唐敖庆等均未来过(原文如此,实际来过。——本书作者注)。连曾先生的小妹,在生物系念书的曾昭楣似乎亦没来过。我们从未见到过曾夫人俞大絪教授。有一位《扫荡报》的记者倒常来看曾先生,目的是请曾先生为该报撰写社论。有时驻昆明的美军还开吉普车来请他去演讲。

曾先生在青云街靛花巷的北大宿舍包饭。后来戚志芬和我由曾先生介绍也去那儿包饭。当时的靛花巷宿舍里,至今仍健存的著名人物可能得推现在的北京图书馆馆长任继愈先生了。曾先生在吃饭时,一般是听得多,说得少,而且吃完便走,不再停留。

住在7号里的联大师生,白天各有所忙,晚上吃完夜食,便围坐在客厅内的用两张八仙桌拼成的长桌上读书。曾先生坐在正中上方,桌子的右边坐着田曰灵和裴立群,左边坐着戚志芬和我,大家鸦雀无声,直到大约九点半才松缓下来,开始喝茶聊天。这时候,住在小西门洪化桥的张滂(现任北大有机化学教授、中科院院士)便常来串门。听到巷内有叫卖饵块喝声时,就轮流下去买来请客,当时大家都穷,能够吃到涂着芝麻酱的饵块或者花生米,便十分心满意足了。

曾先生既看书也写作,不过写的时候比看的时候为多。他有时用中文写,有时用英文写。用英文写时,他手拿一本暗红色布面的《英汉模范词典》,有时查一查拼法,有时查一查联用的介词,查着后立即关上。他下笔很快,好像早已拟好腹稿,不用思索似的。

曾先生亦很风趣。每当花坛里的茶花开放时,他总要倚着栏杆对我们年轻人笑问:"今年茶花为谁开?"意指今年哪一位可以找到称心的女朋友或男朋友?

我觉得曾先生至少有三点非常值得我学习：

①用功读书

曾先生可说乃是一位一年四季、日夜读书的人。他本身已是一位著名教授，还去旁听黄子卿先生的《理论化学》，而且认真书写笔记。他也旁听联大为学生开设的《俄文》课，并和学生一起参加考试。某次他考过《俄文》回来，我们问他考得怎样，他不肯说；后来我们中间有人到他的卧室内桌子上偷看考卷，才知道是70多分。他读书可说着了迷，甚至于在巷道里走路时，右手撩起长衫的开叉处，亦以一只帆船斜驶的姿势，口中念念有词，在背诵着书里的文句。此时他目中无人，设若有人向他打招呼，他大概是不会理睬的。他走路很快，目的自然是为了节省时间。

②生活俭朴，平易待人

曾先生的薪金很高，但他的饮食穿着，却非常简单朴素。他穿的长衫是褪了色的，那双布鞋几乎和拖鞋没啥差别，袜子大概从新的直穿到扔掉为止，从不洗换。美军请他去演讲时，他换上一套皱旧的西装，穿上一双未擦鞋油的皮鞋前往应付一下，回来后立即改穿长衫布鞋。他很能吃苦，有一次我跟他去路南大叠水游览，住在一座破庙里，女生煮的米饭根本是夹生的，我都觉得难以下咽，他却谈笑自如地把饭吃完，毫无怨言。他对权贵不奉承，对低微不鄙视，这是一种十分高贵的品德。

③不显露自己的家世和成就

曾先生从来没有在我们的面前提起过曾俞两家的显赫家世，也没有说过他和他的夫人在美国麻省理工大学与英国牛津大学所获得的高级学位。他认识许多政界要人和著名学者，他都避而不谈。他连北大的蔡元培和胡适之二位校长的名字都没提起过。至于他自己对北大和我国化学事业的贡献，自然更加守口如瓶了。

敬节堂7号的往事，一晃已经过去了半个多世纪，现在连那座旧宅都已拆除，但曾先生的风范，对我来说，仍很鲜明。曾先生是我国老一辈科学家中的杰出之士，我们可以从他的身上学习到许多高贵的品质。他可敬可爱，不应那么凄凉地离开我们的！

吾弟若有任何进一步需要了解的地方，请提出具体问题，我当根据回忆，如实答复。祝夏日快乐

起元　2000年6月27日

这封长信，鲜活地再现了曾昭抢在昆明生活的一个侧面。信中的"令尊"，即指戴美政先生的父亲戴扶青先生。1943年，时任昆明行营政治部宣传股股长的戴扶青也租住在敬节堂巷7号。1945年5月，为纪念抗日殉国的戴安澜将军，由戴、曾两位先生创办了《海鸥周刊》，戴任社长，曾任主编。由此，敬节堂巷7号又成为办刊的阵地。

在长沙临大和西南联大期间，曾昭抢开设讲授了"有机分析""有机工业化学""无机工业化学""高等有机化学""国防化学""染料化学"。唐敖庆说，曾先生在课堂内外总是"主张启发学生自己努力学习，钻研问题。我从曾先生那里学到许多东西"。

他还受聘担任学校理工设备设计委员会、课程委员会、国防技术服务委员会（后与国防服务介绍委员合组为国防工作介绍委员会）、理工两院战区学生救济及寒苦学生贷金委员会、理学院学生生活指导委员会、膺白奖学金委员会、防空委员会、理工设备设计委员会等专门委员会成员，先后任捐助寒苦学生委员会、出版设计委员会召集人，经常热情地出席校内外各类活动，是联大最为活跃的教授之一。

他曾为联大的各个学生社团作过《军队统一问题》（学生自治会）、《中国科学化运动》（自由论坛社）、《自然科学与抗战》（化学研究会）、《现代中国青年的修养问题》（联大某青年社团）等多次演讲，是联大历史学会主办的五四时事晚会的主要指导者。

敬节堂巷7号，也因其宽敞的房舍、合适的租金，以及离联大新校舍极近，

1945年2月25日下午，昆明南屏街侨民银公司礼堂，筹组《海鸥周刊》编委会会议，前排左二起：蔡维藩、燕树棠、戴扶青、曾昭抡、新闻记者等；后排左二起：李挽澜（《海鸥周刊》顾问）、联大女生（协助社务）。（戴美政提供）

为曾先生到校教学、开展科学研究和参加各类活动提供了极大便利。这也是他在联大期间学术和写作双丰收的最好保障。

1983年，敬节堂巷易名为钱局巷。

大时代在等着青年们

曾昭抡先生是一位爱国的化学家。他曾说，青年"不只要立大志，做大事，还要有最低限度的立场。如立场不正，则大志大事反而有害"。他的教学和研究工作，就是在这样的立场之下展开的。

曾昭抡一直是青年们的良师益友。1946年，联大同学自编出版了一本《联大八年》，书中对他作了生动的描述，其中说："曾先生很用功，深夜还常常在研读比蝇头还小的字的化学书籍，他擅长分析时事，所写的时评，比之我国某些专家毫无愧色，近年来从事民主运动不遗余力。他很能和同学接近，同学举办的各种活动，他常是很慷慨的接受邀请，这一点不像旁的教授。而且'贯彻始终'地跟同学一道吃、玩、闹。他主张注意理论化学，今后北大化学系可能必修高等微积分和力学。曾先生不修边幅，有时一只脚穿袜，另外一只却没有。衣服的纽扣老是不齐全，而鞋子老是拖在脚上。有一次，曾师母俞大絪先生到昆明来了，曾先生同曾师母常在翠湖堤畔文林街上挽臂而行。"

联大同学崇敬这位学识渊博的教授，说他"不但精通理化，对戏剧亦颇爱好，还会写点小品文，封禾子主编《中央日报》副刊'平明'时，就时常有他的著作发表"，说他"潇洒，豪放，没有名教授的架子，最跟同学们合得来"。又说"遇有同学课外活动的时候，曾先生也总是积极参加帮助。单说联大每年冬天到路南石林去旅行，学生服务处夏天到西山去开夏令营，总是邀请曾先生作导师"……是的，和闻一多、查良钊、马约翰等几位教授一样，他和学生走得太近了。

自湘黔滇旅行团3500里的教育长征之后，1941年，曾昭抡又发起了一次科学考察。由他担任团长，联大化学、生物、地质等系的裴立群、陈泽汉、钟品仁、戴广茂等10名学生参加的"国立西南联合大学川康科学考察团"于7月2日出发，10月27日返抵昆明，历时118天。这次科考活动，除了乘车和骑马外，单是步行就达1000余公里，对大凉山地区的地理、矿产，以及民族、民俗、风情、文化等多方面的情况作了翔实考察。回昆后，又图文并茂地举办了科考展览。裴立群说："在此次步行考察大凉山的过程中，更能体现曾昭抡教授的吃苦耐劳，平易近人精神，值得我们继承和怀念。在考察团中，他是中年人，其他全系青年学生。旅途中，既要照顾、教育学生，又要不停地考察记录。他口袋里一直放着小笔记本和铅笔头，一到歇脚，随时随地书写。到达宿营地后，在蜡黄如豆的油灯下，还要整理修改及补充当天的记录直至深夜，从不间断。我们都为他持之以恒、不辞辛苦的精神所感动。由于在旅途中要经常口头计算里程或强记景物实况，思想必须高度集中，因此，他常常口中念念有词，有时会引起别人的误解。"

为了启发民智，他还发起创办了联悠暑期补习学校、龙门学校、文正学校（"文正"即曾国藩谥号）。他时常利用寒暑假等一切机会，带领化学系学生前往本城及一平浪盐场、个旧锡矿等市内外有关工厂、企业考察和实习，增加同学们对于化学科学的了解和对祖国化工资源的认识。除此之外，他还是联大教授组织创建的"十一学会"的发起者之一，他常常和参加学会的教师们各抒己见，坐而论政，为国家进步贡献自己的见解。

——他太忙了，所以"独行时好做喃喃低语，旁人不知其所云，有时健步如飞，与跑警报无二"。

他虽说自己是写游记起家的，但并没有自负地说自己是个作家。不过，他的文学作品，无论游记还是其他散文作品，常常透着一位科学家少有的文化特质。正如气象学家竺可桢、桥梁学家茅以升、植物学家蔡希陶、稻作学家程侃声（鹤西）、数学家华罗庚和建筑学家林徽因也都有着较好的文学修养一样，曾昭抡也既是成就不凡的化学家，又具有相当的文学才能。他那具有化学家特质的科考旅行记等作品，亦和联大校友、诺贝尔奖获得者李政道具有科学修养和诗情画意的美术作品一样折服人。

罗常培在《苍洱之间》一书中说："我也写不出像曾昭抡先生那样时间准确，里程精详，宛然如在化学实验室称量药品一样谨严的游记。"潘光旦在费孝通所著《鸡足朝山记》的序中则写道："叔伟的兴趣最博，对任何比较有意义的景物，都要作细密的端详，翔实的记载，到一处，记一处；我相信如果他生在三千年前，能和周朝的旅行家姬满结伴同游，而合写一本游记，结果一定比徐霞客的还要周到。"他到云南后所写的游记散文《清碧溪》《喜洲志游》《美丽

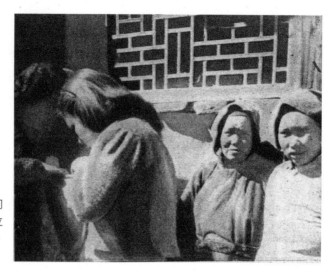

西南联大学生分组下乡，向各出征军人家属致慰问并为代书家信。（杨立达摄，选自《良友画报》1940 年第 152 期）

的大理》《生活在赶马人中间》《大理石的寻求》，以及怀人散文《悼云逵》、科普小品《谈酒》、组诗《翠湖》等，都是科普性和文学性兼具的作品。至于抗战时期就已结集出版的《缅边日记》和《大凉山夷区考察记》，更是研究边地历史文化的科学文艺美构。

　　曾昭抡还善于写作各类评论性文章。他曾在《民主周刊》发表过一篇《大时代在等着青年们》。在文章中，他呼吁广大青年：（一）在战时"摒除逃难的心理"，"重新考虑自己的立场，站起来做一点直接有益于救国的事业"；（二）"在必要的时候"，"不惜放弃固有的职业"，"把国家的前途，看得比自己的利益更重要"；（三）"根绝享乐的心理"，"把国家民族的大前提，放在心里"；（四）"排除失败主义者的心理"，"不但自己要做到这点，而且要帮别人也做到"；（五）对于政治问题，"我们决不能以袖手旁观，肆口谩骂了事"，而应一致努力。他的这些话，与他致前线战士的信中所表达的家国之情，是完全一致的。

我们的事业须合国家需用

——王庆荀致王庆芝

弟弟：

　　航空信已收到，我于本月一日便奉调回宁波工作。这事料你已于我寄父亲的信中得知。回宁波不久便患了一星期的疟疾，现在病虽然是去了，但身体还没有回复到病前的健康状态。

　　廿四日德平轮由上海开抵镇海口外，我被派来船上执行职务，要待该船离埠时才回到宁波去，大约须在二十天之后。庆夔大哥今年毕业中法，恰乘此船路过宁波。他说此行除回家外，目的系往昆明入滇缅铁路工作。我们几个后辈，可幸都得有替国家做事的机会。

　　对于你的欲转入经济系的念头，我很不赞同。我们所致力的事业必须适合国家之需用，不能仅以毕业后一二年内所得职位，尤其不能以去年或今年清华毕业生所得职位来臆断学工者或学经济者之出路孰为优良！你的理由是对工科不感兴趣，我想这一定是由于你在功课方面先有失败之处，而后便起厌倦之心。假使你今年不能升级，只要再次从头好好地干，我不会再来责备你。求学的费用亦不必担心，信中邮寄你一百五十元，收到即覆我一信。我没有时候和你长谈，对于转系问题，望你再四考虑之后，给我知道你真实而充足的理由。

　　兹得明妹一信，特转汝一阅。

庆荀

八月廿六日

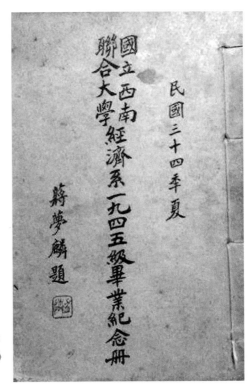

民國三十四年夏

國立西南聯合大學經濟系一九四五級畢業紀念冊

蔣夢麟題

《国立西南联合大学经济系一九四五级毕业纪念册》书影

这是1939年8月26日，浙江宁波海关工作人员王庆荀给在西南联大土木工程学系的弟弟王庆芨写的一封信。

在信中，他向弟弟告知了一个月来自己和族中大哥王庆夔的近况。他说自己在德平轮上工作，刚刚从中法国立工学院毕业的庆夔大哥则将往滇缅铁路工作。由此，"我们几个后辈，可幸都得有替国家做事的机会"。这是很为光荣，很令人欣慰的。

不过，他在信中特别对庆芨弟弟欲在联大从土木系转到经济系的念头表明了不同的意见。

王庆芨，1918年4月1日生于江西赣县（今赣州），在家中排行老四，上有大姐庆艾、哥哥庆荀、二姐庆明（即信中"明妹"）。

1938年，刚过19岁的王庆芨由江西省教育厅免试保送到西南联大土木工程学系（族兄王庆芳亦于同年考入联大法商学院经济学系）。

一年级学期即将终了，王庆艾向哥哥写信汇报一年来的学习生活，并告以即将转系的打算。这为哥哥所不赞成。他规劝庆艾弟弟慎作转系之念，认为："我们所致力的事业必须适合国家之需用。"因此，"不能仅以毕业后一二年内所得职位，尤其不能以去年或今年清华毕业生所得职位来臆断学工者或学经济者之出路孰为优良！"

哥哥认为，弟弟大概是觉得经济学系毕业后出路较好所以才选择转系的吧。这也是那时候大半学生的真实想法。在联大，政治学系、经济学系是分别被大家戏称为升官系和发财系的。正是基于社会上对这些系别的误解，联大在所有"系"前面都强调一"学"字，以谓这里始终是学术机关，不为升官发财服务。

王庆艾在信中当然也表露了为什么要转系，这并非是为了今后的出路，而是实在对工科没有足够的兴趣。因此，王庆荀说："你的理由是对工科不感兴趣，我想这一定是由于你在功课方面先有失败之处，而后便起厌倦之心。"他希望弟弟慎重考虑后再作决定。

虽然遭到了哥哥的强烈反对，王庆艾最终还是选择转到了联大人数最众的一个超大院系——法商学院经济学系。

王庆艾的选择，是西南联大转系制度的一个缩影。

为转系大开方便之门

大学生苦矣！寒窗苦读十多载，极有可能在大学入学后功亏一篑。经过高等学校的统一招生考试之后，终于如愿以偿地进到大学学习，其欣喜可谓一言难尽。

然而，不少学生进了学校一两年，才发现选错了院系，来到了一个并不适宜于自己发展的专业学习。如何破解这一难题？西南联大教授吴大猷给出了自己的方案，他认为，应当允许大学生一、二年级学生转系。

他解释："一个天资很高的人，可能适宜于一门科学，而不甚适宜于另一科学。选了一样对天资不适宜的学问，而又没有勇气牺牲几年的时间改行另一学门的，是一种痛苦的生活。有的学生到了美国，有勇气改了行。原来习工程科学的，转习物理或其他。但有些人勉强读自己能力所不适宜的科门，感到精神上有压力，而患神经衰弱。这是对他们个人和社会，都是不幸的事。"

实际上，吴大猷他们这一辈中的许多人就是伴随着自由转系的风潮走向学术巅峰的。西南联大在昆明办学后，学校也很快承袭了这一制度。1938年10月20日，联大校务会议通过了8章59条的《国立西南联合大学本科教务通则》，1942年7月又进一步修订为9章65条。其中，对学生选系及转系也作了规定：（一）新生入学后，得就其报考之学院所设学系中，选择其一，以为主系；（二）学生中途欲转入他系者，须于学年始业前选课期间陈明理由，经所欲转入之学系主任及教务长核准，方为有效；（三）学生转入某系后，应由该系主任按照该系规定课程，重行审核其原有学分，并决定其年级；（四）转学学生入校后，

为了国家需要，联大创办航空工程学系。这是1944年秋，航空系同班同学合影，二排右五为陈士橹，立者左二为何东昌。

在昆明无线电台实习
的吴铭绩（右一）

第一年不得请求转系；（五）学生于毕业后，如欲更入其他院系肄业者须受转学考试。

　　这就是说，每学年始业之时可以接受转系申请（但转学生进校首年无论在不在始业年度均不得转系）。"当时联大转系比较容易，只要转入系的系主任同意，转出的系是不会反对的。"（赵震炎：《我所知道的王德荣先生》）这就为学生的转系大开了方便之门，一批又一批学生不是正在转系就是奔波在转系的路上。

　　于是，杨振宁从化学系转入物理学系，何兆武从工学院转历史系（研究生阶段先是学哲学系，不久又改学外语），萧健由电机工程学系转物理学系，赵宝煦由化工系转入政治学系，王传纶由哲学心理学系转经济学系，刘东生由机械工程学系转入地质地理气象学系，何东昌从电机工程学系转入航空工程学系。

一批又一批联大同学实现了转系的申请。

至于转系的理由，可以说是五花八门。有原在院系课程跟不走而主动申请或被要求转系的，也有读了一段时间发现自己更适合转一个方向的，还有不少同学是为了达成国家所需适时转向的。

张世英原在经济学系，为了实现抱负，毅然申请了转系。他回忆："我原以为经济学讲的是济世救民之道，不料尽是些'生意经'，经济系念完一个学期之后，我就萌生了转系的念头。……1943年秋，我因不满经济系一些课程中的'生意经'而转入社会系。"后来，他又转入了哲学心理学系。

张源潜于1942年秋考入联大外文系，课后与爱好文学的同学创办了《文艺》壁报，吸引了联大同学的注意。当时他还旁听了中文系罗常培先生的语音学，受到罗先生的鼓励，遂萌发了转系的念头。大三时，外文课程分量加重，畏难情绪推动下他转入了中文系语言文字组。

在机械工程学系就读的吴大观在跑警报时，接触到宾符、贝叶合著的《飞机翼下的世界》一书。这本书使他对航天航空产生了浓厚的兴趣。头天晚上，他挑灯夜读此书。白天跑警报之余，他则在野外花费大量时间观察虫鸟的飞行姿态，搜集整理了一册昆虫翅膀标本。日机频繁空袭，使他萌发了"航空救国"的志愿。大三结束，他特地找到航空工程学系主任王德荣教授，要求转到航空工程学系。见系主任有些犹豫，他立即拿出那本珍藏的自制标本册。面对精致的标本册，王德荣教授被深深地打动了，立刻批准了吴大观的转系申请。

碰壁也是可能的

联大尊重学生的选择，尽可能给予转系的方便。同时，教育部也于1941年11月29日在新公布的《专科以上学校学生学籍规则》中对转院转系规则进行了公布。但是，这并不意味着，只要提出转系申请，就能获得转出系和转入系的批准。

联大校内转系有其相应的要求。首先，原系有关课程相应学分如不能顺利完成，会被要求设法转系。而要转入新系，相关主要课程或特定课程又必须达标。如，定量分析不及格即不能念化学系或化工系，经济学概论不及格则没有资格读经济学系。"学校规定凡属于本院系的大一必修课，其学习成绩要在七十分以上才能进入本学系，如高等数学或微积分不到七十分以上者就不能进入数学系；大一英文不到七十分者不能进入外语系。由于这个原因，迫使一些同学不得不转系。"（符开甲：《西南联大的教学和科研》）

　　但是，成绩合格只是一方面，转出或转入方负责人还必须同意转出或转入，转系事宜才算大功告成。郝诒纯在回忆孙云铸教授时说——

王庆芝（左三）与联大
同学在昆明某公园合影。

我拜识孙老师是在1939年初秋，那时，我在西南联大念完一年级，决定从历史系转入地学系，以实现我向往成为一名地质工作者的愿望。转系须要原系的主任签字批准转出，再请新系的主任签字批准转入，方能注册。当时孙老师是地学系主任。我因申请转出受到历史系主任留难，再三恳求方获批准，若是入不了地学系，已无退路；又听说女生学地质历来不受欢迎，要求入系颇难，因而忐忑不安地走进老师的办公室。孙老师当时正用放大镜观察一块标本，在我说明来意后，他看了我的申请表和成绩单，边看边说："不错，不错，你学得不错。"接着若有所思地注视着我说："啊！你是女生。"把我吓了一大跳。不料老师接着却说："很好，学地质的女生太少，欢迎，欢迎！"爽快地批准了我的入系申请。他还拿起那块标本对我说，这是珊瑚化石，就产在云南，将来你要学的。系主任的亲切、热情与风趣，出乎我的意料。他不但没有拒绝女生，还表示欢迎，对我真是莫大的鼓舞，大大坚定了我学地质的信心。

西南联大为抗战而设的电讯专修科1940级同学野外实习合影。（周国杰保存）

张友仁同学原在航空工程学系。和吴大观不同，当他于1943年从福建辗转跋涉来到西南联大以后，从老同学处得知：航空工程系毕业后只能到官办的飞机工厂装配从美国运来的飞机零部件。他不愿为国民党反动派效劳，于是向联大教务主任杨石先教授提出转入经济学系的申请。由于杨石先主张科技救国，便在转系申请上批示："不准。"张友仁只好再向大学一年级班主任李继侗教授提出转系要求，终于得到同意，顺利转入了经济学系。

尽管转系的情形各有不同，却从不同侧面反映了联大同学丰富的人生追求。刘东生认为，在国破家难的西南联大时期，"学工科可以救国，学文科也可以救国。但不同人有不同的兴趣、爱好。结合自己的兴趣来选择专业，可以学得更好一些，更容易出成果。"潘际銮也认为，"我学这个系，我老不及格，我就转一个系也可以。比如说要是数学、物理不及格，我转外语系行不行？也可以。所以各类人才都能出来，这是它的教育制度的优越性。"这就不难理解王庆芝为什么要申请从土木系转到经济系了。

何兆武曾说："求学时期许多师友的启发和虽在战时却仍然相当丰富的图书与便利的阅读条件，容许我经历了相当长一段难忘的时光。在物质生活极其艰苦之时，却往往能得到精神上无比的启蒙之乐。当时的校园没有严格的组织纪律，它给了学生们很大的自由度，可以自由转系、自由旁听，不同专业和不同年级的同学共同生活在一起。我自己曾前后转过四个系，曾旁听过吴宓先生的《欧洲文学史》和《文学与人生》，沈从文先生的'中国小说'，陈福田先生的'西洋小说'，张奚若先生的《西洋政治思想史》和《近代西洋政治思想史》，刘文典先生的'温李诗'，冯至先生的《浮士德》，汤用彤先生的'大陆理性主义'和其他的课程和讲演；这些都不是我的必修课和选修课。同学好友中王浩和郑林生都曾对我的思想有过很大的影响。他们的专业我虽然一窍不通，但他们的谈话和思路每每给我以极大的启发。"何兆武认为，那是他一生中最惬意、最值得怀念的好时光。

如李白雁在《抗战中的西南联大》一文中说："联大转系很自由，理工学院的同学常因功课的重压转到文法学院，许多是转到经济系。抗战期间，由于各方需要经济人才之急，遂造成这个风向。"在这样自由、惬意的教学制度和社会风向下，王庆芰的转系申请是完全合乎他的发展需求的。当然，也就不会有违国家培养人才的初衷。

王庆芰女儿王源在谈到这封信时说："联大转系制度也能看出对教育的开放和自由。我以为经济系倒是更适合父亲的性格和爱好，并有用武之地。经济系偏文科类，尤其父亲转行到教育战线后，更是对语言、文字情有独钟。"

吾信然。

（本文信、照由王源、王淳提供）

纪念邮票谅附在那信内

——高蔼鸿、柳无忌致柳亚子

父亲：

　　十月二十日信已于昨日收到，仅一个星期，可谓快矣。信内附账单三纸，亦收到，谢谢。九月十六日航信是一定遗失了，你寄我的几个美国纪念邮票谅也附在那信内，因为我亦没有收到。内中有个盖邮局印章的五角，我处还没有，较为可惜。幸我处尚有二个新的，将来寄重信时再寄上请剪下给我。

　　以上，节选自1939年10月28日柳无忌、高蔼鸿夫妇致父亲柳亚子的信。全信详述了警报频仍中，他们一家在昆明闹米荒、奶粉荒的生活。而其尤其以航空信丢失，导致父亲在信中夹寄的美国纪念邮票也一并丢失，表示遗憾之至。他特别说，"内中有个盖邮局印章的五角，我处还没有，较为可惜。幸我处尚有二个新的，将来寄重信时再寄上请剪下给我。"

　　1940年2月1日，他们夫妇在致父亲的另一封信中，则在拜托父亲寄几篇剪报文章后，交代："诸文剪好后请附信中寄下。附上五角邮票一个，以备寄航空信之用。邮票请贴牢一些，我也要这个盖邮局章后的邮票呢。"

　　这，是一个资深集邮人从战争年代的西南联大传来的声音。

　　是的，如我们所见，西南联大的成就是多方面的。而西南联大师生的兴趣爱好，与他们的成就一样，也是多方面的。

在联大师生林林总总的兴趣爱好中，集邮活动是非常突出的一方面。无论抗战中的西南联大，还是与新中国共同进步的联大人，都与集邮生发了密不可分的联系。

联大教师与集邮

《云南志·卷三十五·邮电志》载曰："抗日战争期间，西南联合大学师生中有不少集邮者。"言简而意远，说得一点不错。联大的到来，为抗战时期的云南集邮界又添了蓬勃的生力军。

谈联大的集邮，自然先得谈谈教师的集邮。因为集邮也是一种相互影响的收藏活动，无论其收集各式各样的邮票是否有投资心理，对群体性的集邮活动必然会产生或多或少的带动与影响。联大的教师，各有不同的雅好，集邮自然是其中之一。联大教师中爱好集邮者定然不在少数，而其中的佼佼者，也可以数上好多位。

主持联大校务的梅贻琦常委在音乐、诗词、字画、室外运动以外的爱好中，最为钟爱的便是集邮。天津学者罗澍伟在《梅贻琦：天津走出的清华校长》中写道："由于领导工作的繁忙和生活环境的恶劣，他对许多爱好只能舍弃。只有集邮是他坚持最久的，他写字台抽屉里放着几大本集邮簿，里面保存着各种各样精美漂亮的中外邮票。"他的这一爱好也影响到子女，后来在联大从军的机械系学生梅祖彦回忆："我上小学时开始学集邮，喜欢和姐姐们到父亲的抽屉里去翻他的旧书信，找邮票，父亲曾说过我们。但有一次我还是去翻找更好看的邮票，父亲回来后虽然很生气，还是很平静地问：'上次是没有听见还是忘了？'我实在很想要那些邮票就说了实话，父亲在我保证不再来乱翻以后又给了我几张邮票。"

被称为"中国物理学之父"的物理学家、联大物理系教授吴大猷曾是十足的"过眼集邮迷"，他在回忆毛子水时自嘲："我们都叫毛子水先生为毛公。他的房中各处都放着书。……我见到毛公的书堆，就像我一见邮票便扯下来塞进一大纸盒，不再过目一样。"而著名文学家沈从文西南联大时期则在昆明收集了耿马县生产的许多漆盒，他的屋里到处都是这样的盒子，其用途大多是用来装邮票，其"邮瘾"可见一斑。联大社会系教授陈达，在钓鱼、打猎之外，最痴迷的也是集邮，只是战争开始以后，他的集邮成绩如何，就没有人知道了。联大生物学系教师、曾与闻一多一同参加湘黔滇旅行团的毛应斗作为集邮爱好者，曾保留了数百枚中外邮票，毛氏是人物邮票收藏家，邮票上尽是中外知名人物。而杨石先、陶葆楷等知名教授的集邮雅好，也曾闻名于师生之中。

农业昆虫学家陆近仁教授，是集邮方面的行家。据陆近仁之子陆祖龙回忆："邮票，这是他几十年来的心血，大约有8千多枚。……我父亲收集的邮票是很有名的。从清朝的宫门、龙票起，相当齐全。加上民国，特别是新中国成立后的邮票都是齐全的，而且都是四方联带首日戳的，一张不缺的。还有像联合国成立日特制的首日封，大大的信封上面有发起国的国旗，大约有十几张，围绕着一周，而且带旧金山首日戳的。当然还有不少其他相当名贵的邮票。为此他曾开过一次邮票的展览会。"

在集邮方面取得很大成绩的还有一位，就是文章开首这位写信给父亲柳亚子，请父亲协助他做好集邮的柳无忌先生。1979年，柳无忌在美国加州孟乐园寓所写成了《集邮六十年琐记》一文，表达了一个老集邮家对中国邮票发行100周年纪念的由衷祝贺之情，该文在台湾《联合报》发表后被《参考消息》率先连载五期，助推了改革开放后中国大陆的又一次集邮热潮，成为邮坛佳话。文章深情地

柳无忌保存的抗战胜利纪念邮戳

开首："在我国发行邮票一百周年纪念时，我愿以怀旧的心情，追述我在半个世纪以上集邮的嗜好、经过，并以事实证明其中的乐趣，与历史上的价值，这里，值得首先提出的，虽然经历抗战期间流离颠沛的生活，虽然初来美时我们只带一些简单的行李，在美的三十余年中又屡次搬家，我从中学就开始搜集而累积至今的邮票，却全部保存着没有遗失。那是十分幸运的，比起我的其他物件来，如我自己写的书籍与稿子，在身边的就很少。当然我不得不承认，这些无可计数的各式样的邮票，至今仍杂乱无章地塞在信封内、簿子里、匣子中、书桌的抽屉角落，没有归宿与安居的地方。它们耐心地等待着有这么一天，我将以有暇的心情，把它们从那些幽闭的处所解放出来，重见光明，整齐地，有条理地，贴上新的漂亮的邮票簿子。"

柳无忌在他的文章中历数自己自学生时代以来的集邮史，列举了收集到的若干珍贵邮品，并附载了1942年七七事变五周年收集的"抗战建国"邮戳、1945年9月3日在重庆沙坪坝集到的"抗战胜利纪念"邮戳，深深表达了他对抗战邮品的珍爱。他在文章最后说："我希望，当我困着无事，坐在摇椅（待购）上摇摆够了，虽然我老眼朦胧，不良于辨别邮票上的芝麻小字，我仍将发奋工作，从所藏山积的邮票中间，整理出一册我的最后，也是最完备的邮票簿来，作为给后代集邮者的遗产。"

联大学生与集邮

在物价不断高涨的联大时期流传着这样一句话："什么最便宜？助教，邮票！"可见集邮在联大并不是一个太过奢侈的爱好，只要有心，还雅玩得起。

西南联大的学生之爱集邮，并不亚于教师们。不仅是多愁善感的文科学生爱之深，就是大多数理性多于感性，成天埋首实验室、图书馆的理工科学生，对集邮的爱好，也一点不输于文科学生。

仅以贵阳金竹邮票会主办的《金竹邮刊》抗战时期发行的各期为例，在其

"会员题名"专栏中即常见联大学生身影。除了法商学院社会学系张祖道等文科学生在列，理工科如理学院算学系胡潮华、师范学院算学系王世祺、工学院土木工程学系莫仲明和化学工程学系徐子龙等人也列于其中。

尤其该刊1945年第4卷第10期刊载的会员广告中，有这样一则广告："出让：中信疏齿三角，单枚五元，下边或直缝重齿四方连一百元，函购请附贴足邮资信封一枚。昆明联大徐子龙"。从中可以窥见，联大理工科学生集邮爱好者对于集邮的专业程度，已达到相当水准。因而联大学生对集邮的喜爱，绝不是个别现象，而且也不是心血来潮，随便玩玩。

地质地理气象学系毕业的地质学家涂光炽在回顾自己的学术教育经历时，特别提到了集邮对自己的影响："上小学时，尽管我还不懂事，但对地学却已有了一定的偏爱；我喜欢听地理课与历史课，听大人讲'徐霞客游记'和'郑和七下西洋'的故事。我还喜欢集邮，特爱收集带有地图和名胜古迹的邮票，而且总想将它们的来龙去脉追究清楚。"

联大校友、感动了无数人的"两弹一星"元勋郭永怀烈士也对邮票有着非常强的鉴赏力。他将清朝以来发行的国内外邮票整整搜集了三大本，由于后来全力投入科学研究工作，他把这些邮票送给了邮政总局。

值得一提的是，曾就读于联大工学院机械系的梁晋文校友，后来作为机械制造和精密计量方面的专家，在国内首先研制成了邮票干版连拍机，提高了我国邮票的套色质量和生产率，在新时期为集邮事业作出了重大贡献。他也因此获1978年全国科学大会奖和邮电部重大科学技术奖。

联大的学生集邮者，并不是不管窗外事的书呆子。他们也关心民族危亡，关心局势动荡。1945年一二·一运动前夕，联大学生自发组织为"反内战"的罢课运动筹集经费。不少联大同学都捐款支持，此外还"有韦氏字典，有珍藏的邮票，有金戒指、口琴、游泳裤、自来水笔、毛巾、茶杯、茶壶、手套、牙刷、汽油和堆了一桌子的书本和其他东西"。多年珍藏的邮品，也不惜一捐了。

联大学生中集邮者之众，目前还尚难有一个精准统计。在这里，笔者特意特别介绍学生中的两位"邮痴"。

许渊冲与集邮

现在的青年——学生时代的青年，无论衣食住行，都有一定的规律；为了要求课外活动的起见，最容易染上不良的嗜好，如吸烟，看电影等等都是。

我起初也是如此，后来有一位好友，他很恳切地对我说明了烟能伤肺，看电影足够坏眼睛之后；同时又摸出了一袋五光十色炫耀人目的外国邮票给我看。他说："你瞧！这邮票不是比吸烟，看电影更好吗？有英国的，有美国的，也有印度的，埃及的。图案非常繁多，有肖像，有猛兽，也有风景，有飞机。色彩是何等的鲜艳，印刷是如何的精美，你自己拿去仔细瞧瞧罢！"我一看之后，非常高兴，立刻去买了一个镜框来，悬在里面。闲时看看不论德国的兴登堡像，或是萨尔流域的风景，都是以使人心旷神怡，流连忘返。自此之后，我对于邮票的感情，一天好似一天，甚至于寝食都不能离开他。又时常到邮局去扯，但

1942 年，许渊冲翻译的"三民主义"印在了美国发行的"中国抗战五周年"纪念邮票上。（龙美光保存）

是一个人去搜集，终究是有限；渐渐地在报上发现了许多邮票社，于是函札频仍，家中汇来的钱，几乎全用之于买邮票去了。

我现在还是继续地收集着，约有一二千种，贴在自备的邮册上，闲时翻阅玩弄，好像卧游一般。集邮，真是人生最快乐的一件事啊！

这是一篇题为《我集邮的经过》的文章中的文字，1935年发表于安徽芜湖出版的《邮话月刊》第5期。这一年，这篇文章的作者的日记的第一页，写下了新年的三大愿望："一是学问猛进，二是家庭平安，三是邮票大增。"文章和日记的作者，是1938年考入西南联大的著名翻译家许渊冲先生。

多年以后，谈起这篇文章，许渊冲先生自陈："如果我觉得英文还有用的话，

1946 年许渊冲在清华大学（昆明）外国语文学研究所读莎士比亚时摄。

那得归功于集邮了。那时大表姐在美国留学，来信贴的邮票上有自由神像、尼亚加拉大瀑布的风景，华盛顿、林肯等人的头像，芝加哥开奥林匹克运动会赛跑和掷铁饼的图形。一见邮票，就像到了美国，了解美国的历史人物，甚至看到了奥运会的特写镜头。除了收集到的邮票，我还不吃早餐，省下钱来寄去苏州五洲邮票社和北京环球邮票社买外国邮票，每星期等着寄邮票来，如萨尔河畔的风景，利比里亚的老虎，北婆罗洲（现为印度尼西亚）的大象，尼亚萨兰的斑马和长颈鹿，简直像情人等待情书一样。这时我对美的爱好，已经从连环图画转向集邮了。"

西南联大三青团在联大新校舍北区大门内开办的青年服务社和邮政代办处，是代售邮票和办理寄发挂号信件等的场所，这就为联大的集邮迷们开了方便之门。在这样浓烈的集邮氛围中，许渊冲一直未减集邮的兴趣，甚至他后来留学巴黎，也是雅兴不减。他在一则日记中写道，"下午去歌剧院附近的集邮公司买了一套北婆罗洲的动物邮票，实现了我在初中时日思夜想的美梦"，然而"现在得来全不费功夫，反而觉得不那么珍贵了"。这种收藏中的挫折感产生的乐趣，许渊冲一语道尽。

许渊冲非常欣赏同窗好友涂茀生咏集邮的一首诗："玲珑艳丽小华笺，入眼缤纷别有天。百代英雄齐入彀，五洲动植竞争妍。四方戚友传鱼雁，万国风光等闲廛。史迹新闻留纪念，怡情益智乐陶然。"

《我集邮的经过》发表76年后，许渊冲于2014年8月2日荣获国际翻译界最高奖项之一的"北极光"杰出文学翻译奖，成为获此殊荣的首位亚洲翻译家。这是对他集邮经历的最好回报。

刘东生与集邮

对于联大地质地理气象学系毕业生、国家最高科技奖获得者刘东生院士的集邮爱好，我曾在与他同系的朱之杰校友所写的《南开生活回忆》一文中得窥一角，文章说：

"1941年西南联大地质系墙报上刊出了东生写的一篇题为《集邮与地质》的科研小品，他根据集邮的经验，用地质语言畅谈地质与集邮的关系，内容涉及美国的尼亚加拉大瀑布，瑞士的阿尔卑斯山以及火山、冰川、盐湖等许多地质现象，题材新颖，论述得当，博得好评。这篇短文是他的处女作，初步显示了他的探讨才能和丰富知识，从而引出了毕生的工作方向和洋洋大篇的地质论文。"

刘东生院士关于集邮的壁报内容令人好奇，也令人神往，也可见他对集邮的不一般嗜好。但对于他的集邮丰采，我终于也有缘一睹真容。2018年7月，受中国海洋大学刘强教授邀请，我和西南联大博物馆同事一行四人前往青岛整理刘东生院士的遗物。

刘东生院士一生的珍藏摆满了一屋子，这还不包括已捐赠科研机构的若干

2018年7月，作者在青岛与刘东生保存的老邮册合影。

文献。其中有他的父亲刘辑伍先生保存并作了精详鉴识的殷商以来的珍贵钱币（也有他自己后来留存的少量钱币）、大量的书籍（其中有印量极为稀少的泉书古本）、林林总总的化石标本、各类照片（含早年老照片若干及各种材料的照相胶片），种类繁多，数量庞大。然而，数量最巨的乃是各时期的集邮品。同事开玩笑说，整理刘院士遗物的几天时间，把一生的邮票都看完了。

1935年7月2日，刘东生制作了平生第一部《邮票集》。他在这部邮集的扉页写道："幸福的园地，辛辛苦苦存积起来。"表达了对集邮如醉如痴的心绪。在他的第一批邮集里，收录着1383枚世界各国的邮票，其中涉及埃及、伊拉克、印度、越南、日本、希腊、波斯、土耳其、好望角等几十个国家和地区，都分门别类作了标记说明。我国发行的邮票，除了民国邮政发行的，也有伪满洲国、香港等地发行的，其中1923年土匪邮政临时制作的"抱犊崮"5分大洋、1934年发行的伪满洲国"登基"纪念邮票邮戳等等都是难得一见的珍品。至于新中国发行的邮票，则以中华人民共和国开国纪念、中华人民共和国开国一周年纪念等簇新的邮品惹人喜爱，这一时期的邮品，除了用当年专用的集邮册分类保存，大多还保存在已经老旧的集邮纸袋里，显示着主人对这些邮品的格外珍视。

在刘东生的集邮珍藏中，还有不少是保存得非常好的邮票年册、专题邮集、纪念封、纪念邮折，都由刘强教授保存在几个大纸箱中。巡览刘东生的集邮品，我不禁感到，他对于集邮的痴迷不是一朝一夕，而是终生之爱。他在地质学尤其是黄土方面的研究成就不是偶然的，自他发表《集邮与地质》那天开始就已经注定了他把集邮和地质美妙地结合了。谁说兴趣爱好与研究工作不能互补呢？！

西南联大与国家名片

西南联大师生之于集邮，自是说不尽的话题。西南联大的集邮人不会忘记，1943年11月1日，联大青年邮政代办所启用了一枚特别的圆形邮戳："西南联大校庆纪念，1.11，1943昆明，青年邮政代办所"。这是联大师生爱好集邮的一个标志性标识。但也正是因为这次临时启用校庆邮戳，导致了联大青年邮政代办所被昆明邮政当局取缔。

西南联大的集邮人不会想得到，在这所学校结束几十年后，他们的不少师长、同学，乃至他们中的一些人，也登上了邮票这一国家名片，有关他们的邮品，又已成为新一代集邮人争相搜集的邮猎品。

人民邮政诞生以来，先后有一批联大师生走上了"中国现代科学家"纪念邮票。他们是：物理学家吴有训、数学家华罗庚（第一组，1988年），建筑学家梁思成（联大建筑设计顾问，第三组，1992年），严济慈、周培源（第四组，2006年），王淦昌、赵九章、郭永怀、邓稼先、朱光亚（第六组，2014年），叶企孙、叶笃正（第七组，2016年），黄昆（第八组，2020年），以及联大校友中的资深邮迷刘东生（第九组，2022）。他们都为新中国的科技事业作出了永载史册的历史性贡献。而成为个性化邮票、明信片等集邮品主角的西南联大师生则已数不胜数了。

抗战胜利后，西南联大题材的邮资票品越来越受到重视。集邮爱好者纷起搜集从西南联大寄出的邮品，或者曾经寄往西南联大的邮品，或者后来印行的有关西南联大的邮品。西南联大专题集邮，或许将成为一个有意思的新话题。

行文至此，让我以联大走出来的名作家汪曾祺先生的几句旧体诗为本文结尾："邮人爱邮事，同气乃相求。玩物非丧志，方寸集千秋。"

不知何谓辛苦

——伍廷法致培正中学师长

1939年9月，21岁的广东新会籍学生伍廷法自澳门培正中学考入了西南联大师范学院教育系（学号：联1516）。作为培正中学的一员"红蓝健儿"，他曾是该校举办的乡村服务团主席和平民义学学生义务校长，在校期间得到过师长们的提携关爱。

考入西南联大，是伍廷法同学最觉幸福幸运的事。进校后，他很快参加了培正中学在昆融社社友会，并在9月15日向昆明校友报告了母校培正中学的近况。经过两个月的学生生活，他于11月10日欣喜地向母校图书馆主任萧维元、校刊主编关存英两位恩师报告在联大学习生活的情况。他还希望这封信能够刊载于《培正校刊》，以鼓励更多学弟学妹中学毕业后也报考西南联大。

12月出版的《培正校刊》第十一卷第四期很快刊登了该信。

信首，他深表歉意地说明何以迟至到滇两月后才给恩师写信：

维元存英老师：

自违绛帐，时切系念，生抵滇镇后，匆匆已过两月，因初抵此间，生活尚未安定；且办理入学事忙，致未能常修函敬候，抱歉殊深，望吾师有以原宥。

信中说，自己本年度在香港参加了高考。高考结束后，被分发国立西南联合大学教育系。因此10月15日就先行迁到学校宿舍居住，以便及时办理入学手续。

入校没几天，10月19日起，按学校要求办理了入学注册手续并开始选课。谈到入学手续的办理，伍廷法认为校方做得十分严谨，"联大办理此种入学手续殊不苟且马虎，程序达九项之多"：

一、首先报到，验像片，缴交成绩证明件；

二、缴交相片八张，取注册表，姓名片，学号片，成绩片，籍贯片，年岁片填写；

三、往出纳处缴交学杂各费，本年度学费，宿费，体育费，图书馆费不征收，只交科学实验按金费国币五元，及学生自治会费一角；

1941年1月，西南联大土木工程学系同学去巫家坝做测量时住苜蓿村。这是在该村合影。

四、领取入学证；

五、往校医室检验身体；

六、到体育组受体格检验；

七、往军训处报到入队，领宿位；

八、以上七项完毕，将注册程序表缴交，领取选课表；

九、选课定在卅、卅一两日办理。故此新生初到办理，大有无所措手足之势。

他说，以上手续，幸亏得到培正中学一九三七年级艺群社校友骆大辉（1943年毕业于联大师院教育系，后任教于昆明长城中学）帮忙，因而感到方便很多。

11月6日，教育系正式开课了。虽然正式注册才几天，但经过二十多天的观察和连续几天的亲身体会，联大的大致情形已了然。他首先向培正师长和校友们报告校舍的情况：

本年度联大人数大增（约二千七百人），原日校址不敷，故在城外自行建筑新校舍数十幢，以作生物实验室、一年级普通科教室、宿舍等用。虽然是泥砖平房，而在两旁树木中，夹有绿色上盖，奶黄墙垣之新黉宫甚整齐美观，内有图书室（甚宏大，可容四五百人自修），医院，学生宿舍，教室，食堂，漱洗室，生物学实验室等，闻建筑费达数十万元之巨，在非常时期中而有此设备，可见学校当局人，办事之认真也。

校舍是刚建成入住的，显得简单，甚至是简陋的，但却布置得井井有条，学习、生活、研究设施一应俱全，整个校园显得齐整美观，不负最高学府之美誉。

除此而外，不得不提提联大自己在云南当局支持下规划建设的新校舍以外，向昆明各机关、学校、商行租借的校舍——

校址除新校舍外，可分四处：一、总办公处，女生宿舍，一部分教室，在原日昆华中学工校；二、师范学院，男女生宿舍，教室，均在昆华中学北院；三、文，理，法，二年级以上学生宿舍，第二图书阅览室，一小部分教室，则在昆华中学南院；四、工学院则在拓东路迤西会馆。至于文理法三院一年级学生住在新校舍，因地方分散，距离颇远，上课时甚感不便，第一时在新校舍上英文课，也许第二时在工校上国文，第三时在北院上教育概论，而第四时也许会跑回新校舍上体育课，是以每次下课，只见满街穿着黄色制服之学生，在奔跑，无非是赶着上课，占一较好座位。因学生人多，课堂座位有限，若迟到一步，只有站立听讲或作笔记矣，每逢"走堂"时，颇觉吃力不少！

这些校舍分布各处，而同学们上课总有文、理、工交叉的必修课或选修课要上，不同的课程在不同的校址上课。因而，学习节奏上不免显得紧张万状，常可尝到限时"走堂"之苦。这是校舍四处分散给学习生活带来的打仗似的体验，——实在也不要忘记，这就是在战时！在大、中、小学校都还办得并不多的战云下的昆明城。

至于同学的功课和整个联大的读书风气，是这样的——

由2尺多长的铁轨制成的联大校钟，由司钟工友按作息时间用铁锤敲打，声音清脆洪亮，是学校上下课等作息安排的重要信号。（选自《北京大学图史》）

联大功课甚严谨，各学院大学一年级课程，大致相同，如英文，国文，中国通史，体育等科，一年级选课多系主任指导，大多是每学年卅八至四十学分。至于一年级课程在各院共同必修之科目中，是混合上课，中学生自行审定其适宜时间上课。本年度联大，一年级共开二十班，国文亦开有十六班之多。在此各科均甚重要，若成绩不及格，必须出校，而英文尤为注重，因二年级以上参考书多为原本，若英文程度稍差，在二年级以上阅读甚困难。

联大读书风气甚浓厚，不读书便不能及格及升级，绝对不能存侥幸作弊来帮补自己成绩，在考试时监考教授之严，改考试卷时之认真，若发觉有一点雷同，在该科成绩定加上一个零字矣。

联大读书情形是值得报告，成绩严，而且外省学生多，每一联大学生，皆不能不勤力，尤以外省为甚，晨早四五时起床，晚上非十二时不睡，日间一有空，便用以读书及自修，有不少学生而能将整部英文字典读熟，每字之用法，意义无不熟识，是以广东同学来此亦不能不勤力矣。晚上图书馆尚未启放之前，已有数百人正等待，挤拥情形，确是少见，争座位，夺参考书，往往因此发生争端，故来慢一步，真是额满见遗。在联大图书馆日夜生意甚兴隆，滔滔不绝，名符其实，晚上甚少见人在房内自修，无论如何是往图书馆来自修。至于联大图书阅览室共有五所，（师范学院有两所）而学生人多，书籍颇少，尤以参考书更形缺乏，因此图书是不能借出，只能在室内凭学生证取阅。

联大重视一年级课程，如信中所说，选课皆由各学系主任具体指导，各基础课程则由知名教授担任。文学院历史学系吴大年同学回忆，"刚上一年级的时候，学校规定大一国文、大一英语、中国通史和逻辑学，这四门课是文、法、理、工学院一年级学生共同必修的基础课。为了使学生掌握社会科学和自然科学的基础知识，还规定学生必须在开设的社会科学和自然科学课程中各选一门，社会科学开设有经济学概论、政治学概论和社会学概论，自然科学开设有生物、物理、化学和地质学（均包括实验）。另外还有体育课，是从一年级到四年级都要上的必修课，虽然不算学分，但体育不及格不得毕业。联大非常重视一年

联大新校舍一角（赵宝煦作，1946年6月10日。赵阳提供）

级的基础课教学，各门课程都选派有经验的教师担任，有些课是由系主任亲自授课的。我记得我选的大一国文是由沈从文先生任教的，大一英语由李赋宁（阅读）、王佐良（作文）先生任教，逻辑学由哲学系教授王宪钧先生担任，经济学概论则由经济系主任陈岱孙先生亲自任教，生物学由生物系主任李继侗先生任教。"（《忆母校西南联大》）

作者在信中还特别强调，"在此各科均甚重要，若成绩不及格，必须出校，而英文尤为注重"，这是联大同学的共识。至于联大是如何重视英文的？我将在1942年陈安荣同学所写的另一封信中去讨论。

信中接着汇报了联大师范学院的情况（培正校友许浈阳即在此院任理化学

系主任）。在联大，师范学院最为特殊——成立最晚，到昆明后才新成立，是联大最年幼的学院，成立后也计划永久留于昆明；学制最长，其他学院最少四年毕业，师院最少五年毕业，如学分未修满，顺延一年毕业，修满为止；教授最多，其他学院教授、各学系教授皆为本院兼职教授，本院另有专任教授。信中说：

联合大学师范学院虽是去年才成立，但与其他各院不同，它是独立的，由教育部拨款成立，经费颇充足，设备方面比其他各院为好。师范学院目的是训练将来中等教育师资，故不能不认真，一切是集团行动，受着军事管理，每天晨早六时起床，六时卅分升旗早操、唱歌，八时起上课，十二时午膳，下午五时半晚膳，膳宿由学校供给，宿舍地方在全校中为最佳，六人一房间，地甚广敞，与母校时古巴、王广昌宿舍大致相同，设备则有过之无不及，膳食方面由学生轮值主理分任总务、会计、保管、购米、采买、监厨工作，秩序良好。所谓辛苦，生抵滇已有两月，学校生活亦度过三星期，简直不知何谓辛苦，反而感到有趣和有意义矣！

师院系租借市内有关学校校舍，因此房舍条件比新校舍优越很多。关于教授方面，"因在开课不久，生对于各教授尚未认识，故不能陈告。"不过，"联大是由北大清华南开三校而成，教授方面是集三校之精华，多为学者及知名人士，待日后再作个别报告。"

信最后说，"融社同学在联大约有十一人，待迟日将近况寄上，希登于校刊。"这11人分别是经济学系的杨金鉴、李文光、何祖霖、焦沃南，土木工程学系的王颂明、张振宇、杜守枝，生物学系的程鸣琴，化学系的黄端枢，法律学系的陈定登和中国文学系的邝维垣。据后来的《培正校刊》介绍，这些同学在联大都各有其鲜明的特点——

如王颂明："咪家尝云，联大工学院真要命，晚上课余之暇，恒深夜写信不已，藉慰两地相思云。"文中"咪家"即苦学之人。到深夜才有时间写信，足见联大功课之紧，亦足见王同学苦学如此。

又如杜守枝："一等咪家，图书馆常见其踪迹，此君大发宏愿，他日社友有建新居者，定当帮忙云。"想来，挤破图书馆大门的人里，必有杜同学在内。

至于伍廷法本人，则是："其艳福无穷，每出必前呼后拥，群雌粥粥，一般寡佬羡煞不置。"可以说，他是联大象牙塔里难得的大众情人。

伍廷法同学，他是这样热爱联大，这样热爱这里的异常紧张、刻苦，又有节奏、充满力量的学习生活，因而"简直不知何谓辛苦，反而感到有趣和有意义矣"。

1940

原夫世界著名大学，
类必有特殊之精神
及其在学术上之贡献。
若一大学精神腐化，
学术上了无长处，
则实失其存在之价值。
北大自蔡先生长校以来，
即奖励自由研究，
其精神与国内学府颇不相同，
而教师、学生
在学术文化上之地位与贡献
亦颇不后人。

——汤用彤　姚从吾　罗常培　郑天挺

唤起民众是教育者的责任

——朱自清致彭桂萼、彭桂蕊

西南联大在昆明办学，使得朱自清更为深入地走进了云南大地，在这里他留下了《蒙自杂记》等散文名篇；使得他更为深入地走近了云南人民，在这里他留下了《是嘞嘛》（后改为"是喽嘛"）等文论篇什；使得他更为深入地走近了云南文化界，来自云南临沧（原称缅宁）的彭桂萼、彭桂蕊兄弟就是其中较具代表性的两位。

彭桂萼生于1908年，比朱自清小整10岁。朱自清到云南的1938年刚40岁，而彭桂萼才到而立之年。1998年出版的《彭桂萼诗文选集》对彭有较为详细的作者简介，他自20世纪30年代在东陆大学预科毕业后回乡从教，历任缅宁县立中学及省立缅云师范校长、双江简易师范学校教员兼编辑室主任。该书说，他是一位富于正义感的爱国诗人，在九一八事变后，国家民族面临灭亡的时刻，他"握紧笔杆，像战士抓紧钢枪"，作"澜沧江畔的歌者"，利用一切文学形式，在一切场合开展抗日宣传，在沧江怒水之间的万里边疆，播撒下同仇敌忾的种子，把争取民族解放的旗帜竖立在怒山顶上。八年全面抗战，他写过许多充满激情的抗战诗歌。他又是一位边疆文化教育启蒙运动的"拓荒的园丁"，毕生从事着开发边疆各少数民族文化的理论探索和亲身实践。

彭桂蕊生于1917年，1938年毕业于昆华师范，亦先后任教于双江简易师范、缅宁师范，1939年在昆明参加中华文艺界抗敌协会云南分会，参加过西南联大新诗社。1945年在云南省教育厅与联大合办的中学教师晋修班进修。有关他在该班的经历，宋云彬在1945年4月15日的日记中写道："彭桂蕊来，他为缅宁师范教员，在联大训练班读书。"

彭氏兄弟都致力于乡邦文化与抗战救亡的互促共进，因此都曾先后主持编辑地方文化刊物，创作抗敌诗歌，出版抗战诗集，一时影响着双缅边地。

为了在缅宁、双江地区更好促进学术研究，发扬地方文化，教育地方民众，宣传抗战救亡，由彭桂萼提议创办并担任主编的《警钟》杂志于1938年冬诞生了。《警钟》不仅刊载本地作者的作品，也得到国内一些知名作家、学人的文章、书简支持。此时，西南联大迁到云南已满7个多月，彭桂萼也设法把这本杂志送到了朱自清手中。到1940年6月，朱自清已连续收到两期《警钟》。

看到遥远的边地能办这么一份为地方文化、为抗战鼓与呼的刊物，朱自清内心深为触动。感怀之余，他给彭桂萼写去一信——

1940 年，春暖花开之时，朱自清（前排左六）与友人合影于昆明。（选自《朱自清》画册）

桂荸先生：

您主编的《警钟》，我已见到两期了。你们的努力，我是很敬佩的。

张兴旺先生来，谈起双江离昆明有二十八站路。在这样遥远的边区，《警钟》真是特别需要；听说你们诸位编好了稿子，得拿到省城来印，这种毅力真是可惊。在大城市里，见到的出版物太多，觉得不稀罕。但在双江这样的地方，能有像《警钟》的刊物，确是不容易。平常觉得文字宣传的力量，似乎并不怎样大；但双江唯一刊物的《警钟》，我相信力量一定宏大。这一方面是双缅民众最适宜的精神的粮食，一方面也是双缅民众对外的喉舌；我们读了这刊物，引起了对于边区的兴趣和关心。

1943年秋成立的学生服务处，以联大校徽为木匾背景图标。同学们可以在这里阅览、学习、沐浴、喝茶、理发，也可以在这里购买价格低廉的早点。服务处还对沦陷区来的困难同学提供救济帮助。（美国国家档案馆保存）

前在报上见到，你所在的双江师范，还编有边城丛书。这想来也是你们诸位的工作。这种工作，和《警钟》相辅而行，真是相得益彰。从前说"开通民智"，现在说"唤起民众"，这正是教育者的责任。在这抗战时期，教育这种责任，尤其重大。可惜许多教育者往往忽略这种责任。你们诸位这样孜孜不懈地努力，实在是我们教育者的好榜样。我说教育者，也包括着文艺作者。你们诸位确是站好了教育的岗位和文艺的岗位，将来的影响一定很大。大城市的人应该看着你们诸位的榜样，鞭策着自己向前去。敬祝

进步！

朱自清

一九四〇年六月二十六日昆明

信中热情地鼓励《警钟》社的年轻朋友，称："你们的努力，我是很敬佩的。"《警钟》编辑部所在地离昆明确较遥远，因此在这样边远的地区，能有这样一份刊物，朱自清认为读者一定是需要的。虽然，这样的刊物在大城市算不得什么，但在双江、缅宁这样的地方，其宣传力量一定是不可估量的，"这一方面是双缅民众最适宜的精神的粮食，一方面也是双缅民众对外的喉舌"，因此哪怕是在昆明这样的抗战文化城，读了这一刊物，仍然还是引起了对边区风物民情的浓厚兴趣，尤其是对边区抗战救亡工作的关心。

朱自清说，他还注意到双江师范编有"边城"丛书（其中有《西南边城缅宁》《边地之边地》《云南边地与中华民族国家之关系》《收回双江猛猛教堂运动》等多种）。他认为这一工作"和《警钟》相辅而行，真是相得益彰。从前说'开通民智'，现在说'唤起民众'，这正是教育者的责任。在这抗战时期，教育这种责任，尤其重大。可惜许多教育者往往忽略这种责任。你们诸位这样孜孜不懈地努力，实在是我们教育者的好榜样"。朱先生认为教育者也包括文艺工作者，因此，每一位教育者既要站好教育岗位，也要站好文艺岗位，尤其是要彻彻底底发挥好文化和宣传在教育中极为重要的作用。

这封信，也以《站好教育岗位》为题，刊登在翌年出版的《警钟》第五期，为边地文艺工作者做好抗战宣传予以启迪。

抗战胜利前，彭桂蕊的新诗集《怒山的风啸》列为"警钟丛书"第四种，由闻一多题签，缅宁长城书店出版，收入《禁烟委员》等多首抗战新诗。云南抗战文学史研究专家蒙树宏教授认为，"彭桂萼是伴着战鼓，挟着风雷，出现在抗战时期云南的诗坛上的"。

这本《怒山的风啸》中有《炼狱》一首，就很能代表这样一种战斗的风貌。诗写道：

战火熊熊在烧着！//它使塞北的麦田，/撤去了青纱帐；/江南的湖水，/不再漾绿波！/它从卢沟桥引发了火药，/乘着欧西侵略的风势，/溯长江，/上黄河，/快延烧进昆明湖，/延烧到科不多。/它使中华的原野/遭受了空前的惨祸，/几年来，/多少人失去了安乐窝！//去哟去哟！/唱着革命的高歌，/大踏步，/从火焰山头跨过！/这边是崎岖的坎坷，/那边是自由的王国；/这边是黑暗的地狱，/那边是绚烂的天河；/这边是奴隶的深窖，/那边是主人的宝座！/去哟去哟！/咬紧牙关，/握紧钢枪，/去通过熊熊的净火！//听！净火在高唱着战歌！

又如《蛮荒夜景》第一段，则写出了战争中最能显示希望与开发前景的边地风情。

蔚蓝的春天，/嵌满了宝石眼睛，/一轮明月，/向我堆下笑脸。/把晶莹的银辉，/铺泻在无边的原野，/俯瞰地面，/是谁摇动了画笔，/描绘出婆娑的树影？/远方，/一声声胡笳摇撼人心旌，/短篱下，/虫儿合组起音乐队，/在低奏七弦琴。/琴声拖响在长空，/像软款的大气中，/驰过了呢喃的春燕，/蛮荒的大地，/像沙漠里，/震荡起驼铃的声音，/温柔、甜美、恬静，/天鹅绒般的哟，/边荒的夜景！

这本诗集也第一时间由彭桂萼之弟彭桂蕊亲自转交给朱自清，恳请这位文坛名家赐教。对这本战斗的诗集，朱自清真诚地给予了好评。他表示："我读完了这册诗稿，看出你是一位热情的诗人，为被压迫者说话的人。你不重视描写自然，但如'蛮荒夜景'的第一段，读者大概都会感到兴味。我想用诗来介绍内地和边地，使人觉得自己的国家可爱，也是很有价值的工作。"

在国家危难之际，既要善于启迪民智，又要善于畅想未来，在现实主义的锤炼中也成为理想主义的诗人，这或许是朱自清最想告诉这位小自己10岁的年轻朋友的创作指导。末了，朱先生以探讨的口吻写道："您看怎么样？"作为名满天下的文学家，朱自清在这位年轻朋友面前完全放下了架子。在滇八年，他早已成为青年们的良师益友。

抗战胜利后，朱自清即将随清华大学复员北返。联大结束之前，1946年2月19日，他收到了彭桂蕊的一封信。1938年以来，他和彭氏兄弟已经成为老熟人。学校即将复员，3月17日，星期日，他在紧张的教学工作之余，在准备复员北上的复杂心情中，抽暇给彭家小弟回信。

他首先谈到对识得彭氏兄弟的欣喜之情："澜沧江畔您两位兄弟，我居然先后会见了，想起来也是高兴的事。"

接着告知复员北上的诸多不便。"学校迁校因交通困难还不能定期；功课是在五月初结束。我是回到清华。但身边累累的东西，眼前遥遥的长路，说起走真是有些发愁。"

再就彭信中请教的小调和歌谣的编排事宜针对性地回复："您两位昆仲辛勤地搜集了那么多民间文学的材料，佩服佩服！承问小调和歌谣的编排办法，我也没有好主意。也许小调可以按调名去分列，其中再以长短为次；或将最流行的小调列在前，以后再按长短分。歌谣也可按内容分，分目可以参考周作人《自己的园地》歌谣一段中的分目，当然用不着提他的名字。分目不可太细，太细就无谓了。"

小调的分类朱自清有着两条具体的建议，歌谣的分类则推荐彭参考一下周作人的著作《自己的园地》。不过，对周作人在国家危难之际的表现（三校合组长沙临时大学时，学校及同人曾动员周作人南下，且已在教职员名单中将其列入，但周最终不但未能南来反而与日人合作，接受了伪职），始终心怀家国的朱自清在信中表露着十二分的不屑。

"秋后写信，可寄清华。祝好！令兄请代致候。"朱自清在信末说。

联合大学师生皆困苦不堪
——陈寅恪致刘节

1940年3月中下旬，正困居于重庆南岸川江旅馆进行古代史研究的刘节收到了恩师陈寅恪从西南联大寄来的一封信。信说：

子植吾兄先生左右：

两书敬悉。前月得来函，即与孟真商量后，知今年庚款协助非于去年十二月十五日前申请不可，且已审查设法。弟曾与当局商量，与此次兄事类似者别有他例，亦格滞难了，故英庚款协助事，暂时必不易也。

金陵大学环境似较好，姑得其复书再酌。将来云南大学若有机缘，似亦可设法。但据云大友人言，待遇尚可而别有难处之事，纷纷求去，则又不知其内容实情究如何？总之，先俟金大回音，然后别图可也。

弟心脏病仍未痊，此病甚剧，颇以为应也。匆复，顺颂

教祺

弟 寅恪顿首 三月十二日

昆明米价国币百元一石（米一石有时尚过百元，而云南之一石少于四川之石一半）。联合大学师生皆困苦不堪。若无特别援助或迁川，则将散去。现校工罢工，助教亦纷纷去觅他职。教授亦开会讨论而无妥善办法。向觉明兄在此亦每月亏空也。

刘节，字子植，温州永嘉人，是陈寅恪在清华国学研究院任导师时的得意门生之一。1926年，26岁的刘节考入清华国学研究院，受教于梁启超、陈寅恪等先生。从国学研究院毕业后，刘节先后就职于南开大学、河南大学、北京图书馆、燕京大学、大夏大学。全面抗战爆发后，先在浙江大学任教，又因思想激进而受排挤离开浙大，处境极为艰难。

在此困境中，他致信恩师，恳请帮忙争取中英庚款协助项目等的支持。陈寅恪于是回信，战时情况下，类似刘节这样的情况并非个例，因此庚款不易争取到。目前只能等金陵大学的回音，如此处无望，再试试云南大学等处（后在迁于成都之金陵大学文化研究所任研究员）。

陈寅恪在信后还特别补充提及昆明的物价上涨情况，即"昆明米价国币百元一石（米一石有时尚过百元，而云南之一石少于四川之石一半）"。这时，联大教授平均薪金以300元法币计，实只合战前42.9元水平，收入实际只有战前七分之一水平。因此，联大师生都困苦不堪，以向达教授为例，即每月

联大时期，教授夫人以变卖绣品贴补家用。（选自北大档案馆校史馆编的《北京大学图史》）

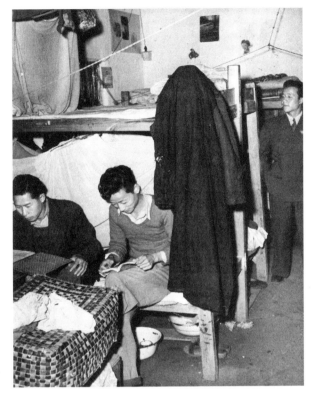

抗日战争时期，中国的大学不是被日寇摧毁就是被他们占领，而新建的大学宿舍就显得拥挤和简陋不堪。这只是战争时期的权宜之计，逃难的学生最后摆脱了贫困，学习更加勤奋，甚至超过战前。图为在宿舍刻苦钻研的联大学生。（美国国家档案馆保存）

处于亏空状态。联大校内已因物价问题出现校工罢工、助教纷纷他去等情况，学校对此目前尚无合理解决办法。如果没有特别援助，将危机重重。

其实，早在这封信之前一个月，面对国民政府统治下腐败的政治、萧条的经济、飞涨的物价、困苦的人民，陈寅恪就以《庚辰元夕作时旅居昆明》一诗痛陈："鱼龙灯火闹春风，仿佛承平旧梦同。人事倍添今日感，园花犹发去年红。淮南米价惊心问，中统银钞入手空。念昔伤时无可说，剩将诗句记飘蓬。"

陈寅恪在信中、诗中所言，确实反映了联大师生的真实状态。他所说的这些情况，同事们也都有着真切的体会。

冯友兰晚年在《三松堂自序》中回忆："当时联大的学生，有的是跟着三校来的，有的是在昆明录取的，他们的家大部分是在日本占领区，他们不肯接受日本的统治，离开了父母家庭，经过许多艰险困难，来到了当时的大后方。他们都是有志之士，可是往往与家里信息不通，生活困难，就在昆明自谋生计，勤工俭学。教师也因为通货膨胀而生活困难。当时有人说，现在什么都值钱，就是钱不值钱。教师所得到的，就是这种越来越不值钱的钱。他们大部分都是靠卖文或其他业余工作以补贴生活，也可以说是勤工俭教吧，但仍不够花。联大的部分教师，曾经组织了一个合作社，公开卖文卖字卖图章，我也列在卖字的之内。可是生意不佳，我卖字始终没有发市。"

唐兰1946年1月25日在致胡适的信中也说："一别九年，时深怀仰。兰自廿八年南来，几无述作。不仅身家馑饥，即学术亦闹饥荒矣。容庚入伪北大，曾有公开信致孟真，谓如尚志则当用相从患难之唐兰……"困苦至饥馑，不是一般的艰难了。

教授感受如此，一般教职员之苦更甚。1941年1月21日，工学院颜保民、陈丽妩、何广慈、陈宝仁、曹建猷、曾克京、梁治明、杨式德、郭世康、徐贤修、林慰梓、沈元、钟士模、李敏华、吴仲华、朱宝复、马芳礼、卢丹墀、白家祉、陈善庄、张建侯、袁随善等22位低薪教师致信联大常委会：

窃按昆明物价向较他地为高，迩以多次空袭之后，更见飞涨不已。同人等月入些微之数，衣食难备，家室遑论，生活之苦不待详述。惟念国步艰难，财政不裕，但得多吃一日苦、多做一日事，亦即略尽书生报国之微意。是以各就本位，黾勉从事，不愿历历诉苦。乃生活程度咄咄逼人，再四思缅，实有不得已于言之势。适闻钧会对低薪教职员之薪贴亦有调整之议，区区之情既邀洞鉴，敢不将生活需要之最低补充数目呈献钧裁，俾钧会体恤低薪员属之厚意得尽其效。再者，生活困苦为收入不丰者之所同，更不因服务之年限而异，同人等商讨之余，深觉有同等之需要，用特呈请不分等级、不分服务年限，凡薪金在二百元以下者，每月生活津贴增至五十元，俾同人等仍可安于目前工作，无复以米布分心。否则设令衣食所迫，不得不违服务学校之初心，既非同人等之幸，亦非学校之所愿也。同人等不胜恳切待命之至。

信是请施嘉炀院长转呈常委会的，其中表达了大家愿共赴国难、书生报国的信念。然而，"生活程度咄咄逼人"（一位联大同学在另一封信中也说"昆明的生活程度在后方各省中要算最高"），在温饱均难以为继的情形下，又遑论理想志向？！为此，只得向常委会请求将低薪教职员每月生活津贴增至50元，以使大家不再为米布分心、为生活担忧。

"物价高涨，维持生活，泃属不易。"教员的心情是完全可以理解的，只是校大家大，学校并不宽裕，加薪之请也只能略有表示，无奈也。2月29日，联

生活不易，周培源教授夫人王蒂澂在昆明养鸡改善生活。（选自《周培源》画册）

大常委会只有回复恳请"诸同人献身教育，体会时艰"，"一秉素志，同舟共济"。

3月11日，联名申请增加薪金补贴的教员、助教又加入石峻、施养成、田方增、曹本熹、汪德熙、吴仲华等，共达53人。

到11月25日，蔡维藩、华罗庚、陈省身、朱物华等54位教授也坐不住了，联名致信联大常委会，提议召开教授大会共商解决生计办法。信曰——

敬启者：抗战以来，同人等随校辗转湘滇，四年于兹，努力教学，未敢或懈，献身国家，固未计及个人身家之利害也。年来物价日增，维持生活日感艰难，始以积蓄贴补，继以典质接济。今典质已尽，而物价仍有加无已，生活程度较战前已增加二十余倍。但同人等之薪给，始则七折八扣，迄今收入尚未倍于战前。同人等一家数口，负担綦重，今已罗掘俱穷，告贷无门，若不积极设法，则前途何堪设想。为此，特恳钧座从速召集全体教授大会，共商办法，是所至祷。

此上国立西南联合大学常委会

蔡维藩	高崇熙	华罗庚	杨业治	金希武	严 晙	王龙甫
刘德慕	王明之	张友熙	赵访熊	李辑祥	吴韫珍	王竹溪
霍秉权	吴达元	强明伦	陈荫毂	黄中孚	谢毓章	谢明山
倪 俊	李谟炽	邵循正	徐毓枏	曾远荣	殷宏章	赵 淞
吴柳生	徐贤修	宁 榥	董树屏	陈 铨	马大猷	陶葆楷
孟广喆	王信忠	王宪钧	袁复礼	黄子卿	刘晋年	陈省身
张泽熙	王德荣	周荫阿	褚士荃	刘仙洲	李庆海	郑 昕
朱物华	吴 晗	邵循恪	杨武之	梁守槃		

根据教员、教授再三申请增加薪金以解燃眉之急的请求，联大教授会于1941年12月召开临时大会，决定推举周炳琳、吴有训、陈雪屏三位教授为代表赴渝陈述生活艰苦之实在情形，恳请国民政府及早实施增加薪金办法。然而，

请愿的结果是——遭拒。

以后几年，物价上涨紧逼生活的艰困情形，则更为恶劣了。

陈寅恪致刘节的这封信，以及联大教师们为生活奔走的种种记录，都是对那个苦难年代的悲惨定格。

短短三年住了八个地方

——柳无忌致柳亚子

西南联大蒙自分校宣告结束后，外文系教授柳无忌于1938年7月30日乘米其林火车返回昆明。当天傍晚就到了。

到此后，顿觉："昆明天气比蒙自更凉。在此真是不知有暑天。太好了。"其心情之舒畅是溢于言表的。

这时，联大和教育厅合办的中等学校暑期讲习会已经开始，柳无忌即受学校委派到讲习会指导中学英文的讲授问题。

教学之外，倒还得关心柴米油盐住的事。8月29日，柳无忌在致柳亚子的信中说，暑假中，从外省来昆的人已络绎不绝，"一天到晚只听见谈到找房子的问题"。

柳无忌没有想到，房子问题竟是在昆明几年间一直牵绊着他身心的一个重要问题。而这个问题，多半是由空袭及空袭之后房租的波动引起的。

忽然警报声响起来了

在29日的这封信上，他曾说："报纸上在谈着空袭的问题唬人，我想尚不至于太严重吧。"

可是，从9月21日起，情况就大变了，空袭问题绝不再是唬人的了。

9月23日，柳无忌在信中对父亲说："前天是小孩一周岁，日本飞机来送大鸭蛋，未曾收受，在半途退回去了。现在从北海到此地，只须三点钟，来回可以充裕得很。前天此间整日大雨，所以只到云贵边境就折回了。放警报时在十点左右，正值大雨滂沱，我们一点也没有觉得。后来听说各处恐慌得很，我们房屋旁边的一位师长太太颤抖着开保险箱，主席及省府人员坐着汽车第一个逃，街上买茶的人把茶及鸡蛋抛了个满地。此地对于防空一无设备，只有自上至下的恐慌，所以这几天闹得满城风雨。大家只祷求天帝多降下点雨来，恰巧雨季就快过了。本地人多在装整待行，所以将来找房子可无问题，房价也快落下了。"毫无心理准备的空袭警报，让昆明城乱成一片，街头商店也慌乱得赶紧关门。

1941年，周先庚教授全家疏散在昆明呈贡乌龙浦。（周广业提供）

过了五天，9月28日，日机真的来轰炸昆明了。从此，在柳无忌致父亲的家信中，谈空袭、谈警报就成了常有的话题。有空袭警报时和警报未来的时候，市民的表现是如何的，全在他的家书里。

抵昆不到两个月，柳无忌在报上得知广州已经陷落，"心中太不痛快，不料其如此易而速也。将来武汉亦失去后，昆明的地位将更重要，且为唯一与海口连接的地方，而空袭次数亦必将加多"。但是，他表示，"现学校既不他迁，除非昆明遭遇极大之空袭后，我们一时不致走动"。（10月23日信）

12月14日，柳无忌致信父亲："二舅父时来。他说，将来有空袭时，由几个合打一电报，报告平安。"20日，他在信中报告："我们在此很好。天气晴暖，飞机不来，警报亦无，人心安然。"

12月30日的信中，情形则不一样了。这天上午十点多，他给父亲写信说："这一星期内来了好几个预备警报，情形又严重起来，也许因为轰炸关系，还得提前走。这三个星期，尚不容易挨过去也。预备警报放了四次，我们都没有走，幸而没有走，不然在郊外要冻病了。有一次晚上请一客人，蔼鸿与佣人上大街去买茶，忽然预备警报来了，茶市顿起大乱，她叫了洋车付一元钱车费坐到家中，预备好东西等正式警报来再走，居然没有放，省了许多事。"

正在汇报近期各种情形时，警报竟突然而至。柳无忌紧急写道："正写到这里，忽然警报声响起来了。蔼鸿前二十分钟出去到李奉女士那里看做豆腐酱，我同小孩预备等一会去，在她家吃中饭。我幸而尚没有走，不然在大街上抱着小孩不得了。蔼鸿现在已回来。今天只好在家中躲一躲了。欲知后事如何，且听下回分解！"时间定格在了十点五十分。

未及下回分解，下午一时，他接着续写匆匆搁下的家信："已是下午一点钟，警报尚未解除。十一点放紧急警报，中间相离甚短，如出去，放紧急警报后不能走路，就很麻烦。今天天气不佳，阴雨，亦冷，到郊外要冻坏了。现在我们饭已吃好，还是在家里舒服一点，不然要又饿又冻了。你十二月十八日信放警报前送到。"半小时后，柳无忌告诉父亲，"一点半解除警报。天晴日出。"

转眼到了1939年初，警报慢慢地变少，甚而绝迹。但是，到了4月9日，柳无忌的家书中又出现了警报的信息。

他在这天的信中写道："我上午去上了三课，回家吃饭，完了小孩醒了，乃不多一刻，忽然久已不闻之警报声大作，时已下午一时半了。我们没有去处，即带小孩去院内树下躲避，拿了些毯子被头。另外住此的二家也如此。隔了多久，只见一些中国飞机，没有动静，以为大概又是空的了。如此到三时左右，忽然又来一阵警报，初以为是解除，哪知却是紧急。于是大家都紧张了。等一时，约三时半，除中国飞机又出现外，忽见向南一块乌云内，透出许多密集的庞大的机身，才知道真是不妙了。同时天空上声音响起来，乱七八糟，砰砰碰碰（原文如此），轰轰轰，也不知是什么声音。但是日机并未到头上来，只很远远的，一下子又飞走了。所以总算还好。到四时半后始解除警报。后知城内并未被炸，航校损失颇大，又有工厂被炸，但不知其详。"

在空袭警报下，写信却像写小说一样，一会儿写一点，一会儿再写一点。这天柳无忌的家信也不是一口气完成的。

他写道："今晨十二时，正写此信之一半，忽然警报声又作，真是不得了。结果又在院躲了一点半钟，只见华机成群飞行，而日机幸未来。正值阴云满布天空，有些细雨，所以也许是气候不好，客人退回去了。不过警报上再加警报，更为恐慌，日内去乡的人一定不少，而昆市房子又可空出来了。"

5月2日，柳无忌接着向父亲汇报："自四月八日起，共有四次警报。除四月八日飞机进入昆郊，轰炸航校而外，其他三次，二次是有警报而无空袭，一次是因炸蒙自而此间放警报，但亦无机来。蒙自炸得极惨，我们前住的歌胪士洋行中二弹被毁，城内及车站均中弹起火，死伤者数百以上。这尤使昆明人害怕，因城内民房亦竟然成目标，可见日机之滥炸乃事实，且竟施于滇省之一城也。"

大概是为免父忧，在信末，柳无忌特别说，"以后如再有空袭，倘使城内未炸，不打电报。所以请不要希望有电报；倘使有电报来了，即表示事情不妙，

联大同学步出教室的情景（美国国家档案馆保存）

至少受了惊吓了。（二舅父打的不算。）"

　　进了6月，雨季就很明显了。"雨季似乎不致有空袭，但小孩到院子里去的机会极少，又要关在楼上了。"（6月8日致柳亚子）就这样，相对安稳地度过了几个月。

　　到了秋季，警报又光顾了。10月11日，他向父亲写信报告："上星期六（八号）又有警报，我们出城去躲，一共弄了三个多钟头，始解除警报回家。一个上午就此乱哄哄地去掉了。结果没有空袭。"在此情形下，"蔼鸿及小孩大概此星期或下星期就去普基农场了。我们的房子仍留住，我大部分时间在城内，星期末到乡下去，上课时再回来。……来去很远，天天走路非但鞋子要破，时间太不经济，且亦太累了。不过两面开销，更贵，或者找一二个人与我同住，分去些房租。就是吃饭还是问题。明年雨季，如房租不加时，蔼鸿及小孩可以来城住，在乡下碰到下雨更没有办法了。"

从初返昆明时遭遇警报乃至空袭的惊慌，到现在一年多过去了，听警报、跑警报都已成家常便饭，柳无忌以后的家信，更多的是衣、食、住、行和教学。

疏散的人大起恐慌

空袭导致了房租的上下波动，也导致了联大教授动荡不已的生活。

1940年3月20日，柳无忌夫妇从文林街文化巷十一号给父亲写了一封长信，报告了两年来身居昆明而煎熬其间的日子。其信如下——

父亲：

三月六号信收到数日。

我们终于三月十七日开始在昆第五次的搬家（1.南强街至翠湖东路。2.翠东至青云街。3.青云至普吉。4.普吉至登华街。5.登华至文化巷），而三月十六号又恰是二年前我们来昆的日子。短短的二年，住了六个地方。青云街可说是最好的地方，现在则每况愈下了。

搬此已第四天，同时乡下购件，亦陆续运到，一切略有绪，又重做人家，今天开始烧饭了。我尚有一些在登华街的东西，没有搬到，此间物件亦需整理，再过一个星期，或许可以弄［得］像个样子。

文化巷是文林街的一条大巷，介学校各部之间，无论去何处，都极方便。在城之西北角。附近有一城门，及一疏散用之城脚缺口。离城内闹市相当远。校中同事学生居此巷者甚多，俨然名符其实。我们住处共有房四宅，一大院子。一宅平房住学生，其他除房东外，都住人家，以联大家眷为多。我们住的一宅，楼上三间，楼下三间。楼上住二家，楼下亦二家，我们住二间，另一家住一间。因为院子大，虽人多不觉其挤。楼下无地板，洋灰地，楼上下相隔一板，楼上走路，楼下闻之如雷鸣。我们的两间，一间有玻璃窗，现为卧房及书房兼会堂室；另一中间，有长窗六扇，关之则暗，开之则房中人物历历在望。现为饭厅，杂物间，及用人卧室。另有厨房一个，在后面。房间朝西，现正下午，太阳甚佳。

找了几乎一个月时间的房子，终于来此，因此处尚可居住。二间房租金每月六十元，加六元电灯（两盏），共六十六元。水自己雇人挑，在房租外。搬来搬去，以此为最贵，而又不甚好。订了三个月的合同，三个月后正届暑假，预备回上海一行。

宁妹已于十七号动身返沪。此信到时，大概她亦将到上海了。

日来四郊不靖，继普基后，枪案已有数起。梨园村，即宁妹等乡下住处，联大教员家眷疏散最多之地方，在日前又发生强盗杀人案。居乡者谈虎色变，大家都有意回城，而城中房子更不易找了。

我们在搬此前曾去普吉一次，把东西整理好搬来。现汪家（畜产改进所所长）已返彼处，吴家回去广东老家，我们同王家都在城内。那晚，我们四家都被抢的，下一天四家一齐搬入城内，惟汪以职务关系，不得不回去，现有几个兵在保护着。吴则索性辞职走掉，我们同王本是去乡避警报，现在只好在城内住着，不敢再去疏散了。

我们普通的东西全在，没有被抢去。故居、食、衣不成问题。仅买了一支五元钱的国货自来水笔（在上海大概一二元就够了），借了二舅父一只挂表，又向另外朋友借了一只手表，就算补足损失了。"人口平安无恙"，真是大幸，像梨园村那样，性命都不保，那才是倒霉呢。

有许多东西我们都预备卖掉后回来，减少行李，走路可以轻松些。奶粉亦预备卖去些，回沪后小孩可以吃新鲜奶，外加一些奶粉就够了。

俞君已把奶粉一筒带到，亲自送去登华街。他有一个朋友同我们认识的，他们一同来看我们。现在只差左月清朋友的一筒，左自己亦没有信来。

汇钱事要零碎做着，不爽气得很。大部还没有解决的办法。换钱的事已给我们做了没有？

现在我们都好，小病都痊愈了。小孩身体亦好。

上海的三位如何？热度、咳嗽已退尽了么？念念。

新从上海来的人说，上海物价虽涨，但仍不能与昆明比。此间米依然徘徊在九十余元一公石，退不下去了。

再会！祝好！

蔼鸿　无忌上　三月廿号

日机空袭昆明的情景
（选自1940年日寇所办的《历史写真》画报）

信中"宁妹"系指郑桐荪之女郑士宁，"汪家"指时任云南省畜产改进所所长汪国舆家。"普基"与"普吉"，均是同一地，在昆明西郊黄土坡乡下，系一可赶街的乡村集镇，因此又称"大普集"。

像这样频繁搬家的联大教授，当然不止柳无忌一家。比起警报和空袭，乡间的治安问题往往是最牵动人心的。

3月30日，柳无忌在致父亲的家书中继续禀报："宁妹走的前两晚，梨园村（一名龙院村）出了一件命案，这事她是知道了。一星期后，那边又出一事情，有盗匪七人，拟抢该村，匿于村旁一破庙内，为村中巡逻队所见，正查盘间，为盗匪开枪杀伤一人（后死）。适有守夜之壮丁二人，闻声而来，与盗相遇，又为杀死，且为抢去一枪。及村中人打锣聚众追赶来时，盗匪已逸去无踪了。时间是晚上九时后。这事发生后，在梨园村疏散的人，更大起恐慌，正所谓一波未平，一波又起，纷纷往城里搬。宁妹的东西于前、昨二日搬完，与她同住的其他人家，也都迁走一空。现在大家都忘了轰炸这事情，视城内为乐土；不过，在前晚城内某处，离宁妹前所住富春街不甚远，也发生了抢案。处在这种年头儿，真是没有办法，一到晚上，大家就提心吊胆，生怕出什么事情。大前晚我们院中狗叫二三小时，我们一晚都没有睡好。文化巷在城之西北角，甚为偏僻，很是讨厌也。"幸而，抢普吉的强盗很快被捉住了，他的同伙也被一网打尽。

6月初，柳无忌的住处又由文化巷十一号搬至十七号。随后，在夫人赴重庆教书后，又搬入青云街清华教职员宿舍。这是他三年里的第八次搬家了。

城里受空袭威胁，乡间又有治安混乱之忧，这使得柳无忌不得不下决心离开昆明，另谋他就。

1940年底，得知柳无忌即将离开联大，梅贻琦常委亲往青云街请其留下，并告联大将聘其为外文系主任。但因家眷已去了重庆，柳无忌最终还是辞去了联大教职，赶赴重庆，任教于国立中央大学。

飘零的生活沉闷已极

——罗常培致胡适

七七事变后，北京大学教授、国民政府中央研究院通讯研究员、满族作家罗常培一面协同郑天挺等教授维持北大残局，一面加紧语言学研究。随后，他与郑天挺、魏建功等教授结伴南下，辗转到达长沙临时大学任教。

罗自述："北京沦陷后，我感觉到环境的胁迫，决定赶快离开北京。承许多同事的帮忙，把我没完成的稿件和长编加速地赶完。1937年10月14日我就离开北京从香港绕道梧州到达长沙临时大学设在南岳的文学院。到南岳后，南京已经沦陷了，学校又在筹备往昆明搬家。我把那学期的课程结束后，就从长沙坐火车到广州，再从香港搭船到海防，转滇越铁路直达昆明。"

1938年2月26日，罗常培等教授首批到达昆明。月余后，学校改称国立西南联合大学。5月4日，联大蒙自分校正式开课。开课这天，也是五四运动十九周年纪念日，分校师生举行隆重集会纪念，朱自清、张佛泉、罗常培、钱穆等教授应大会邀请作了纪念演讲。罗常培在演讲中说：

刚才听过朱、张二先生的讲演，朱先生的好像一篇轻松、隽永的小品文，张先生的好像一篇庄严、雄伟的《大公报》"星期论文"，我可就难乎为难了。我倒是道地民八北大毕业的，但是是走读生，五四那天没有参加，后来曾作小卒，摇摇旗，呐呐喊。今天我想报告"五四"的另一方面，即五四时代所产生出来的汉奸。五四所代表的是自由主义的成功，所产生的人物各方面都有，如国民党的领袖、共产党里面轰轰烈烈的人物、书呆子、平凡人等等全有，各方面的改变亦很多，均有自由主义的色彩。但我以为变则可，操守却不可变。五四那天的游行示威，固然是同学一鼓作气，十分纯洁。但因后来经过的日子相当长久，和"民可使由之，不可使知之"的关系，便难免有人在背后操纵，如现在第一名大汉奸汤尔和便是操纵最力的一人，这不是我凭空污蔑他，是有事实根据的。我曾在一友人家里见过汤五四后两三个月的日记，在那些日记中，汤自说这次干得非常得意，能放能收，为生平杰作。我们虽然佩服他的才干，但因为他老想把自己成为一个出头人物，由于他的领袖欲（按：彼时汤为医专校长），后来稍一不得志，就可以把灵魂出卖，将操守变更，到现在引出卖祖国都不惜，即已离其可变的范围……古人说，欲有为必须有守，就是这个意思。诸位现在蒙自，一点物质的引诱没有，可以达到"不乱"的境地，盼望将来到香港到广州仍不能乱，诸位前途就未可限量了。

1940年，西南联大文学院教授在大普吉合影。（左起：朱自清、罗庸、罗常培、闻一多、王力）

有为须有守！国难时刻纪念"五四"，罗常培给联大同学上的第一课，就是无论如何都要守住作为中国人的最低底线，这便是：坚决不能做汉奸。

爱国，是读书人必须的精神坚守。

这是警诫，亦是勉励。

在蒙自期间，罗受聘为联大招考委员会委员。蒙自分校结束后，又在昆明先后被聘为文、理、法商、工四学院一年级生课业生活指导委员会委员、毕业生成绩审查委员会委员和教授会代表、中文系主任等。1939年1月，联大师范学院国文系教职员筹办《国文月刊》，列为编委。6月，北京大学、清华大学、南开大学开始恢复各校原有的研究机构，罗任北大文科研究所语学部导师。

北大文科研究所的集体宿舍设于昆明翠湖附近丁字坡下的靛花巷三号（原是中央研究院历史语言研究所驻地，傅斯年、郑天挺、陈寅恪、赵元任、董作宾、向达、胡厚宣、郑昕、岑仲勉等史语所同人曾居此；靛花巷二号则系中央博物院筹备处），这里住着汤用彤、罗常培、郑天挺等北大文科研究所的导师和研究生。

对于罗常培在靛花巷的这段生活，任继愈回忆："师生们在云南大学附近青云街靛花巷三号租了一所楼房，共三层十八间。食堂、图书室都在一起。……云南昆明和全国后方的城乡一样，物价飞涨，靠固定工资为生的人，生活越来越困难。有不少西南联大的师生在校外兼几门课，以资贴补。靛花巷住的几位老师，郑毅生先生和汤用彤、罗常培、陈寅恪、向达、姚从吾几位先生都以全力从事教学和研究，未在校外兼职。这种风气也给学生们树立了榜样，研究生们也都专心从事学习，心不旁骛。北大文科研究所不大像现代化的大学的研究院，有点像中国的书院，书院的总负责人称山长。罗常培先生戏称郑先生为山长。"

从此，靛花巷自晨而夜，朗朗书声不绝于耳，为翠湖边上宁静的青云街巷平添一分书香之气。

靛花巷曾一度吸引了老舍、冰心等文人墨客前来造访。在这里与罗常培交往的情景，当时与丈夫吴文藻一起在昆的冰心曾有生动的描写——

　　他对于他的学生们在治学和生活上的那种无微不至的诱掖和关怀，是我所亲眼看到又是文藻所最为敬佩和赞赏的。当我们住在昆明城里的时候，我们也常到"三剑客"住所的靛花巷去走走。在那里，书桌上总摆有笔墨，他们就教给我写字。这时常有"罗门弟子"如当时的助教吴晓铃先生、研究生马学良先生等（现在他们也都是我们的好友）来找莘田先生谈话，在他们的认真严肃而又亲热体贴的言谈之中，我看出了他们师生间最可贵的志同道合的情谊。吴晓铃先生曾对我讲过：在四十年代后期，莘田先生在美讲学时，曾给他的学生们办的刊物写过一篇"舍己耘人"的文章，就是讲做老师的应当有"舍己之田耘人之田"的精神，来帮助学生们做好学术研究的工作。

　　至于罗常培自己在靛花巷的记忆，倒可以用他自己在联大时所写《老舍在云南》中的一段话来回溯："这所房子，深藏在一条人不堪其忧，我辈不改其乐的陋巷里。从前陈寅老因为'靛花'两字拟名为'青园'，经过这番品题，便觉着风雅了许多。这个宿舍是以静出名的，曾经有个小孩儿说：'到你们那里真不好玩！大伙儿除去睡觉就是念书，有时候简直连一点大声气都听不见！'"（陈寅恪离昆后，罗常培也续用了"青园"斋号。）

　　1940年11月17日，罗常培在靛花巷三号为自著《临川音系》所作的"跋"则录下了他学术工作的片段。他说："记得1940年元旦昆明有空袭警报，我一个人拿着皮包躲在北门外的小河边，靠着树干，仍然低头写我的标音举例。忽然被杨今甫、沈从文几位先生发现了，今甫还颇称赞我的镇定功夫。回想起来也总是警报声中的一件趣事！"

　　早于这篇"跋"文，他还曾于1940年3月29日致胡适一信（笺头注明该信写于"昆明青云街靛花巷三号"），畅谈了他在昆明、在联大的工作和生活：

适之先生：

去年曾给你写过一封信报告北大和文科研究所的近况，想已收到了。

端升回来说，您和元任打算把gale的事延续下去，好给我们几个在国内的保留一些机会，并且首先惦记到我。这种盛谊，让我非常的感激！本来我多少年来总想有机会出去开一开眼界，虽然学问已成僵化的状态，毕竟没打断了向上的志愿。就是没工夫继续求学，看看人家自学的空气也是好的。

再说这两年飘零的生活沉闷已极，不用说现在昆明和老家的生活高涨，感到极度的经济压迫，就是不这样也滞塞的舒不出一口气来！假使梦想能见诸事实，那真是喜出望外的事！不过我所考虑的，就是我的语言工具恐怕还不够应付裕如的程度，照您看我得有怎样的准备才不至于丢国家的体面，有玷北大和研究院的声誉？待遇方面除去来回川资、个人费用，能否供给老家的生活乃至于带出一个儿女念书？

还有一点，关于这件事，除去端升之外，只有方桂对我说过，孟真始终没告诉我。听说他还有反对的意思——自然是对事不是对人。我想如果您和元任有意成全我，他似乎不应该阻止。

我生平常以未得出国读书为遗憾，所以有"未济斋"的别号，我想您应该帮助我实现"既济"的企图！何况在现时除去求学还有疗贫的实际需要呢！自昆明生活飞涨，同人他去的很多，大年去做江西省委，建功不久也要到国立编译馆去做专任编审。即使我个人的梦想达不到，也要"老上司"替这班同人想点法子。这未免太以琐事搅您了。

子公故后孟邻师及孟真都飞渝转港，中研院三月二十二日开评议会，您和咏霓、骝先当选为院长候补人，不知您这位过河的"卒子"也想回国来小休一下子吗？

专此奉陈，伫候覆音，敬颂

康健！

生 罗常培，拜上

廿九，三，廿九

信中所述的几人，按其先后，端升系联大政治学系钱端升教授，元任即历史语言研究所赵元任先生，孟真为史语所傅斯年所长，建功系联大中文系教授魏建功先生。子公乃北大老校长、时任中央研究院院长蔡元培先生，孟邻系北大校长、联大常委蒋梦麟先生。咏霓即翁文灏先生，骝先则是朱家骅。

　　1940年3月5日，蔡元培先生在香港逝世后，除由蒋梦麟、傅斯年前往致悼，联大师生在昆明也召开了简朴的追悼会。信中所谓过河"卒子"，乃指蔡元培逝世后，中研院院长空缺。此时蒋介石以递条子方式意欲让其中意人选接任，受到中研院评议会一致抗议，遂投票选出翁文灏、朱家骅、胡适三位候补院长，并有意让在美担任大使，不可能回国任职的胡适"出任"院长。因而，胡适成为评议会有意安排的过河"卒子"。最终，中研院以朱家骅出任代理院长结束了这场院长选聘风波。

　　这封信写出了罗常培漂泊昆明以来，在飞涨的物价造成的沉闷生活气氛下，

飘零乡间的昆明学人，泥砖房、竹鸡笼、竹栅栏，再现了抗战年代艰难的生活境遇。（胡小平提供）

渴盼赴外深造的愿望。当然，信虽如是说，面对现实，他并未颓唐，而是仍然一如既往地以对学校的负责、对学术的专注、对学生的关爱、对同事的合作、对朋友的热忱，极为奋力地向前进发。

他自述："在昆明的六年内，起初还是为教书、处理中国文学系系务和自己的研究工作忙，后来因为敌机轰炸的次数加多，校外人事关系复杂，一天从早忙到晚，仍旧做不了多少事。在业务一方面的成就除了在联大中国文学系和北大文科研究所培植出些个学生外，就是旅行大理三次，调查了十几种西南少数民族语言。"

他又说，"我在昆明六年，从汪精卫的叛国艳电和蒋介石压迫新四军的事件发生后，对国事甚为悲观。中间曾为视察叙永分校到四川巡行一遭；又为国语推行委员会和中国语言学会开会到过两次重庆，眼见许多稗政和四大家族的贪婪，深恨国民党对不起人民。对于联大的学生，我却不论何党何派都一视同仁地爱护，有了错误当面诃责，有了困难也尽量帮助。因此学生送了我两个绰号，一个是'长官'，一个是'罗文直公'。'长官'的来源并不是骂我官僚作风，因为1939年一级的毕业生有大部分是我给介绍的职业。有些进步的学生我是掩护的，因此而不致被捕的大有人在。"

罗常培接着说："1944年夏天，北大蒋梦麟（孟邻）校长突然接到美国朴茂纳大学（Pomona College）请我去担任人文科学的访问教授。接到电报后，我曾经考虑了很久。当时反蒋的斗争已然尖锐化。一多、光旦等也劝我不要远离祖国。可是，我从中学时代就梦想出洋，因为经济压迫和家庭牵缠，直到45岁才得到这个机会，如何肯失掉呢！所以我终于应聘了。"

这年冬，罗常培告别了靛花巷，告别了昆明，正式向洋而行。11月5日，马识途、齐亮等中文系的几十名学生，以及邢庆兰、高华年、殷焕先、周定一等住过靛花巷的研究生，在昆明学生服务处举行了欢送罗常培出国大会，闻一多、朱自清、罗庸、王力均出席致贺。

至此，罗常培赴美开眼的夙愿得以实现，"未济斋"可以改为"既济斋"了。

在艰苦的环境中锻炼自己

——宋宝光致师友信

西南联大在昆明开学后两个多月，鉴于云南乃至西南地区师荒严重，经地方当局恳请，并奉教育部令，学校于1938年7月起开始筹办师范学院并计划将该学院永留昆明。经过几个月的筹备，新办的联大师范学院于12月12日开课，是为始业纪念日（亦为院庆纪念日）。

师范学院成立之初，学生一部分系由云南大学教育系归并过来，大部系统一招生而来。联大师范学院院长系南开大学教授黄钰生先生，他在1943年付印的《国立西南联合大学师范学院毕业纪念册》中回顾校史院史时指出，抗战中的西南联大，"在敌机轰炸之下，在物质缺乏之中，全校师生忍饥茹苦，以从事于学问。原有三校，也能一面保持他们的个性，一面通力合作。这不但是我国教育史上光荣的一页，就是在世界教育史上，也是件足以自豪的事迹。"

他谈道："师范学院第一年，全体师生都愿意为这个新兴的学院树立良好的风气。功课固然重要，团体生活也一样的重要。于是他们布置环境，将一派破旧不堪的房舍整理得清洁敞朗。他们健全自己的组织，把来自各方素不相识的青年变为志同道合的朋友，而又将自治的组织树立在这自然的友谊之上。他们有晨操，有合唱。开学不到两月，全院师生，彼此全都相识。"

来自上海、时年18岁的江苏南通籍学生宋宝光（别号咏梅），就是联大师范学院教育学系招收的首批36名新生之一。

宋宝光是一位长得端庄、多才多艺的女同学。温柔、敦厚、谦逊、善于周旋，这是她留给同级同学的印象。在她身上，总闪耀着明星一样的光芒。她的才气，她的为人行事，常得到师生交口称赞。同班男同学张文洸，这样描写她：

宋小姐，是我们全级中，唯一荧荧明星，宝光四射，满系生辉。聪明才干，乖巧，样样均属上乘，一身所具特长，真是罄竹难计：

爱唱歌　歌喉婉转如天乐。

好骑技　马上英姿不示弱。

能游泳　一跃入水似飞鹅。

善楷书　笔画苍劲胜名作。

精打球　每逢临阵东奔西跃。

1940 年 5 月，西南联大师院贵州同乡摄影纪念。（胡静保存）

喜研究　　成绩优良领导为学。

长交际　　朋友千万个个称说。

会办事　　团体事务从未差错。

偏偏虚怀若谷，常说："唔，唔，一样也不会，请你教教我。"

夫子曰："心思有如白云之整洁活跃，真也；性情有如梅花之芳香可亲，善也；体格有如秀石之坚实匀称，美也。禀诸真善美，遂发光辉。宝石之名，其有胜过者乎！"

　　紧张有序的学习生活，丰富的课余爱好，始终鼓舞着宋宝光同学在西南联大这座时代的大熔炉中锤炼自身。

　　入学两年之后，她于1940年3月最后一天上午，带着兴奋的心绪向上海的师友报告在联大的情况。全信如是——

××先生：

　　上次寄上二信，想已收到，近来福体安好吗？非常想念。

　　我们校中，本学期已上课四星期，第一次月考现正在举行中，我因选读的功课比较少，差不多都已考完，故这几天身上觉得轻松得多了。今天是星期日，下午我想出去游玩一次，免得辜负这样明媚的春光。

　　上学期的学业成绩，业已完全公布，我因到校太迟，缺课太多，各科只能勉强及格。联大的分数非常难得，不及格是常有的事；记得上学期大考经济，应考者共三百余人，结果及格者，只六十人。这种消息，你们听了一定会惊奇。我真害怕，将被联大淘汰，因为这儿有二科不及格便将开除，本学期吃警告信的同学太多了。

　　四月四日是儿童节，我们研究教育的人，是以儿童为对象的，当然不能把这个日子轻易地放过：我们全院教职员同学预备于那天大大地庆祝一下，欢乐一下。趁今天星期日，我们出去家庭访问，邀请全市儿童与母亲于是日前来参加。今天我们动员了全院师生，共分八十余组，分头访问，每组三人，设组长一人，并由本市各保甲长领导，上午的一批同学，现已出发，我被轮到下午三时，一切情形待下次再详细报告。这儿的气候，已很暖和了，我们都穿上了单衫，同学们都渐渐活跃起来，不论于读书、工作、游玩时，精神都相当饱满。

昆明的生活程度一天高一天，米价已将近了百元，教授们都在喊着难以维持生活，我们穷学生更不必说了，将近一日三餐，肚子不够饱。不过精神特别

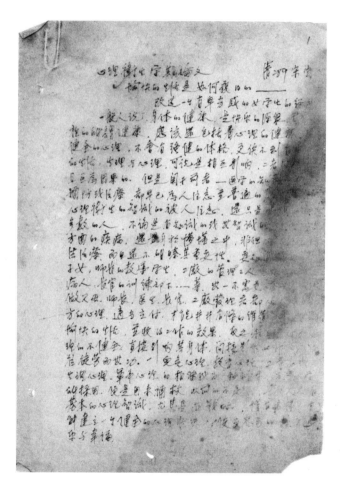

宋宝光的心理卫生学期论文《愉快的生活是如何获得的》第一页
（周广业提供）

兴奋，我一点不觉感苦痛，因为物质上的痛苦，我是能够忍受的，我还预备在这艰苦的环境中锻炼我自己呢！

上海的气候还很寒冷吗？最近有何消息？恕我不能多写，就此停笔吧！

敬祝康健

宝光谨上　三月三十一日

全信首先报告了参加全校月考的情况，因写信时正逢周日，正想出游呢。正在月考将要结束之际，上学期的考试成绩也全部出来了，"我因到校太迟，缺课太多，各科只能勉强及格"。因为在联大，得高分极难，不及格都是常态。例如上学期期终考，经济一科，参加考试的300多人，仅有五分之一及格。因此，"我真害怕，将被联大淘汰，因为这儿有二科不及格便将开除，本学期吃警告信的同学太多了"。

在阅览室刻苦读书的联大同学（美国国家档案馆保存）

西南联大时期位于龙泉观的工学院实验室
（周国杰保存）

　　黄钰生先生曾说："人才靠教育，教育靠师范。"因此，整个师范学院都承担着为培育人才奠定教育根基的重任。今天离儿童节已经很近了，而"我们研究教育的人，是以儿童为对象的，当然不能把这个日子轻易地放过"。因此，根据学院安排，全院师生定决定分八十多组进行家庭访问，重点对全市儿童及他们的母亲开展访问。

　　昆明气候温和，真是不负春城美誉。在这样好的气候中，在这样好的辰光中，大家精神都十分饱满，不管是读书、学习、工作，还是娱乐，都特别投入，总有使不完的劲。只是国家危难之际，昆明物价飞涨，生活程度愈见艰难，"米价已将近了百元，教授们都在喊着难以维持生活，我们穷学生更不必说了，将近一日三餐，肚子不够饱"。在此情形下，教授只有四处兼职创收，学生只有四处兼差改善经济条件（宋同学在这一年夏天也曾在设于澄江的昆华中学兼课）。

只不过对联大师范学院同学来说，兼差带来的严重后果也是必须事先考虑清楚的。在联大，一些同学因为频繁兼差直接影响了学业，学分难以修满，只好延迟一年或两年毕业。不过，对文、理、工、法商四学院来说，延迟一年毕业，整个大学也就读五年。但师范学院的学制本身就是五年，假如延迟一两年，时光将耗去多少呢？

所以，要完成师范学院的所有课程，修满规定学分，非得下苦功不可。在这样的课业负担下，大家都瞄准学习目标，一刻不停地苦学着。

恰如联大常委梅贻琦勉励本级联大同学的"读书志在温饱，是为无志"，以及蔡维藩教授勉励大家的"为国家为自己，皆须继续读书"，如何在艰困条件下磨砺自己，为国效力，这是摆在包括这级教育学系同学在内的全体联大同学面前的时代考题。

——在这道考题面前，宋宝光同学坚定地说："精神特别兴奋，我一点不觉感苦痛，因为物质上的痛苦，我是能够忍受的，我还预备在这艰苦的环境中锻炼我自己呢！"

这正是："莘莘学子远离乡，为避倭奴寻道忙。民族菁英弦诵地，国家庠序栋梁场。茅檐箪食乐艰苦，忧患余生奋自强。来日人生新岁月，运筹廊庙共一堂。"（黄青云：《与书弟同游昆明湖及参观西南联合大学》，见《晚晴楼诗集》2000年自印本）

从教育学系毕业后，宋宝光同学于1943年8月留任本系助教。不久，又考入清华理科研究所心理学部，师从周先庚教授，曾在抗战胜利后参加军官心理测验工作。

1944年12月22日，在警报声中，宋宝光同学与在联大毕业的研究生戴振东结婚。不过，因婚礼稍显铺张，梅贻琦证婚时"微讽之"，表达了不满的情绪，这或许也是联大师长给宋同学夫妇的另一次深刻的教育。

不让于戎马之驰突

——金希武等致梅贻琦

1939年夏天起，经过两年多的全面抗战，清华终于在联大恢复了学术休假制度。只是鉴于战时的条件，得享这一待遇的教授，均系国内休假。而且，"申请休假之教授应以因事不能到昆而处境又确属不克作研究工作者为限"。

但是，单是国内休假已远远不能满足更多教授到海外接轨世界前沿学术的需要。于是，1940年5月22日，金希武等49名教授就海外学术休假制度的恢复致函梅贻琦校长——

月涵校长钧鉴：

敬肃者，窃为我清华大学迩年成绩优著，为国内外所推许。各科学问之探讨亦有特殊之贡献，见重于学术界，此同人所私引为欣幸而益加奋勉者也。

推原其故，端由年来我校特别注重师资之培植，平时研究环境备极精良，间复优许教授出国研究，藉资广益，在学术独立之努力中，兼不忘他山之砥砺，此我校之大计，亦即我校之特色。所以年来我校之教师能与时俱进，无滞塞之弊，学术人材亦多乐于萃集我校，此皆当局用意之深，立制之善，有以激励罗致之也。

自抗战开始，学校一再迁移，环境突变，制度亦随以暂置。同人等对于当局环境之困难，深切谅解，此无待言。惟自迁滇以来，校务渐能恢复常轨，政府既以长期抗建昭告国民，一切均从远处大处着想，教育当局亦恢复留学制度，作百年树人之计，如我校奉令招考留美学生，津贴国外研究，皆其实例。同人等自流离南迁以来，骤失优良环境，重理旧业已费苦心，欲图新造更渐孤陋，长此以往，将有学术退化之惧。

同人等为国家计，为学术计，每一念及，惶愧无地，此诚有及早设法补救之必要。学校当局自去年起，已恢复教师国内休假办法，然照以往用意，此仅为与国外学术无深切关系诸科目而设。今我校既奉教育部明令资送出洋学生，则本校教师休假出国研究办法之恢复，其需要当不至为部方、校方所忽视。盖前者不过为应时之需，要求数量之增多，造就合于一般水准之人材急于致用；后者则为垂远之定制，期品质之提高，促学术上已有成就之人材更要求精诣，此于我国学术之独立，我校事业之发展关系极大，无俟同人等之缕述。同人等见暴敌我军事与文化侵略双管齐下，目睹心惊，深知学术之竞争，不让于戎马之驰突。因感我校原有制度亟应及早恢复，此实当前急务，非可延诸战后再议者。

用敢恳切陈述，敬请钧座会同校务会议及评议会诸先生酌加讨论，迅予施行，则不但清华之幸，国家学术发扬亦利赖焉。耑此敬叩
钧安

金希武　程本藩　吴柳生　周惠久　殷祖澜　李谟炽　伍启元　华罗庚　王信忠
陈　铨　邵循正　陈省身　苏国桢　杨业治　霍秉权　王竹溪　赵忠尧　张德昌
吴达元　赵九章　叶　楷　赵访熊　任之恭　孟昭英　余瑞璜　覃修典　张青莲
冯桂连　倪　俊　章名涛　刘仙洲　张闻骏　范崇武　李宗海　梁守槃　张泽熙
张有龄　汤佩松　赵以炳　龚祥瑞　王德荣　范绪筠　李宪之　陈　嘉　戴世光
彭光钦　陆近仁　李景汉　曾远荣

五月廿二日

信中认为，清华多年来取得卓著的办学成就，主要得益于学校十分注重培

1943年，赴美休假的周培源（右三）与来访的钱学森（右四）等在周府聚会时的合影。（选自《周培源》画册）

植优秀师资，得益于学校办学条件的优厚，尤其是以优裕条件鼓励教授出国研究，增益教授学术水平。"在学术独立之努力中，兼不忘他山之砥砺，此我校之大计，亦即我校之特色。"因此，长期以来，教师们总"能与时俱进，无滞塞之弊，学术人材亦多乐于萃集我校"。教授们认为，这些都是校方高瞻远瞩，并以学术休假的良善制度推行激励的结果。

　　然而，卢沟桥事变以降，海外学术休假制度由于不可抗原因暂时搁置。如今，长期抗战已深入人心。南迁云南后，学校办学条件、教授治学环境都异常艰苦。在此情形下，教授们感到："重理旧业已费苦心，欲图新造更渐孤陋，长此以往，将有学术退化之惧。"与国外学术界的隔绝，已致学术难以与时俱进。为国家为民族、为学校为学术，都不能再固步于国门内闭门造车，学术营养的外域补给已到了迫在眉睫的时候了。

　　信中说，学校已于1939年开始恢复国内学术休假，但国外学术休假的恢复尚在难产之中。教授们认为，国外学术休假是一项兴学治校、鼎盛学术的长远之计和当务之急，事关学校教育、学术事业的兴衰垂成。在日机频繁轰炸昆明，数次投弹于联大校园之后，"同人等见暴敌我军事与文化侵略双管齐下，目睹心惊，深知学术之竞争，不让于戎马之驰突"。故而，联大的学术事业必须向世界先进看齐，再不走出去，极有可能落后他人一大截。国外学术休假的恢复，绝不能等了。恢复国外学术休假，"不但清华之幸"，联大之幸，对"国家学术发扬亦利"。

学校方面，何尝未意识到？只是囿于战时艰难家底，难以事事顾及。在49名教授联名呈请之前，只是破例批准了文学院教授王力的短暂国外休假申请。当时，王力得知设于越南的法属远东学院收藏有很多东方语方面的图书，便向学校申请前去越南，专研东方语。为了使联大的语言学更有促进，学校特批了王力的休假请求。王力于1939年8月出发，1940年6月26日返回昆明。他在到昆后两个月提交的休假研究报告中说："力于廿八年八月赴河内远东博古学院研究东方语言至廿九年六月廿六日返滇，历时共10个月。本拟住满一年，只因六月下旬时局紧张，且天气炎热，不能工作，故稍提前归国。兹将一年中所作之研究工作分别报告如下：（一）越南语（着重与汉语之关系）；（二）吉蔑语（即柬埔寨语）之文法部分；（三）暹罗语之文法部分；（四）苗语及泰语之大略；（五）梵文之文法部分；（六）西人关于汉语之著作在国内未得见及者；（七）普通语言学之著作在国内未得见及者。其中费时最久颇有所知者为越南语，尤以汉语字音在越南之演变及近古越南文字（字喃）之构造为特别留心之点。本年度（廿九年至三十年）拟在国立西南联合大学开'汉越语研究'一科，冀收教学相长之效。一年来所手录东方语言参考资料（法文及英文）共四百页，装订成册，如承索阅，即当呈上。"

在王力尚未返抵云南时，6月17日，清华大学第八次评议会在昆明西仓坡召开。此次评议会及时将呈请国外休假事宜作为议题予以评议："教授金希武等四十九人函请恢复自二十六年度起暂停之教授休假出国研究规定一案，议决：

1945年6月21日，昆明《中央日报》关于杨石先、张景钺、任之恭、刘仙洲出国休假的报道。

当由学校相机设法办理。"

1940年8月，教育部公布了《大学及独立学院教员聘任待遇暂行规程》，规定："教授连续在校服务七年后成绩卓著者，得离校考察或研究半年或一年。离校期内仍领原薪，但不得担任其他有给职务。"

1941年5月，教育部又颁布《国立专科以上学校教授休假办法》，规定："国立专科以上学校，对于连续在校任专任教授满七年以上，成绩卓著者，应依照大学及独立学院教员聘任待遇暂行规程规定，予以离校考察或研究半年或一年之机会。对于未获学校休假机会之教授，可报请教育部核准后由部拨经费资助。"

至此，国外休假大门渐次敞开。

从1943年春开始，经联大研究或呈请教育部批准，陈省身、孟昭英、王信忠、霍秉权、周培源、陈福田、赫崇本、徐贤修、郑沛溥、钟士模、苏汝江、张听聪等人均获准赴欧美休假。孟昭英回忆：

1943年，我从清华休假，赴美进修。先在加州理工学院教课并做研究工作，在这里我完成了在微波波导中的精密阻抗测量的工作，与其他几位同工者获得专利。到1944年，我转到麻省理工学院"辐射馆"工作。这里名曰"馆"，实际上是专门从事雷达研究的一个大实验室，研究和工作人员达3000人之多。被录取之前，经过美国联邦调查局的审查。研究人员多是大学里的教授。馆长是美国著名物理学家Dubaidge，他后来当过总统的首席科学顾问。馆里的学术研究气氛很浓厚，每周有两次学术报告，全部科研人员参加。报告的内容是各部门的研究成果。这样每个研究人员不但知道自己研究的课题，同时对整体也有所了解。日本投降后，Dubaidge曾到日本进行访问，归来后他作报告说日本曾研究"死光"，实际上是大功率超短波、最多达到照射死兔子的功率。他说日本战时机关的管理方法与美国的完全不同：一个大课题分为若干个小课题，每个小课题的主管人都不知道其他课题做的是什么，这样的隔离政策当然很难较快地做出结果。他说美国则对每个工作的人给予高度的信任，使人人了解全局和自己的工作，从而发挥了集体的智慧。我在那里工作的几年中，的确未感受到因为我是外国人而受到歧视。

　　我研究的课题是"TRBox"。这是一个雷达上用的气体放电器件。当雷达在发射大功率脉冲时，这个器件发生气体放电，短路通向接收机的电路，从而保护了接收机的晶体检波器，这样才能使发射与接收用同一个天线。这对雷达是必要的。

　　当美国在广岛爆炸了原子弹而日本无条件投降后，战时研究立即停止。我们利用实验室的优越微波设备，转而研究氧气在微波的吸收光谱。后来在美国的物理评论（Physics Review）发表了研究的结果。这是微波吸收光谱学里最早的文章之一。同工者Strandbery是馆内的研究人员，同时是麻省理工学院的博士研究生，另一同工者Ingersol是一名技术员。现在我们还通信。

　　到1945年暑假，辐射馆解散，对工作人员负责复员工作。当时微波是一个热门课题，所以这方面的机关要人很多。有好几个单位曾同我接洽，其中包括美国的联邦标准局。当时在辐射馆工作的还有一位中国人叫朱兰成，他是天线组的组长。他向我说辐射馆是美国最保密的机构之一（另一个是原子能研究所，即"曼哈顿计划"）。因为被录用之前曾经过联邦调查局的严密审查，我只需经过出美（例如到加拿大）再度入美，即可转为美国公民。我考虑在美国固然可以得到优厚的待遇和优良的工作条件，而当时国内的政治、经济和社会情况都混乱不堪，但自己是中国人，我的根应扎在中国，至少我可以为中国的教育做一些事。为此我毅然决定回国。

回国时，孟昭英用积蓄购买了一批微波器件和电子仪器，以在清华建立与美国水平相当的微波实验室，并在学校开设了相应课程。

与此同时，正在美国休假的陈省身也正积极地与美国普林斯顿大学研究机构开展合作。为了研究工作更为深入，他于1943年8月25日致函梅贻琦校长，既汇报赴美研究的情况，同时又希望增加一年的休假。信中报告了7月15日离昆后，途经印度在加尔各答大学和加城数学会受邀进行五次演讲的情况，以及抵美后的详细情形。

陈省身说，8月14日抵普林斯顿后，"所方拨研究室一间，甚为礼遇。第一日见Aydelotts，即问及在普林斯顿之计划，生谓希望能在此停留二年，因若认真工作，一年时间实觉太短，但因是中国人，此次又系受学校休假待遇出国，对国内有若干责任，不便停留过长时间。渠谓所中经济十分困难，此次能予帮助，亦是帮助中国之意。第二年继续帮助，大约无问题，不过须待若干时后，方能作正式决定。Veblen先生谓美国数学家大都作战时工作，在学校任教者至少须授课十余小时。生情形不同，宜仍继续纯粹研究工作。渠对中国科学年来成绩，极为赞美，但仍希望继续进步。与其他各人所谈均属科学范围。虽在战时，渠等工作甚忙，仍有应接不暇之感。故生之计划，拟在此留至一九四五年夏间；学校休假只一年，明年拟请假一年，未识先生尊意若何。"学校最终同意了陈省身的请求。休假期间，"陈省身对当时数学界知之甚少的示性类开始进行研究，他发现复流形上有反映复结构特征的不变量。他的这一发现被称为'陈省身示性类'。示性类的概念由于他的工作而出现了大改观，它作为一般向量丛结构的基本不变量，成为微分几何学、代数几何学和复几何学中最重要的不变量。这意味着他的这一贡献建立了拓扑学与微分几何学之间的联系，并从而推动了整个几何学的发展。"（王渝生主编：《奋斗与辉煌——中华科技百年图志》）

1944年8月2日，西南联大第六届第九次校务会议正式议决完善国外休假制度："（一）本校教授出国担任职务，除系由本校推选者外，在离校期间，概不支付薪津。（二）本校教授在休假研究期间，概不得兼任有给职务，（研究奖金不在此例）但可于两年内保留休假研究权利。"

1946年4月4日下午5时，清华第三十四次评议会决定，下学年起国内外各类休假暂停一年。此时，联大即将复员，所有人力、物力将重新回到北返诸多事宜上。

至此，联大时期的学术休假制度，除抗战初期短暂中断两年外，还是得到了较好实践。既有力地凝聚了教授力量，很好地促进了学校学术进步和中外学术交流，也很好地向海内外展示了联大学人的不凡风采。

养成实事竞技之风格

——周先庚致潘光旦等

1939年，在联大五四纪念大会上的梅贻琦。

1940年夏，西南联大暨清华大学哲学心理学系主任周先庚教授在异常繁忙的系务之余，始终牵挂着一件事。这就是，联大迁来昆明两年之际，清华师生在筹划着为梅贻琦常委服务清华25周年开公祝会。作为清华人的一员，近十年来清华日新月异的进步让周先庚尤为感慨，更钦佩学校的掌舵人梅贻琦先生。

那么，怎么庆祝梅贻琦先生服务母校25周年呢？站在清华人、联大人的角度，周先庚有着自己的思考。他满怀深情地致信潘光旦等——

光旦兄转月涵校长服务廿五周庆祝发起人诸公鉴：

阅关于月涵校长服务廿五周庆祝事，弟以为除在《校友通讯》中发表文字，以示崇敬外，应有较深刻永久之表示，以资纪念。兹特建议下列三事，以供诸公参考。是否有当，尚希斟酌采纳为荷。

按月涵校长服务母校廿五周年届满之期，离母校成立卅周年纪念之期不及一年。而明春母校卅周年纪念事，刻已着手筹备，并同有恢复各种刊物之决定。照欧西惯例，凡遇学术领袖纪念时，均有献赠刊物，创设奖学金或研究补助金等方式。此须纪念吾人领袖，可否采纳下列各种办法：

（一）将明年拟出版之文理法工科报告及学报等刊物，择其一二种，辟为月涵校长纪念之献赠本（commemorative volume），于卷首刊登序文一二篇，一以表扬月涵校长服务母校倡导学术之功绩，二以鼓励同事后学继续努力研究之精神。凡昔年曾亲受月涵校长之教益者，特别有撰稿之义务。

（二）发起编印"中国科学人物志"（Chinese Men of Science）。美国心理学大家J. Mckeen Cattell自一九〇三年发行"American Men of Science"以来，至一九三七年已出版至第十三卷。在第一卷中，卡氏用心理学方法先行鉴举十二门基本科学中之著名科学家若干人（心理学系由十二位先进鉴举五十名），星号记出之（"starred"）。以后每卷再由前卷基本"星号"人中，公平评定各卷中应该"星号记出"之人。此项工作对于美国各门科学贡献之发展响应极大（请参看Stephen S. Vsiher: Distribution of the Psychologists Starred in the six Editions of American Men of Science, Amer. J. Psycho.1939, vol. 52, April, P.278-292）。

我国近二十年来，各门科学之进步甚速，其主要原因，不外在一二学术机关中，有远大眼光，公允见解之领袖，热心提倡有以致之。月涵校长实乃此领袖中之一人。吾人苟能为纪念月涵校长，而发起编印《中国科学人物志》，则其响应必可扩大而永久。吾国人士之科学研究能力及贡献，并不后人，然往往未能与欧西并驾齐驱，有始有终者。实因平时在社会中缺乏一般之赏识及鼓励有以致之。青年学子每不知本国学者在外国学术界中之地位及贡献。翻开"中国名人录""中国名人字典"等商经书籍，其幼稚不科学，选择无标准，记载完全不可靠，实令人惊异不置。当此抗战建国时期，学术人才之养蓄，应与军政人才同样重视。一本真正科学合理化之《中国科学人物志》之发起编印及其永继，实为当今刻不容缓之事。至其进步，行骤约略如下：

（1）先自《清华科学人物志》或《清华人物志》作起。根据昔年最完备之《清华同学录》，选择人名初单，制订标准表格，由各人亲自精细填写各个人之学历、出身、服务略历、学术贡献、文献等，各项事实务希能包括起讫年月，准确可靠。然后分发各同行，根据最科学之评判心理技术（scientific rating scale），将各行之出类拔萃人物鉴举"星号记出"之。此项工作须由学校及同学会出面，委聘专人负责，作为月涵校长纪念工作，以便号召，不然必无良好结果。

（2）如果"清华科学人物志"办理成功，则可进一步建与校外机关，如国立编译馆、中华文化教育基金会，或中央研究院合作办理《中国科学人物志》。中央研究院去秋有各研究所评议员候选人，公开选举之事。弟以为大可认真办理，务期其能于不背人情常识之下，而获得各行之适当评议员候选人外，同时还可准确公允的介绍每行之著名科学家于国人。

（三）奖学金或研究补助金之设立。吾校素以理工科见闻于世，此实为月涵校长领导之功。然为学术普遍发展起见，实不宜有所偏废。可否请学校于可能范围内设法筹划或协助某方，自行请募一项基金，专为鼓励发展较后较缓学科之奖学金，研究补助金，或设备发展专款，藉以纪念月涵校长平均提倡理工之意。

以上所提各事，第一件，轻而易举，想无问题。第二件，或谓未免过于庄重其事，有碍颜面，弟以为不然。吾国学术人士必须养成一种实事竞技之风格（intellectual sportsmanship），然后学术始可大有进展，而无止境。科学合理化的《人物志》即是养成此项风格之一种方法。至第三件，并不太重要，然希能注意及之。一切是否有当，尚希纪念委员会诸公有以指正为荷。专此即颂

公安。

弟 周先庚顿首

廿九年七月廿二日

1939年，梅贻琦全家在昆明东寺街合影。左起：梅祖芬、梅贻琦、梅祖彦、韩咏华、梅祖彬、梅祖彤、梅祖杉。（梅祖彦保存，梅志宏提供）

周先庚说，作为清华的学术领袖，梅贻琦在校服务将届25周年。届时，除了在《清华校友通讯》发表纪念文章外，还"应有较深刻永久之表示"。因此，特别建议仿照欧西惯例，一是择各学科学术报告及刊物中的一两种辟为纪念专号，藉以表彰梅贻琦"服务母校倡导学术之功绩"，"鼓励同事后学继续努力研究之精神"；二是发起编印《清华科学人物志》或《清华人物志》，并最终促成《中国科学人物志》，以促进"学术人才之养蓄"；三是设立奖学金或研究补助金，推进"学术普遍发展"，同时"藉以纪念月涵校长平均提倡理工之意"。

周先庚认为："吾国学术人士必须养成一种实事竞技之风格，然后学术始可大有进展，而无止境。"这与其说是他为公祝会而写的建议信附记的随感，还不如说是对梅贻琦处事作风、行事精神的最好肯定。

是的，生于1889年的梅贻琦（字月涵），是"现代中国最好的大学校长"之一。他的名字，常常代表了一个拥有谦谦君子风度的教育家的鲜活形象。陈寅恪曾说："假使一个政府的法令，可以和梅先生说话那样严谨，那样少，那个政府就是最理想的。"生动地为我们勾勒了梅贻琦寡言的君子形象。

梅贻琦早年在天津南开学堂以第一名的成绩毕业，是南开创始校长张伯苓先生的得意弟子。1909年，他通过考试参加了清华首期庚款留美，从此与清华

1940年，梅贻琦全家在昆明合影。（选自《密勒氏评论报》）

结缘。到美国不久，他选择到伍斯特理工学院攻读电机工程专业。1915年，26岁的梅贻琦学成回国，应聘到清华工作，由教员而教授、教务长，1931年就任校长。尤其在他任校长后，清华大学迎来了发展的黄金时期。从他踏进清华园的那天起，就始终为清华而服务，因而被人们称为"清华永远的校长"。

精神之淬励无穷

就抗战时期而言，作为三常委中最年轻的常委，梅贻琦坐镇主持下的西南联大，高扬"爱国、民主、科学"的旗帜，坚持教授治校，全面践行百花齐放、学术竞放、兼容并蓄的办学风气，为联大的全面发展创造了深厚的治学条件。

西南联大从在长沙初创之始，实行的就是"常委制"。组成联大的北大、清华、南开三校的校长蒋梦麟、梅贻琦、张伯苓担任联大常务委员会委员，其间

梅贻琦在联大时期办公
情形（杨立达摄）

虽偶由其他教授临时代理,蒋、梅、张三位常委在联大的杰出历史地位却从未被撼动过。不论是教职工还是学生,对三位常委的突出贡献,都赞誉有加。

虽然三位常委都是联大当然的校领导,但却相互间一再谦让。蒋梦麟回忆,抗战爆发后,在胡适、王世杰、傅斯年创议下,三校在长沙开办联合大学。梅、张、蒋相继抵达长沙。最先,张伯苓向蒋梦麟表示:"我把表交给你了!"梅贻琦也有过同样的表示。在这样的情况下,蒋梦麟"不得不把表暂时收起来,与同人们诚心合作"。然而,蒋梦麟回忆,"三校的同人个性都很强,办事倒有点麻烦,好像三个人穿了一条裤子,有时步伐不齐,走不动。月涵校长始终耐心合作,尤其是有时候喝几杯酒以后,从微微的笑容中慢慢地谈出笑话来,真幽默啊。种种烦恼事,便在默默中消散了"。

蒋梦麟又说:"我推梅月涵先生当第一任主席,以后每年轮流。等到轮流到我,我就恳求梅先生驾轻就熟,再连一任。月涵先生亦上了情面难却四个字的当。我一次一次的推宕下去。第一年不算,他一共当了七年的主席,真是偏劳得很。至今思之,感愧万分。有一次,傅孟真先生骂我懒惰,不管事。我说:'孟真,你哪懂得,不管者所以管也。'"

后来由于张伯苓常在重庆司国民参政会之职,加之要操持南开学校在重庆复校的工作,而蒋梦麟则忙于中国红十字会的工作(后来又到职行政院),都难以全面顾及联大在昆明的工作。当然,这大概也是他们认识到联大若要真正联合,确实需要梅贻琦这样既有教育家视野,又有君子风度的同人没有顾虑地去独立主持校务,而他们则在外部为联大争取各种支持。因此张伯苓说:"苓与蒋梦麟及梅贻琦二校长共任常委,彼此通力合作,和衷共济。今西南联大已成为国内最负盛誉之学府矣!"

梅贻琦也不负重望,既代表清华在联大当家,又受蒋梦麟、张伯苓之托团结北大、南开同人在联大勠力共事,使联大能实行没有"校长"衔的常委制却又能在三校"通家之好"的氛围中完美联合。在这样一种背景下,人们常说:"梅先生是联大的实际校长"。

到1940年，据梅贻琦自述，师生"不畏困难，刻苦维持"，联大"经两年来之惨淡经营，校舍既定，设备渐充，学生程度，亦年有进步，三校原有之精神，已潜滋默化融洽于整个联大之中"。翌年，清华在云南举行30周年校庆，牛津大学更有"中邦三十载，西土一千年"的美誉，极言中国现代大学进步之速，这和三校校长尤其梅贻琦先生的努力是分不开的。

谈及联大的办学，尤其是学校最终迁定昆明，有人认为是为了安全才一迁再迁。对此，梅贻琦表示："要说安全，唯有穷乡僻壤才无敌机之扰，殆无生命之险。我们所以搬，所以留而不愿再搬，全为工作进行之顺利及方便计。"并且说，如果要说安全，搬到喜马拉雅山再安全不过。其实联大在滇八年，常遭日寇空袭，校舍惨遭损毁，梅贻琦1940年在《大公报》致广大校友的公开信说——

谨启者：

二十九年十月十三日敌机袭昆明，竟以联大与云大为目标，俯冲投弹，联大遭受一部分损失，计为师范学院男生宿舍全毁，该院办公处及教员宿舍亦多震坏。缘该院校舍系借省立昆华中学之一部，房屋稍旧，而环学校四周，落弹甚多，故损毁特巨。

清华在西仓坡之办事处前后落两巨弹，幸该房屋建筑尚坚固，仅玻璃窗屋顶有相当损坏。本校在办事处自建一防空洞，原为存储重要卷宗，筑在屋之后荒园内，而屋后所落之弹，即紧逼此洞，遂全部震塌。经发掘后，物件受损不大，卷宗完好。惟有工友二人，平素忠于职守，每值警报声作，均不外出，愿留看守；是日匿避该防空洞内，竟以身殉，实堪愧惜。此外全体同人及眷属与联大全体师生，均告无恙。

联大翌日照常上课，本校办事处即将整理，过去工作部分迁移乡间办理；其他部分，均恢复常态矣。

近日辱承各地友朋，函电纷来，备致慰问，谨将经过情形，略述如上。总之"物质之损失有限，精神之淬励无穷，仇深事亟，吾人更宜努力"。此二十八年校庆日贻琦所书以自勉而与同人共勉者，今仍愿申此义，敬为我亲爱友朋告焉。

梅贻琦谨启
十月三十一日

"物质之损失有限，精神之淬励无穷。"在此精神鼓舞下，联大弦歌不辍，五色交辉，取得了令世人瞩目的伟大成就，不愧为文化抗战、教育抗战的一面伟大旗帜。

永恒奋斗之精神

梅贻琦认为，抗战时期，"国家的处境如此，我们后方的工作，最重大最切要的，莫如领导青年"。如何领导青年，为抗战造就人才，除了若干的办学举措，他在小事中为师生作示范的态度，亦已足为一谈。

除了夫妻不能同时在联大工作的制度的切实执行，他不仅婉拒应考不达标的权贵子弟入联大，自己的子女要想上联大乃至联大附中，也先考够分数再说。到了动员青年学生从军报国，他又首先把自己的子女送上印缅战场。不少联大校友回忆，在联大校园，梅常委行路时从不为了省时间走小路，而是走大路，寓意必须走正道、行正举。即便是跑警报，梅贻琦也常常是穿戴齐整，行色从容地行走在师生队伍的最后。陈岱孙教授回忆："在躲避空袭时，他和师生们一起，出联大校舍的北门，在北门外小山上，席地坐于乱坟之间。在飞机飞到临头时，又一起跳入乱坟向事前挖好的壕沟中，仰察炸弹的投向，这一镇定坚毅、平等、同艰的行为在西南联大起了不言而教的作用。"

梅贻琦曾写过一副对联："事能知足心常泰，人到无贪品自高。"这也是他本人清廉自守的真实状态之写照。陈岱孙说："在昆明，各机关都有一小汽车，供首长使用。在空袭频繁的年头，在城里发出警报之后，不少机关的首长纷纷乘坐汽车出城到乡间躲避。清华大学当时也备有一辆小汽车供梅先生使用。也就是在这一时期，后方的通货开始急剧膨胀，物价日升，师生生活日趋困难。梅先生毅然封存汽车辞退司机，每日安步当车往返寓所和联大办事处；有应酬，则以人力车代步。"联大学生大多能申领助学贷金，但在家庭经济极为拮据的情况下，梅贻琦却严令禁止子女在联大申请贷金。

梅贻琦一身扑在联大校务中，一刻也不松弛。1943年3月4日，他从八弟那里得知年已八旬的母亲早于1月5日逝世。他叹惜："倘非兵祸，或能更享遐龄。惟目前战局如此，今后之一二年，其艰苦必更加甚，于今解脱，未始非老人之福，所深憾者，吾兄弟四人皆远在川、滇，未能亲侍左右，易箦之时，逝者亦或难瞑目耳，哀哉！"表达了人子对母亲的深深怀念和未在母亲最后时光尽孝的自责。于此，梅先生的十弟有登报代讣的提议。但是他说："吾复谓无须，盖当兹乱离之世，人多救生之不暇，何暇哀死者，故近亲至友之外，皆不必通知。况处今日之境况，难言礼制，故吾于校事亦不拟请假，惟冀以工作之努力邀吾亲之灵鉴，而以告慰耳。"当日下午五时，梅贻琦如期主持召开联大常委会。会前，同事们都上楼致唁，并提议丧期之故，常委会可以暂时不开。但因常委会确有要事需要商议，所以仍然下楼主持。他说："不敢以吾之戚戚，影响众人问题也。"

此后几天，他也一直到校办公。他未曾沉沦于悲伤之中，倒是为校内"办事人之怠忽，为之焦急"。其间，不断有朱自清、沈履、潘光旦等同人前来致唁。但直到3月7日十一时，他才在住室为母亲设灵位，稍陈花果于案前，率家人致祭，寄托哀思。此时，正巧袁复礼教授夫妇及北平研究院李书华先生前来，欲参加致祭，梅贻琦"却之不可，殊愧太简单耳"。两个钟头之前，杨振声教授也来办公室，与正在上班的梅贻琦谈及其1942年9月丁外艰（即父丧），"亦久久始得家报，哀痛之余别无可为"。梅贻琦感叹："吾等处境正复相同也。"然而，慨叹之余，他仍然是一刻不停地投入联大的校务之中，未尝稍懈。

和联大其他教授一样，他也常年与清贫为伴。不过，教授们除了薪金，尚有兼职或赚取外财的机会，但梅贻琦却只能以一人之薪水，维持全家七口的生活。为此，夫人韩咏华只得与其他教授夫人一起制卖"定胜糕"接济。据联大学生伍生回忆："梅贻琦先生是一个书生。办事方面也不脱书生本色，少说话，而很认真。他有一副和蔼可亲的面貌，一口调协沉着的国语。言辞不大流利，但很能把握住要点，他的善的心肠，感化得学生教授心悦意服。三个历史不同、性质不同的学校，能够快快乐乐地合在一起，可以说完全是梅校长内里的工夫。他轻易不笑，但也轻易不发脾气，长的面孔永远是冷静和蔼的表情。有一个怪脾气，是不大肯迈出办公室的门。"蒋梦麟在重庆的某次闲话中，曾作过一个妙喻，他譬喻梅贻琦是骆驼，整日在校中负着重责，蒋先生自己则常在外面奔走，活像个猴子。

在视察校舍施工情况的梅贻琦（美国国家档案馆保存）

1940年9月22日，昆明、重庆、贵阳及海外，各地清华校友同时为梅贻琦在校服务25周年举行公祝会。昆明的公祝会宣读了伍斯特理工学院特授他为名誉工程博士学位时的介绍词，说他把"职业生命全部献给了自己的母校清华大学，特别是战争发生后，他率清华师生颠沛流离，从北京而长沙，而昆明，在极端困难的条件下创造了杰出的成绩"。

在昆明，徐君陶、龚自知、马约翰等均发言祝贺；在重庆，到渝公干的蒋梦麟发表了致词；在贵阳，周诒春、吴泽霖等出席了公祝会并决议专电致敬。

蒋梦麟说，"昆明生计艰难，米价甚高，教授及学生均在极端节约之中从事于本分中之工作"，并"盛誉梅氏在校服务年限之长，治事之忠"。龚自知则说："在现今世界，服务有几个信条：（一）要肯做事；（二）要忠于所做的事；（三）要久于所做的事；（四）要专于所做的事。梅先生可谓具备这四个条件。这事太不平凡，先师孔子有言'诲人不倦'，在梅校长可谓当之无愧，今后我们更当追随梅先生之后，本着刻苦负责的精神，努力做去。"

周先庚在信中建议刊印一种纪念专号的想法得到了《清华校友通讯》的积极响应。1940年8月，通讯社开始向海内外发起纪念征文（8年后，《清华学报》则出版了"校长梅贻琦先生六十寿辰纪念号"）。

在校服务25周年的征文启事发出后，清华学校时期第二任校长周诒春即应邀撰写了《梅月涵校长掌教清华二十五年感言》一文，他在文章中说，"七七"开始后，梅贻琦"督同全体师生，完成'最后一课'，举校南迁，跋涉万里，吾人虽暂时失去美如仙境之校园，却得实证永恒奋斗之精神。吾人将凭此精神以收复一切，创造一切，此精神即吾人平时所骄称之'清华精神'，亦即梅校长廿五年来所实践之精神也"。

这是对梅贻琦在蒋梦麟、张伯苓及广大师生支持下，在西南联大卓越领导学校，取得杰出办学成就的切实肯定。

（周先庚信件由周广业提供）

来学习控制这支笔

——沈从文致彭桂萼

中外优秀文化传统的发扬，总离不开作家这一群体极富创造力的孜孜耕耘。有了作家的如椽大笔，整个宇宙都鲜活了，整个文明都前进了。

从远古而来，我们多少都对作家这一特殊职业怀着独有的神秘，有时候也不免做起作家梦。更有这样一些读者，是由读着作家作品，接触着作家本人，走入文学殿堂的。不到20岁就发表文学作品的彭桂萼就是这样一位由读者成长

沈从文一家在昆明呈贡乡下龙街合影。

为作家的青年。

彭桂萼在阅读了大量的作家作品后，从学生时期就开始发表文学作品。从学校毕业后，又参与编辑了文艺刊物，出版了文化专著、新诗集等，短时期内就成为在一定范围具有较好影响的青年作者。

西南联大迁到云南时，他正在主持一本名为《警钟》的刊物，借以启迪边地民众投身抗战救亡。这时候，因抗战关系，大批作家、艺术家来到云南，一时俊彦云集，文气升腾。即便未到云南的文艺家，也都关注着这战时的文化之都。

彭桂萼紧紧地抓住这千载难逢的时机，"和国内文艺界的一些名流有广泛的接触和通讯联系，其中有郭沫若、王亚平、臧克家、老舍、舒群、孟十还、赵景深、闻一多、穆木天、征军、蒂克等"。（《云南省志·卷八十·人物志》）既请教作家们对写作、对抗战文艺、对边地文化的高见，也向他们约稿。

得知文友张景阳同学在昆明和沈从文有接触，他又委托张向沈先生请教写作经验并约稿。沈从文于是致信这位年轻的文艺刊物的主编，全信说——

桂萼先生：

在昆明张景阳同学谈及先生主持一刊物，要我写点文章，给边地朋友看，因为学校事忙，个人私事也多，且不明刊物需要，不知写什么好？所以始终不曾动笔。若说关于写作一方面经验，又恐说来反而使正在努力雄心勃勃的小朋友丧气！因我拿笔将近十五年来，破烂习作印了一堆，可是从工作理想上来说，就还未脱离试验期间，换言之，就是"未毕业"，当真还需要三五年才可望毕业，毕业后才打量好好的来写点什么，看看究竟能不能写出点东西！正因为个人私意，总觉得这工作相当重要，也就相当困难！五四初期文学运动作家成功太容易了，底子不厚，根基不深，结果影响大，成绩少，到后来文学运动又受了商业和政治牵连控制，作家用力"活动"的多，用力写"作品"的少，把近十年来成绩数数，还是不够令人满意！我是个保留一点乡巴佬幻想的人，以为想使这个文学运动有点好成绩表现，一定还得一些人来低头作各种试验，并将超越流行文学观上，从各种方面产生些形式内容不同的作品，为二十世纪上半世纪留下些好作品，使它在社会上起新陈代谢作用，代替那些旧货，事无可疑。这事是要人肯牺牲普通所谓"成功"好处，来在一种寂寞不过情形下努力苦干，方有结论的。可是这意见，是只适宜少数对于中国这一部门工作抱有宏愿和坚信的朋友说说，并不宜向多数表示。多数写作者的动机，似乎应当放在"出版""成功"一类名词上受刺激，起反应。尤其是身在内地的朋友，更需要从"出路"得到鼓励，得到满足，若照我的意见说来，未免扫兴！不过我从学校教书这一行经验看来，又觉得如果年纪轻的同学，如承受"永远学习"这个观点来从事写作，目的远，理想大，不因小小成功自满，也不因一时无出路灰心，结果总比较能持久，比较有成就，所以初步学习劝他们写杂记，写日记，总之大量地写，来学习控制这支笔，运用这支笔。在联大一年级国文班上还不许他们写理论文章，只许他们作抒情叙事文字，这种试验似乎对多数无什么用，对少数存心要写作的朋友还有些用处。这意见也许很旧，很俗气，不过倒合乎实用，不知尊意以为如何？此颂安好。

沈从文顿　八月十六日

联大历史学系同学李凌为军人家属写信的情景

彭桂萼主编的这本《警钟》，也有刊载名人书简的传统。沈从文这封信就曾以《谈到写作》为题刊于1941年10月出版的《警钟》第5期上（笔者现在所用版本则来自1943年上海普及出版社出版的《当代作家书简》）。

在信中，沈从文重点谈了自己的写作经验。他谦逊地认为自己的写作尚在紧张的"试验"阶段，并认为"五四初期文学运动作家成功太容易了，底子不厚，根基不深，结果影响大，成绩少"，写作成果并"不够令人满意"！

他说："我是个保留一点乡巴佬幻想的人，以为想使这个文学运动有点好成绩表现，一定还得一些人来低头作各种试验，并将超越流行文学观上，从各种方面产生些形式内容不同的作品，为二十世纪上半世纪留下些好作品，使它在社会上起新陈代谢作用，代替那些旧货。"早在五年前，他在致云南丽江青年李寒谷的信中，谈到写作的技巧时说，"至于说到其余的技巧，只有多写多看，起码要写一百万言以上的文章，要读两三百本以上的翻译小说，才能有点谱气，并且写文章，要能写出人类的爱与憎，最重要的是写出中国人的美德。"在此次致彭桂萼的信中，他则鼓励年轻的朋友持之以恒地、本着永远学习的观点来勤恳写作，"目的远，理想大，不因小小成功自满，也不因一时无出路灰心，结果总比较能持久，比较有成就，所以初步学习劝他们写杂记，写日记，总之大量地写，来学习控制这支笔，运用这支笔"。

"创作能不能教？这是一个世界性的争论问题。"（汪曾祺语）在这封信中，沈从文却特别谈到了自己在西南联大一年级国文课上的写作教课实践，只写抒情和叙事类的文章，不写理论作品。这虽然可能只对少数有志于写作的同学有用，他仍不惜坚持。

那么，沈从文在西南联大的写作课是怎样的？教的效果又如何？汪曾祺先生在《沈从文先生在西南联大》这篇散文中有着生动明确的回忆和回答，无须在这里啰唆了。

同事逃警报不一其道

——钱端升致胡适

1937年7月1日，正在中央大学任教的著名政治学家钱端升受聘重返北大任教。然而，钱端升说："刚到北平一周，'卢沟桥事变'突发，8月13日，日本又在上海挑起战争，于是南京政府特促胡适、张忠绂和我等北大三教授赴美、法、英等国宣传抗日，争取各方的援助。"（《我的自述》）

钱端升是9月下旬离国出访的，等他从海外回国时，已是第二年8月。这时，北大已与清华、南开在昆明办西南联合大学，钱端升遂前来联大任教。

在联大，钱端升是政治学方面鼎鼎有名的大教授，他的课、他的演讲，常常受到同学们的欢迎。容敬在《联大的教授群》中说："国民参政会成立以来，一直到现在，从参政员名单中，届届都找得出钱先生的名字。我生也晚，走的地方少，看到的人也少，可是看钱先生的模样，硬是像个参政员或国会议员。头发不太长，一副无边眼镜，一套陈旧而补缀过的西装。冬天嘛，就披上件厚厚的黑大衣，说话充满政论家风度。其实钱先生也实在是个鼎鼎大名的政论家。他任北大法学院长多年了，在联大，也是个名教授。他教的课是《政治制度》《宪法》，近年来还添上个《战后问题》。他的广博，不但政治系同学佩服他，全校同学也都知道。关于政制、法制和宪法的著作，钱先生出版过不少，最普通的是与王世杰先生合著的《比较宪法》。以前在北平的《独立评论》，在上海的《东方杂志》和在昆明的《今日评论》，很容易看到钱先生的文章。近年

1941年，钱端升与夫人陈公蕙携二子摄于昆明东郊龙头村寓所，前排左起为钱仲兴、钱大都。

来较少执笔了，据说他在集中精神写《中国政府》。要是出版，无疑是研究'中国政府'的最佳参考书。钱先生虽然是政治系教授，可是他是属整个'联大'。他要是公开演讲，其挤拥之处，恐怕只有潘光旦先生和张奚若先生公开演讲时才比得上。"

李凌校友也说，钱端升教授在讲授他与王世杰合著的《比较宪法》时，详细地介绍了各国宪法和政治制度，并比较了它们的优劣点，使学生对西方各国多党政治、三权分立和互相制衡的政治制度有深刻的了解。

可是，就是这位国民参政会参政员，从参政会归来后发表的演说中，却是以国民党员的资格批评国民党腐败，这是大家未料到的。1939年元旦，钱端升发起并主编了《今日评论》周刊，该刊"内容大抵分时评、论文及随笔三类。

因系周刊，讨论当时问题较为迅速，故颇为社会人士所喜悦。执笔者皆一时硕彦，如冯友兰、潘光旦、傅孟真等。对当时政治、教育、经济多所讨论"。（何家仁：《战时内地期刊介绍（一）》，1946年）据张昌山教授统计，至1941年4月13日停刊，该刊共出版5卷114期，其中钱先生自己撰文达43篇，文章数量居全刊作者之冠。

警报下的联大百态

到昆后，钱端升和其他教授一样饱受战事之苦，尤其是频繁到来的日机空袭，使他也不得不常和联大同人一样过着跑警报的日常生活。1940年11月24日，钱端升致信远在美国的胡适，描述了这段非同一般的生活——

适之兄：

八、九日前曾作一函，絮絮话国内近事，计达。此间人心，颇为奇怪。敌机如连日来，大家叫苦。如多日不来，则又轻信和平谣言。联大同事，亦未能免此。至以空袭损失而言，同仁所受者尚不算大。惟Polland Urpuhart逃警报，为汽车撞伤，三日内中毒而逝；丁佶因逃警报，至一浮水池，次日乃去浮水，竟没顶以死；又一学生为防空部队击死；斯均无妄之灾耳。同事逃警报不一其道。梅月涵有报始走，孟邻住乡下，除开会应酬外不进城，其别之大者也。教授中，有远走高飞，并一周之课于一日者；有至今住乡下，未尝上课者，联大饶树人、云大徐敦璋均为显例。弟三四日住城，三四日住乡，尚可称常人。陈福田等住［处］一度被毁，旋告修复之城居，几日日去学校，则又高弟一等矣。公超为其叔理产，在沪被其庶婶所陷，入日人之缧绁，一月余备受刑责，今虽释放，犹不能离沪，则言之至可痛心。

联大经四月扰攘，现仍定不迁。惟一年级在川召集，此事亦不甚妥。联大内部亦因此事发生morale（风纪）方面许多不良影响，可惜也。附件拟请抽暇

一阅。如可能，乞向洛氏基金方面吹嘘。弟既无书可读，又苦无事可做，致有此尝试。兄得无笑其少不更事，无苦讨苦耶？敬颂

旅祺

弟端升

二九，十一，二四

信中，他颇有意思地回味了发生的一桩桩近事："此间人心，颇为奇怪。敌机如连日来，大家叫苦。如多日不来，则又轻信和平谣言。联大同事，亦未能免此。"至于空袭的损失，除了校舍的受破坏，钱端升特别提到了两位教授、一位学生的非正常死亡。

两位罹难教授中，一位是文学院外文系英籍教授、受洛克菲勒基金会资助、中国正字学会在昆明的主持者吴可读（Polland Urpuhart）。他在跑警报中奔袭时遭遇交通事故，被汽车撞伤腿部后，经英领事馆送云南禄丰县罗茨英国教堂救治，终因感染中毒过深，于10月16日逝世。另一位是法商学院商学系主任、南开大学经济研究所导师、水性极好的经济学家丁佶教授，因疏散西山附近乡间时，于10月4日邀约好友到滇池附近玉案山妙高寺以东一水塘游泳，因腿部抽筋不幸溺水身亡。

跑警报中，同人们的表现又各有不同。没有警报声，梅贻琦常委是绝对

1940年，警报声中联大学生在空壕中手不释卷的情景。

不会提前走一步的。故而，在他的日记中才有每次警报发出的准确时间，以至于"早点后久待竟无警报"这样的记录。蒋梦麟常委则住在岗头村写他的《西潮》(*Tides From The West*，曾译为"欧风美雨")，蒋氏该书七年后由芝加哥《太阳报》出版，被西方学人认为是"欲悉远东情形者之现代史学者（尤其为远东史学者）之捷径"，实在是警报声中的杰作。

另据中文系郑临川同学回忆："讲西洋哲学史和美学的冯文潜先生，我永远忘不了警报来时，他带着夫人和七八个儿女，背着，牵着，年纪大一点的也帮忙带着衣服、被包，那一副奔忙、逃命的惨状。可是课堂里他坐得稳稳地，静静地，讲起希腊时代的哲人往事，那么悠然神往，使学生们走到另一个世界，安详的态度，完全像静水湖底的明月，飘闪着圣洁的清辉。"

至于信中所说的远走高飞的，此时仍住乡下的，住处被毁的，不一而足。确是警报声中，万象的世态。

以求有前进之可能

信中还披露了叶公超的艰难处境和联大一年级迁川带来的动荡情况，表达了自己在联大无书可读、无事可做的苦闷。他恳请通过胡适的帮助，获得洛克菲勒基金会给予学术经费的资助。两个月后，他再次就资助事致信胡适，他认为，"国内大学俱少生气，即联大亦然。弟既蓄志教书，自不能不想法求工作，以求有前进之可能。于是乃有行政研究室。而校中不起劲，不拨款，于是乃向外请款。然此时如无丝毫外汇，进修亦极困难。于是乃想到向日所不习为之办法，即请款于洛氏。但全依外人太不成话，于是有一半由政府补助之议。今政府已允设法照拨，但又坚持洛氏亦拨半数为条件。洛氏不拨款，不特弟认为工作不易出色，即政府亦将袖手旁观。"

原来，他是想要就"西南联大行政研究室"的创建请求洛氏基金会的资助。关于这一研究室，钱端升1942年7月在《西南联合大学行政研究室丛刊序》中写得极为详尽：

　　民国二十八年冬，西南联合大学行政研究室成立，其工作人员间有来自昔年中央大学行政研究室者。我们的本意拟穷同人三四年的精力，将中国的行政完成一初步的考查。此项工作包括两大类的问题。第一类是各级政府的行政机构，如中央的行政机构、省市的行政机构，等等。第二类是各项行政，如人事行政、外交行政、合作行政、救恤行政等的机构。初步的考查乃有别于精邃的研究之谓。初步考查，取材大致以法令有规定、官文书有记载者为限。故所论亦只及于某一机构的组织及职权，及职权行使的程序而已。至于精湛的研究，或须穷探学理，或须广事比较，或有需于实地的考察，故必须各项初步考查完成而后，方宜从事。试以我国人事行政为例。初步考查仅须阐明关于考试铨叙各机关的组织，略述其沿革，分析其职掌，并叙说其行使职权的程序，而精邃的研究似应兼考所取录及格人员的品质、考试方法是否与教育制度配合、考绩的实际情形、现制与中国古制并与若干外国制度的比较，以及改善的拟议等。以此为例，初步考查与精邃研究两者间的不同，可以概见。依我们的看法，必

1942 年学生跑警报时在昆明山上留影，左起：章正续、程耀德、夏培本、章琦、陈鑫。

初步审查完成后，才宜从事于精髓的研究。必大部分的行政问题均有人作过精邃的研究后，然后研究者可以为国家作设计解难的一类工作，而教授者可藉以充训练行政专门人员的教材。

初步考查的题目，依我们的计算，总共有三十余则之多。欲一一完成考查，自非有相当的人力及物力不为功。不幸多年来本室既绌于经费，而人员亦极不易罗致，资料亦极不易搜集。故只能改采能罗致一位工作人员，搜得一份研究资料，便从事某一问题的初步考查的办法。整个初步考查的完成则只能俟之有钱有人有资料之日。

序言中还说："本室年来赖管理中英庚款董事会、北京大学及清华大学之补助，得以对行政研究作极小限度的进行，又承商务印书馆于万难之中，慨允为本室丛刊任出版发行之责，使本室成绩得以公诸世人。"经费所限，目前所见的该室研究丛刊，仅有陈体强的《中国外交行政》和施养成的《中国省行政制度》两种。

棕皮营的乡间生活

朱自清曾在一封信中谈到居住在昆明北郊龙泉镇司家营农村的情况："我在这里半星期住城，半星期住乡下，走一趟得两点多钟。我的书籍等等都放在乡下，工作也多在乡下。"

和朱自清一样，两次给胡适写信的时候，钱端升"三四日住乡"的日子，也是在龙泉镇棕皮营的农村度过的。他在第二封信前郑重标注着："昆明龙泉镇棕皮营（有邮局） 卅年一月二十一日"。

棕皮营，这是一个名不见经传的村子，如不是抗战以后自1938年史语所等文化机关内迁及李权、李济、傅斯年、梁思成、林徽因、金岳霖、陈梦家、赵萝蕤、罗常培、查阜西、胡厚宣、石璋如等一大批文化人工作或迁居这里的原因，它将泯然众村，不为外人所知。此村位于昆明龙泉镇宝台山之北麓，金汁河之东岸，系明朝屯军营地，后又因"村中多植棕榈，其树可剥棕皮，俗称棕皮树"，故名（吴光范：《昆明地名博览辞典》）。老舍来昆时特地访问了这里，他说此"村在郊北，距城约二十里，北大文科研究所在此。冯芝生、罗膺中、钱端升、王了一、陈梦家诸教授都在村中住家。教授们上课去，须步行二十里"。国民党中央周刊社社长陶百川来昆时，也由于这个原因在城里访不到钱端升而感到遗憾。

美籍著名学者费正清在他的回忆录中则回顾说：

我们的朋友北京大学政治学家钱端升，则住在5英里之外的乡村。我们最亲密的朋友梁思成夫妇也住在那里，随后与中央研究院一起迁往四川。

周日，海登博士借到了一辆军用吉普，而张奚若则充当我们的导游。我们出发了，一行6人，由我开吉普车沿着崎岖不平的石子路穿过镇子。穿过闹市之后，在通往乡村的土基路上驶向城市边缘，最终抵达龙头村，当地人也称其为龙泉。随后我们将吉普车停在了寺庙前的小树林中，沿着小路来到了钱端升家里。

钱端升和梁思成夫妇是邻居，他们的房屋也都是由林徽因设计的，开创了居住在乡村避开轰炸的"时尚"，另外他们建的房子也无须缴纳地租，5年后房屋归土地主人所有，以此抵销租金。

钱端升等教授的乡间苦旅自然也感染着联大的同学。政治学系学生关荣钦说："在国内学府中，联大的教授阵容比较整齐。因为联大有学术自由的作风，好教授总不愿走。要是教授不是不学无术之辈，同时不玩忽职务，学校也断不致解聘。因此一直到现在，联大还拥有一批一流教授，像哲学系的冯友兰、金岳霖、沈有鼎，历史系的雷海宗、郑天挺，中文系的罗常培、闻一多、王力（王了一）、朱自清、沈从文，外文系的陈福田、潘家洵、陈嘉，社会系的潘光

骑马归来的"周大将军"——
周培源，摄于昆明西山脚下山
邑村。

旦、陈序经、吴泽霖、陈达，政治系的张奚若、钱端升、吴之椿、王赣愚，和
经济系的陈岱孙、伍启元、赵迺抟……都把联大看作他们的家，教书是他们的
毕生事业。生活在联大，上至常委（即三校校长），下至工友，都是一个'苦'
字。教职员是清风两袖，微薄的月俸，要他们支持一个数口之家，委实难能。
好些教授的孩子没法进学校，坐不起黄包车，年上四五十岁的冯友兰、钱端升，
也不辞艰辛地一星期从乡间（因为住不起昆明）步行来学校三次，每次二十多
里，其他可以想见了。联大的教授，比较来说，文法学院的比较有政治色彩，
不过他们甚少政党背景，即使是属于甲党的，也不一定——而且常常不为甲党
说话，而是为大家说话，举个例子来说，名政论家钱端升先生，他是国民党党
员，而对政府的内政外交、经济和教育政策，却常常批评甚至抨击。"

历史学系刘北氾同学也回忆："政治系的钱端升和中国文学系的陈梦家等也都把家搬到龙头村去。人一多，环境又安静，学术空气一时是很浓厚的。不幸地方距昆明较远，交通不便，又没有公共汽车，往返时常须走两小时多，这就使不得不赶到昆明城里去教书的教授们感到痛苦了。"还有同学回忆，由于雇不起佣人，学术研究之余，钱端升得帮助钱太太劈劈松柴。

在棕皮营艰苦的乡间生活更加激起他对国家前途命运的自觉关切。从美国访问回来后，钱端升曾在联大国民月会中报告七七事变后的那次旅美观感。他说，美国以及其他各国对中国内政颇为关心，每有询问，"我只有脸红无话可说"。接着，他教育广大联大同学：

"知识分子要负起为贫苦的人民争自由幸福的责任。你们应该负起你们的责任，别辜负他们的热望。"

一二·一运动中，和其他教授一样，钱端升坚决地和同学们站在一起，成为学生爱国民主运动的绝对支持者。

图书馆向隅者不少

——严文郁致胡适

对于任何一所学校而言，无论是教书，还是学习，实际都可称之为象牙塔里的读书生活。

因此，对于一所大学而言，要高质量办好学校，非有充足而高质量的图书资源和图书馆不可。对于战争中办学的西南联大而言，尤其如此。

那么，战争中的昆明，艰苦环境中的西南联大，是如何办图书馆的？在这样的条件下，师生们的读书情形又是怎样的？在西南联大迁滇两年半之后，联大图书馆馆长严文郁于1940年11月11日写给胡适的这封信和联大图书馆本身在八年间卓越的办馆成就，生动地回答了这两个问题。

其全信写道——

西南联大图书馆藏书印

适之先生：

芦变之后，先生奔走海外，在外交方面为国家得了不少的收获，正如先生在学术方面的成就一样，在国内的人，真是十二分的景仰，北大的同人无不引以为荣。

北大圕一向秉承先生及蒋校长的意见，在华北坚立不动，决以所藏与国土共存亡。这点志愿终于实现，所以现在我们圕的整个收藏仍然存在我们的新书库里。故都沦陷一月多，我们未奉命结束的时候，郁仍督率同人到馆办公。倭兵虽然去过几次，只取去我们一张蒙古地图（孟心史先生介绍买的），还写了一张收据。直到九月学校经费无着，不能开学后，留平同人商决封闭校产的时候，我们始挥泪退出了我们的庄严伟丽的新圕。

廿六年十月郁到长沙与守和先生办理临大圕，从第一本书买起，打起精神，重振旗鼓。廿七年三月学校迁滇，守和先生因北平周事留港，郁乃率同人及数百箱书籍经粤港越赴滇（中央研究院者在内）。虽经海陆各种困难，人书均安抵昆明。到昆明后守和先生辞联大职务，专力成立北平圕办事处，整个联大圕的责任就交到郁身上了。

联大圕因校舍不定与分散，颇费力经营。现新校舍完成，文、法、理、师各院的圕有了固定的馆址，以后办事应该容易得多。工学院另在一处，自始至

西南联大图书馆外景（龙美光保存）

终就有一个分馆，现在大阅览室可同时容纳六百多人阅读。此外还有杂志期刊等小阅览室。藏书数：中文二万五千册，西文六千五百余册。这些都是新买的，清华、南开、北大的旧书，另由各本校交联大保管，作为借用。

在国难大学中，联大总算是很幸运的，至少图书设备比好多大学（除中央、武汉等外）好得多。现在教员、学生无书，全仗着圕供给，大有书荒之势。每日未开馆之前，人已站满。开馆之后，座无虚席，向隅者仍然不少，惜因设备不够，所以不能使人人有读书的地方！

外汇困难，原版西洋书得之不易，近一年半也购得不少急需的读物，牛津大学捐了一批参考书，尚未寄到。此外美国Carnegie Endowment（卡内基捐款）及国联都赠来不少出版品。承先生先后送下名著，极为感激。倘能得先生之助，能从美国方面（现在唯一的来源），募得大批的图书，此间师生不知如何感谢的了。

郁对于圕工作极感兴趣，从事这种职业已经十五年了，因为吾国社会对于圕仍不觉其重要，所以时常感觉办事困难，以致灰心。在大学里面在教务方面没有地位，办理图书工作更感棘手，所以时常想到美国去研究历史或经济，欲求于圕的"术"以外，另有所"学"，这样不独做圕机械的工作，同时可以利用圕做些研究工作。等到学术方面有了地位，在学校办圕更是容易了。

记得七七事变以前，先生为政治学会陈宗登先生向罗氏基金会请求奖学金，事虽成功，因陈君身体不好，未能去美。兹特冒昧恳请先生可否用联大文学院长名义保荐郁向罗氏基金会或其他基金会请求一奖学金，俾可赴美深造。久欲致书请安，因鉴先生国家事重，不敢麻烦，兹借函谢赠书机会，写了几张纸，报告一点消息，顺便作一不情的请求，倘能见谅后生求进的热心而不见责，不知快乐到何种程度，也不知要怎样感激你了！敬祝
健康

后学 严文郁谨上

十一，十一

全信反复使用了一个"圕"字，这是"图书馆"三个字的缩写。该字系1923年由图书馆学家杜定友先生创造。他在《圕迷》一文中生动地写道：

"书迷，书痴，书虫，书呆子"这些头衔，对于办理圕的人，也"与有荣焉"。不过，"书迷，书痴"等，只是对于"书"而言。但是圕，则非但有"书"而且有"图"。非但有"图书"，而且有"馆"。所以"书迷"之外，不得不创作一新名词——"圕迷"。

至于"圕"字的新创，杜定友先生在《圕》一文中开宗明义地说："定友从事于图书馆事业，将近十稔。间常与友朋通信往还，及偶属笔为文，无不及'图书馆'三字。数载以来，书此三字，不知几千万次。良以服务于图书馆者，此'图书馆'三字，无时不深留于脑际。此则凡我同志，均同此心理也。窃以'图书馆'三字笔画繁多，不便书写。撰述之时，每感'欲速不达'之苦且于时间精力两不经济。因私拟'圕'以代之。读音仍旧。"

此字问世后，很快受到图书馆界的欢迎。图书馆界或文字学界的专家李小缘、胡朴安、容庚、容肇祖（后在联大任教）、胡怀琛等都极表赞赏。至已任北大图书馆馆长15年、立志在图书馆事业中成就自己的严文郁写此信时，更是通篇在用了。

闲话少叙，仍然回到严馆长的这封信。

筚路蓝缕启山林

信中说，卢沟桥事变之后，北大图书馆仍然以丰富馆藏与国土共存亡之信念坚守在北平。直至学校奉命宣布结束在北平的办学，大家才含着热泪离开了庄严秀丽的图书馆新馆。1937年10月，又奉命到长沙，与北平图书馆馆长袁同礼一起筹办长沙临时大学图书馆（袁兼临大圕馆长），在迁徙过程中图书资料损失严重的情况下，"从第一本书买起，打起精神，重振旗鼓"。临大迁滇后，又率同人克服一切困难，携带数百箱图书，从长沙经广东、香港，再乘滇越铁路到云南。到昆不久，袁同礼忙于北平图书馆事务，整个联大图书馆工作就由严文郁全权负责了。

三校迁至昆明后，图书馆一直成为西南联大的心脏，是点缀联大校园生活的一颗耀眼明珠。这与严文郁馆长等图书馆人的艰辛努力和勤奋工作是分不开的。正如严文郁所说："抗战前五年郁在长沙与昆明为北方三校主持圕，大有'筚路蓝缕，以启山林'之概，尤以在滇时遭轰炸，备尝辛苦。"（1946年1月9日致胡适）

联大到滇后，将文法学院设于蒙自，理工学院设于昆明。联大图书馆只好根据教学需要，将总馆设于昆明，分馆设于蒙自（在法国领事署）。当时，除了联大馆自己增购书刊，中研院社会、史语、天文、动植物、心理五研究所的图书也一并运滇共享。后来，蒙自分馆随校迁回昆明，北平圕和中研院的图书也陆续归还，北平圕人员同时全部调回。联大图书馆遂大量购置书刊，开始步入"正式建立时代"。

在昆之初，联大图书馆总馆设昆华农校礼堂，分馆设拓东路迤西会馆正殿。图书馆原直属常务委员会，后奉教育部令改属教务处。按联大规程，联大图书馆设主任一人，下分七股，分别为总务股、采访股、中文编目组、西文编目组、阅览股、期刊股、讲义股。另设图书设计委员会，由各院院长、教授会代表及联大图书馆主任组成，负责制订图书工作计划及分配购书预算。1939年秋，联大新校舍落成后，文学院、理学院、法商学院及联大图书馆均设于新校舍北区。其中，丁字形的图书馆位于新校舍正中央。

说是新校舍，新建成的联大校本部其实仍是一个极为寒酸的建筑群。不过，图书馆倒还有点大学的样子。在这里，教室是土坯墙铁皮顶建筑，宿舍是土坯墙茅草顶建筑，只有两座食堂和位于校园最中心的图书馆是水泥平房和瓦顶的"豪华"建筑。于是，图书馆就成为联大举行升旗仪式、国民月会、时事演讲等重要活动的举办地。图书馆"虽属简朴,而宏敞可喜;前为阅览室,能容八百人,后为书库,可藏书十万册。至拓东路工学院分馆阅览室,可容四百人,师范学院分馆约容两百人,而设地坛分馆阅览室则容六十人。新舍南区理学院专门期刊室可容三四十人,而北区文法科期刊室则容六七十人。二十九年叙永分校成立,本馆派员前往开设分馆,三十年秋,分校迁回,分馆亦复撤销"。

严文郁任馆长期间,联大图书馆克服经费的困难,根据院系需要尽力增购图书、期刊和报纸,并多方争取海内外赠书。其中,"采购尤感棘手,本校甫抵昆明,即遭外汇之统制,更因欧战关系,国外书店坚持现款交易;而交通梗阻,邮寄迟滞,有时意外损失。更以滇越铁路中断,平沪书籍无法邮寄,对本馆影响尤大。至内地邮局拒绝收寄书籍,益使文化食粮发生恐荒,由上诸端,购书困难可概见矣"。

赠书的获得倒值得一提。严文郁说:"抗战以来,我文化食粮异常缺乏。民主阵线国家中各文化团体,为援助我树立后方文化基础,莫不踊跃捐赠,本馆所收到有价值之书籍,已蔚为大观。其中以英国各大学之赠书最巨,约值两千镑以上,其次美国加州大学、哈佛大学之赠书,亦多珍品。友邦之助,良可感也!"(上述三段引文均见于严文郁:《抗战四年来之西南联合大学图书馆》)

在如上举措之下,至抗战胜利前,全馆图书共计中文33910册、西文13478册(两项合计近5万册),年均增书500册左右,较好地满足了师生的学术研究需求和学业进步需求。

借光"开矿"

联大图总馆设于昆华农校时,因工作人员缺乏和缺少书库,只好采用开架借阅,受到师生欢迎,但也偶有图书遗失情况。为减少有限的图书无端流失,图书馆迁入新校舍后,又改为书库制(读者不能进入书库)。关于借阅,除本校教职员因教学研究参考需要特准通融外,学生借书均限室内阅览,以期达到减少图书遗失和增加更多人的阅读机会之效。

1940年以前，联大新校舍的宿舍长时期没有电灯可供，到了晚上，只有图书馆有明亮的汽灯或电灯照彻知识殿堂。为了便利师生更好利用图书馆，发挥这一书刊馆藏利用机构的最大效能，1939年新校舍刚建成时，联大图书馆将每天8：00—12：00、13：30—17：30、19：00—22：00规定为阅览开放时间（双休日亦不例外），每天有11小时的阅览开放时间。1943年8月起，又将开放时间调整为8：00—22：00，每天连续14小时不间断开放阅览服务（寒暑假则为8：00—12：00、14：00—17：00，每天7小时开放阅览；每日借阅时间则与寒暑假阅览开放时间相同）。长时段的馆藏服务，极大地便利了教学、研究和学生学业，受到师生的交口称赞。

然而，由于教师、学生都没有财力置办自己的书籍，只有全靠图书馆的供给。同时，联大各教师在上课时，又得指定若干参考书让学生到课外阅读，这使学生繁重的功课任务必须依靠图书馆才能完成。因此，学校里一时间大有书荒之势。对于这一情况，严文郁无奈地说："惜阅览室容量与书籍数量不敷，难免僧多粥少之争：往往在开馆之先，门前草坪上，早已万头攒动；既入之后，占座抢书，甚至携书外出，干犯规则，以满足求知欲望。"因此，同学们的课余时间大多是在这人人向往、愿意挤破大门进去的图书馆里度过的。

这样一来，从新校舍建成到1946年结业之前，争座占座，始终成为联大图书馆异常热闹的一种风潮。"每日未开馆之前，人已站满。开馆之后，座无虚席，向隅者仍然不少。"（严文郁语）在这里，"设若开门稍晚一点，马上便吵嚷，敲打门窗。为了避免这种事情，图书馆里办事人员，总是把钟弄慢些。"（慕文俊：《联大在今日》）馆门一开，一个字："抢"！没什么好客气的。"冲！"——山崩地裂般地冲，潮水汹涌般地冲，哪怕冲破馆门也在所不惜。冲进去，抢座位，抢参考书，"抢起来，活像小孩子抢糖，管理员常感应付乏术。"（关荣钦：《生活在西南联大》）

挤得进馆里，占得了的座位，抢得到参考书，总是一种无上的幸运。这种幸运之下，是与时间、与同学、与书本竞跑的读书节奏。这里"永远是人满着，低头不响的读着书"。（石横：《抗战中产生的西南联合大学》）"馆内除了纸的掀动声外，别的声音是很稀有的，但当你细心的时候，你就会发觉一种震耳欲聋的声音了，那是一种矿师熟习的声音，每个都在那儿不停止的锤凿，他们要从有限的书中取出无限的知识。这一群矿工终是在那里辛勤的工作，不管白天，不管夜晚，也不管是落雨是刮风。如果有人说昆明还有工业的话，请你不要忘了这是一座应该提述的矿山。这些工人好像不知疲乏似的，只有闭馆的铃声才能把他们送走。"（李鹏：《联大速写》）

即便在远离联大新校舍的四川叙永分校，读书的空气也"像春酒一样浓厚。图书馆没有开门，门口便挤满人了，门一开，便蜂拥进去，争先借书，像一群抢购车票逃难的人。半夜还有不少的人点着黯淡的菜油灯工作，天没亮阅览室里又有灯光了"。（萧成资：《西南联大在叙永》）

因而，"假如有人到联大参观，他一定为笼罩着整个大学的读书风气而惊叹，每一个角落，每一个图书馆和实验室，终年都挤满了学生，倘若你偶然踏进图书馆，你会感觉到一种严肃的沉静，融溢其中，虽有数百人同时在忙碌地苦干着，但除了那书页翻动和笔尖飞划的声音，听不到一点喧哗的嚣闹"。（莫德昌：《国立西南联合大学的长征与鸟瞰》）

不是人人都有幸抢得进去、挤得进去、冲得进去。"跑得晚点的找得个'栖身之所'，如果去得晚点，图书馆中客满，那只好挟了书本，快快归来，穿过黑漆漆的魁星阁，到凤翥街的茶馆中去'借光'了。"（卢飞白：《联大剪影》）"在穷苦的镜头刺激下，联大的师友，不管马粪的味道，不管铜铃和马蹄铁的响声，三五成群的夹着书，往茶馆里一跑"（沈石：《西南联大群相》），在那里温习功课，谈天说地，对弈玩桥，既读有字之书，更全身融入市井生活，品味民风百态，彻悟无字之书。

但是，全靠茶馆缓解图书馆的压力也是不现实的。为了最大限度地满足广大师生的阅读和使用图书馆资源的需求，联大图书馆只好采取两种办法：一是

西南联大新校舍图书馆

加大图书流通效率，不得将所借图书携出馆外，对于携书出馆或不能在闭馆前及时还书的学生，每次罚款5角以示警告，连续4次则记小过一次，若次数过多则请学校严处（以1941年10月至1943年1月为例，学生借指定参考书不还者，罚款总数达3317元，这些罚款又用作添购参考书之用）。二是为避免少数人把持图书馆资源，更好调剂师生的阅读需求，实行了预约券制度（凭领书单连同入学证借阅），实现预约式短时间循环阅读，即：领得预约券后，每人每次凭证得借一书，每书只要读满4小时，即须将阅览权转交下一位预约人；如无人提前预约该书，则可再次续借。大四学生在论文脱稿后，则不再享受借书权利。但是，即便如此，参考书仍然供不应求，预约的人常常多于库存参考书数目的几倍，以致联大同学常为预约借书吵架不止。甚至，图书馆不得不在借书处的栏杆上加装木条撑住，以免同学在借参考书时因为拥挤把栏杆挤坏。

除此而外，为满足教学需要，图书馆讲义股还设立油印所，承印各系讲义。这也是全校唯一的印刷部门，校内的各类文件均在此印刷。中文系教授王力的语言学名作《中国现代语法》上下册，就是在讲义股印制的（因印量稍大，改为铅印）。

严文郁还说："本馆除在工师两院，设立规模较大之分馆外，复因校舍辽阔，及为减少空袭损害起见，在能负责保藏与公开阅览条件之下，鼓励系图书室之成立。并就各系之需要，或以一系为一单位，或联合数系成立一室。其所藏书籍由总馆提去自行管理陈列。如被教师指定为参考书，则须送阅览股管理。分工合作，在保存与应用上，均感极大便利。"

警惕之鞭

正常的教育教学需要之外，联大图书馆还得接受战争的残酷考验。联大到滇办学之后，昆明很快成为日寇空袭的目标。其中，联大作为海内外知名的学府，更是受到敌人突袭的重点"关照"。

据严文郁在《抗战四年来之西南联合大学图书馆》一文中回顾，1941年8月14日午后，敌机竟以27架重型轰炸机，从北郊窜入联大上空，对准图书馆从容投弹四五十枚。幸好都未命中，仅书库西北、东北中弹爆炸，馆舍倒塌，阅览室房顶和门窗被震坏。阅览室中的少数参考书、办公室中新到而未编的图书及期刊室的报刊被震塌之土埋于瓦砾中。

由于一年前学校曾有整体迁川打算（后决定仍留昆明），联大图书馆所藏书刊，都已悉数装箱疏散乡间。只有一些必要的参考图书，因需开箱取用，重要文件物品都因预先置入防空洞中而未被殃及。"当时火起，因抢救得力，旋即扑灭，同人夙夜挖掘书籍文物，迨敌人连续轰炸至十八日停止时，本馆抢救工作，即在紧张空气下完成。总计此次损失：除杂志报纸，因遭土压水浸无法保存外，书籍伤损者仅两三百册；至器具则荡然无存矣。为安心整理劫后残余起见，乃移书于西山之某寺中。因校中限令十月开学上课，暑假期中改为全日办公，故查晒书籍赶工至为忙碌。"此次，正在这里工作的沈从文九妹沈岳萌，在完成书刊资料的抢救和灭火工作后，回到住处时，却发现那里已被洗劫一空。在此空袭和被劫的双重刺激下，她逐渐走向了精神失常（后因此离职）。

不过，在遭轰炸后，除了沈岳萌的悲剧难以挽回，联大图书馆人还是以极大的热情投入到服广大师生的工作中。经过一个月的工夫，书刊资料全数整理完竣。此时，"本馆原址亦重建落成，一切恢复旧观。开学时，本校各部崭然一新，在一团朝气中如期上课，本馆阅览室亦准时开放。有鉴于此次轰炸，乃于开学后，除将指定参考书仍陈列大阅览室外，余悉改存地坛分馆书库。该地除

1941 年，西南联大图书馆被炸后的情形。（胡小平提供）

中西文书库外，另辟阅览室以备同学阅读普通书籍之用，惜为房舍所限，仅能容六七十人耳。此次修理阅览室及重建书库，费时一月，用款数万元；圬而不粉，华美虽不如前，而壮肃过之，大阅览室因一年级自分校迁回，复添置桌椅各数十，冀抢座之风稍遏。"

对于这次轰炸后在图书馆未受到较大影响的学习生活，联大结束四十多年后，杨道南校友还十分感动地回忆："当年日机经常来昆明轰炸，几乎天天都在放警报。同学们就携带书籍，疏散到学校北面地台寺后及黄土坡一带田野山沟隐蔽。但警报解除后，同学们陆续回校，图书馆又继续开放，学生们又继续攻读。特别是有一次空袭，图书馆书库被炸了，旁边教室也中弹，但图书馆仍想尽一切办法恢复开放，学生的读书并没有因此而停顿。"

是的，"八一四"轰炸没有吓倒西南联大图书馆人，倒成为馆中同人"工作上警惕之鞭"。从此，"保护书籍之安全，为图书馆之惟一要务"。也是自那时起，大家在充分发挥好图书馆作用，最大限度利用好图书资源的总原则下，更加努力地疏散和保护好书籍。同时，为克服经费困难，持续加力向国内文化团体及海外友邦呼吁赠书支持，以求馆藏书刊达到汗牛充栋之期望。

不过，正在联大图书馆致力于兴馆促学之时，由林语堂先生主编的散文半月刊《宇宙风》刊载了职业教育家庄泽宣的《谈升学与择业》一文，对这一战时的图书馆的情况给予了不太符实的报道。为此，1942年5月9日，联大图专函编辑部予以澄清，其函曰——

迳启者：顷闻贵刊《宇宙风》第九十六、七期合刊载有庄泽宣先生《谈升学与择业》一文，内中涉及敝馆，略谓："就西南联大来说，只有清华大学迁得四成，南开大学迁得二成，北大只得一成，所以直到现在，他们仍未能照常上课……图书馆的图书，最普通的只有二十多本，学生要借书，须先登记二三天、十天、二十天才成"等语。查敝馆自南迁以来，原有图书虽未能全部移出，然一般参考书之能购得者亦多具有。截至贵刊九十六、七期合刊发行为止，敝馆藏书中文共二六四四六册，西文共一〇三五〇册。本年四月底计算，中文已增至二八五〇〇册，西文增至一一七二一册，中西文杂志共一一四六种合九二六九册。阅览室共有三处：第一阅览室可容千余人，第二、第三亦可数百学生借书绝无任何困难，花一分钟即可到手。种种实情，均与该文不合，况敝校由湘迁昆，无论何时何地均能照常上课。即目前空袭紧张，学生缺课，虽至夜深，亦得补授齐全，断不至如该文所云因图书不全即"未能照常上课"等情。据此，敝馆惟恐社会人士不明真象，特函奉达。敬祈

贵编辑酌予更立，无任铭感。此致
宇宙风社编辑部

西南联合大学图书馆启（五、九）

应该说，在全体图书馆人的努力下，联大图书馆以其使命和担当，扎扎实实地担负起了为广大师生提供精神食粮和教学研究保障的重任。如严文郁所说，西南联大图书馆是在神圣抗战的狂风暴雨中诞生、洗练、茁壮起来的！其八年艰苦卓绝、全力以赴的杰出工作，是联大精神中极其重要的一部分。在这个图书馆中发生的许多感人故事，以及这个图书馆为培养读书种子、为传扬世界文明成果、为锻造国家民族所需的杰出人才作出的突出贡献，是与山河共永的！

有爱没有恨，好好做个人

——云大农场致联大附小

迳启者：

　　查本场农工何乐春等三名于本日预行警报时在本场城壕菜圃内拾获挂钟等物，查系贵校者。请即派员前来领回为荷。此致

西南联大附属小学

国立云南大学农学院昆明经济农场　谨启

五月四日

　　这是抗战硝烟中，在日机频繁空袭之时，位于昆明北门外的国立云南大学农学院昆明经济农场给西南联大附小的公函。

　　公函说，该场工友在预行警报时在其菜圃拾到挂钟等物品，经查系联大附小的物品，故请校方适时领取。显然，附小师生是在跑警报时遗失物品的。

　　小小的信函后面，是西南联大附小极不平常的办学历程。

　　"抗战烽火的大背景，像远山后面时隐时现的阴霾，更反衬出春城的阳光和煦与白云、蓝天、长虹的壮丽，我的小学生活就是在这背景下展开的。"联大附小校友张企明深情地说。

　　确实，西南联大附属小学这所在抗日战争中诞生的著名小学，已在我国基础教育史上写下了自己浓墨重彩的一笔。

警报声中诞生

在国家危难之际，长沙临时大学不得不迁滇办学，并改称西南联合大学。西南联大迁滇后，除了师生经受艰难困苦，随迁而来的联大教职员亲属也遭受各种各样的考验，其中幼小子女们的教育也是一大难题。

联大很快也考虑到了这个问题。为了解决教职工及内迁文化教育界人士子女入学难题，满足云南地方对优质中小学教育的需要，同时也为在昆明才成立的联大师范学院学生提供实习的园地，1939年9月19日，联大开始计划筹设附校。1940年7月10日，联大正式成立了附设学校筹备委员会，学校全称定为

1946年6月，查良钊（二排左三）等师长与手持毕业证书的联大附小毕业生合影。（袁扬提供）

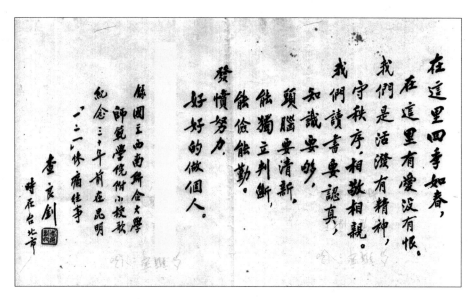

查良钊手抄的西南联大附小校歌墨迹，系笔者访台时查重传教授提供。

"国立西南联合大学师范学院附设学校"。9月3日，入学考试委员会举行了第一次会议。9月21日，又举行了第一次教导会议，议定10月21日开学。随之，日军侵入越南，昆明空袭频仍，只好改到11月1日开学。然而，临近开学日，空袭状况再行加剧，只好再次改缓。经过几番波折，1940年11月21日下午两点，在省立昆华工业学校大礼堂，联大附校终于举行了第一次开学典礼。办校之初，分中学部、小学部和幼稚园，录取学生310人。其中，附属小学六个年级，初中三个年级。

频繁空袭下，为了教师和小朋友的安全，学校不得不调整上课时间，使用便于携带的教具。小学一、二、三、四年级上午无课，下午三时至六时上课，地点在昆华工校东面的几间教室；五、六年级和初中各班则从上午七时半出发，疏散到西郊黄土坡以东的露天上课。

为了适应这移动的课堂，附小同学上课时只好使用可以折叠的支架，支架上放上一块用油漆漆过的木板，就算是课桌了。每天，高年级的小朋友们就坐在马扎上，在简易"课桌"旁听老师们讲课。如果露天有阳光暴晒，就准备一柄大伞和油布，用以遮蔽日光。到了中午，老师和小朋友们就凑在一起，喝一点稀饭，啃一点馒头，就算是午饭了。露天上课结束后，下午三时，师生们又返回学校，在室内上课（疏散时带去的教具则存放在租用的民房内）。"这些办法实行起来固然不容易，但是由此也可以知道当时适应环境，克服困难的作风。"（魏泽馨《校史》，载1945年12月出版的《国立西南联大师范学院附属中学校第五周年纪念特刊》）在这样艰苦的条件下，空袭的威胁妨碍了课业的教授，各年级只好借用全校的团体活动时间来补课，但也必须保证每周至少能有一次团体活动。

1941年8月，联大附校改换校名为"国立西南联合大学师范学院附属中小学校"。经过两年的办学，班次不断得到扩充，人数不断增多，中小学合在一起办学，管理和教学上已多有不便。于是，1942年8月起，联大附校中学部和小学部完全分开了。附小就以坐落在大西门外联大新校舍西南边的"浙江享堂"（举办丧事和停灵的地方）为校舍。附中则搬到北门街南菁学校上课。

个个都可以茁壮起来

附小始终有远大而踏实的办学梦想，从成立的那天起，就以"办抗战时期最好的小学"为口号，始终把培养德智体美劳全面发展、人格健全的小公民作为自己的教育目标。其办校宗旨有二：一是认真教学，对学生进行娴熟、正确、迅速、丝毫无误的学习训练（DRILL）和彻底、明白的理解力（UNDERSTANDING）培养；二是进行教材教法的实验性创造。

在学生录取方面，实行严格的遴选标准，在符合入学年龄标准的前提下，在入学考试中（1940年五、六年级的招生考试须考算术、社会、自然、作文、默读五科），如有一科分数为零分，概不录取。行政工作方面，在附校主任（相当于校长）之下，仅设教导、事务、出纳、会计四课（相当于今日之"处"，会计主任由联大会计主任兼）。另设辅导委员会、顾问委员会、生活指导委员会和设备委员会，同时以教导会议为全校最高审议机构，力求行政与教学合一，互为联动。

在学生工作方面，学校注重孩子们的身心健康，注重在实际生活中养成他们的价值取向。"在身体方面，除了通常体育卫生的功课之外，我们希望能与家庭通力合作，使儿童不染上寄生物、皮肤病以及其他可以避免的传染病，积极注意儿童身体的正常发展和卫生习惯的养成。……在这样家庭学校双方小心操护之下，个个都可以茁壮起来。至于心的健康，卑之无甚高论，只求学生有'出息'，能作的自己作，能受的自己受，当能负责自己负责，可尝试的鼓励他去尝试，遇到困难去设法克服……"（黄钰生：《西南联合大学师范学院附设学校成立趣旨》）在价值训练方面，尤以名人传记和有教育意义的故事为主要教材。对于一些有特殊情况的学生，学校专门召开级务会议讨论教育学生的方案，对于品学兼优的学生则设奖学金以资激励。

在这里，学校的老师和同学们都有这样一个共同的看法，即对每一个小朋友来说，品德的养成极为重要。王佩华校友回忆说：

有一天，我不经意地说了一句什么话，周围的同学立刻起哄："说丑话，喝泻药！"他们一面有节奏地喊，一面簇拥着我走向校医室。"说丑话，喝泻药"是学校培养文明习惯的一项措施，我不幸撞在了枪口上。看热闹的人越跟越多，我羞愧难当，满腹委屈，哭泣着、辩解着、挣扎着、抗拒着，在众目睽睽之下，勉强喝下"泻药"。那味道淡淡的，不难闻，也不难喝，喝了也没有拉肚子。事后我想，那恐怕是一杯普通的蒸馏水，加几滴小苏打。"泻药"之说，是用来吓唬你，让你牢记不忘的。果然，这杯"泻药"让我终身受益，在其后的时光里，我沦落到生活的底层，经历过极其恶劣的生存环境，却没有沾染出口成"脏"的恶习，我得感谢那杯"泻药"。

不践踏天才

学校从多方面鼓励和支持小学生的个性发展。不磨灭孩子的棱角，重视和保护小朋友的个性，关心小公民们的身心健康，通过美术、音乐等特长的培育，广泛开发小同学们的个人兴趣和内在发展潜力，是联大附小一贯的做法。

联大师范学院院长、附校主任黄钰生在附设学校"成立趣旨"中说："我们宁愿要顽皮淘气的孩子而不愿要无生气的孩子。根据这种认识，本校对于每个儿童的兴趣、胆量、气质加以爱护，对于艺术、音乐、劳作、团体活动等解决表现自我的科目，将特别注意。本校同人不敢希冀培植天才，但不踏践天才，例如图画，小孩子谁不好画？在儿童与物之间、儿童与人之间、儿童与事之间，碰着却是难免而且常有的事，教师虽然关心，而决不做褥垫，做靠山、围墙、代劳的使者。孩子们在现实的雨阳中长成人，而不是在暖窖中熏出来。……本校同人对于儿童个人兴趣必须小心翼翼地培植灌溉。世界对于儿童总是新鲜。"

"年轻的园丁精心培育幼苗"，这是联大附小的孩子们快乐成长的重要原因。曾在联大附小任教的刘瑜老师说："朝夕与那三十名学生相处，感情上打成一片，学习精神旺盛，竞争力强大，因每周，每年级一定有演说、壁报、清洁、游艺及体育上各项活动的比赛，人人有一显身手的机会，教师便助他们争取光荣胜利。"

在如此氛围下，孩子的天性受到了滋养。闻一多先生的幼女闻翽（爱称"小妹"）抗战时期也曾在联大附小念书。和别的小朋友一样，闻小妹也做过追鸡的游戏。她留下了小诗："我追鸡，鸡叫，躲进草里，鸡天真，草也天真……"她常常坐在小板凳上帮家里剥蚕豆，于是有小作品《一个大豆》："一个豆，脱下他的衣，/里面好像天，拆成两半，/一个会哭，一个会笑。"1944年5月初，闻一多全家搬回城里，她又写下了《乡村跑了》："又美丽又好玩的小乡村，/黄花香，绿草嫩，跑到哪里去了呀！/我在昆明，他在哪边呢？"

就算是因陋就简的体育活动，也受到孩子们热情的欢迎，积极的参与。冯钟潮校友回忆说："1945年，我在西南联大附小读三年级。学校只有几间分散在两个院落简陋的教室，这还是好不容易筹到的。操场紧邻一片坟地，在三棵大树间钉了两个秋千，另几棵树间钉了几块木板作为体育和游戏的攀登架，这几乎就是全部，但我们的老师非常好，在这里我们受到了生动活泼的全面教育。"

学校要有学校的样子，学校要有学校的文化气氛，学校要有学校的生活气息。在老师们的指导下，附小同学经常出版《附小壁报》，合唱团经常有精彩的表演，儿童节还表演话剧，图书室也主要由小朋友自己管理。校园内还有菜圃，班级之间经常评比种菜能手。附小校园的路边栽满了鲜花，小朋友们都非常热爱自己简陋又美丽的校园。

西南联大附小远足合影（周国杰提供）

在这样的好氛围熏陶下，联大附小的孩子们也养成了勤奋学习、爱好读书的好习惯。吴庆宝校友说："联大附小有一个图书馆，那个书可以借回来看。我就一本一本接着看，有的时候看着有趣的就一边走路一边看，那时候路上没那么多车。昆明的路脏极了，大小便什么东西路上都有，踩着也保不住，但就是为了看那书舍不得放。这不单是我一个小孩，我觉得联大附小的孩子们都是这样。"

教育"大动脉"的输送者

学高为师，德高为范。一直以来，联大附小的办学深受各方好评，尤其是深受学生的拥护。这其中，最重要是附小有一支敬业爱生的教师队伍。从校领导到普通教师，都倾其所有教授学生、爱护学生，既是同学们知识的传授者，又是品德修养的楷模。

附校主任黄钰生，是著名的教育家，一生热爱教育事业。对于联大附校的创办，他认为："这是平生最满意的一件事，是我的得意之作。"对于这一得意之作里面的孩子，他充满了父母般的喜爱。在联大附校，他的"摸头之乐"极为有名。他每看到学生健康成长，就发自内心的喜悦和慰藉。他自己说："我爱青少年，他们是祖国的未来和希望，见到他们，我总喜欢摸摸他们的头，感到这是一种乐趣，我称之为'摸头之乐'。"

联大附中附小都延揽了不少人才，联大的不少毕业生，或在这里任教，或在这里实习。翻译家严复之女严倚云、后来成为人口学家的戴世光夫人施宝贞等都曾在这里任教。附小教师刘瑜回忆，附小"对教师的要求是热心全力，不许有任何兼职（写作及对学生有益的活动例外），一旦发现兼职，马上辞退，毫不容情，所有时间不分昼夜，要为自己班中的三十名学生服务，每人的个案追溯、性格、品学、健康、思想行为等必牢记心中，随时有被查问的可能，待遇比别校高，节数比别校少，但干起来仍是日以继夜的忙"。对于来校实习的学

沈璇校友的西南联大
附小毕业证书（王自
力提供）

生，学校要求要按照一定的时间讲授一定的教材，在职教师则随堂听课指导，以训练和指导实习生的授课能力，绝不让实习的应有效果落空。

张企明校友回忆："老师中有不少是正规大学或师范院校毕业的，也有联大老师的家属，素质和水平都较高。师生关系大约受联大校风的影响，远较后来我到北平所上的小学更为平等、亲切。师生间相敬相爱，一片蓬勃向上欢乐融洽的气氛。"

这些师长，不仅有着过硬的教学本领，更有着吸引学生的人格魅力。他们对教育事业的极端热爱，以及浓烈的家国情怀始终影响着学生们。戴汝为校友回忆："回想起自己所受的教育，我庆幸走的不是一条'读死书、抠分数'的窄路，那时在西南联大附小、附中确实聚集了一支思想开明、作风民主、学术有成的高质量的教师队伍。他们把东、西方文化与科学巧妙而自然地结合，将做人的美德和渊博的知识，像大动脉输送新鲜血液一样传播到我们的头脑中。是良好的中小学教育使我树立了做人的准则，打下了较全面的文化知识基础，并培养了我们的广泛兴趣。老师对我们管而不死。在那个年代，他们的民主思想深深地感染了我。少时的熏陶往往影响人的一生，这一信念及作风，后来几乎贯穿了我的整个学术生涯。"

熏陶集体精神的文艺

联大附小校友吴植榛和冯姚平在《母校颂》中写道："昆明,永远占据我们的心灵。回忆起西南联大附小,就像回忆故乡和母亲一样。亲切的乡音、难忘的风土人情、熟悉的一山一水、一草一木都勾起无限的童年遐想。"对母校充盈着满满的浓情爱意。

爱,正是联大附小最鲜明的文化符号。和任何一所学校一样,联大附小有自己独特的校风。这一校风,来自联大"刚毅坚卓"的文化滋养,也来自南开学校活泼自由的风气。附小继承了西南联大的团结精神,1941年起就制定了自己的三环校徽。校徽呈三角形,上平下尖,白色为底,三方镶一道紫边,正中的上方为三个黑色的连环交叉小圆圈,代表附校隶属于抗战烽火中三校合组的西南联大(白紫为清华、南开校色,白黑为北大校色)。圆圈下为"联大附校"四字。

附小有自己的校歌,由语言学家张清常教授所作。全词为:"在这里四季如春,/在这里有爱没有恨。/我们要活泼精神,/守秩序,/相敬相亲。/我们读书要认真,/知识要多,/头脑要清新。/能独立判断,/能俭能勤,/发愤努力,/好好的做个人。"

这首校歌是"熏陶集体精神的文艺"(黄钰生语),其主题词为"有爱没有恨""好好的做个人",强调附小要培植和祥慈爱的教师与天真活泼的儿童,老师和同学们之间应该是相互欣赏,共同成长的。在这样的环境中,小朋友对师长的崇敬、教师对小朋友们的爱抚、小朋友之间的友爱都是发自内心的,积极的,融洽的,阳光的,向上的。在附小的校园里,处处充满着正义、正直、慈祥、仁爱、真诚、团结、和谐和快乐。

"有爱没有恨",就是要摈弃偏见、嫉妒、虚伪、抱怨、烦恼,将爱与善传遍整个校园，处处闪耀和气致祥的人性光辉。大家共同努力，一起留住快乐，抛弃烦恼；留住乐观，抛弃垂头丧气。在这样的氛围里，小朋友们的生活充满了互助与快乐，整个校园富有生趣。这就像昆明的天气一样四季如春，到处充满了欣欣向荣的怡人景象。爱的陶冶孕育了人们期待的教育效果，以致到了大雪纷飞的日子，联大附小的小孩子竟可以将年轻的女教师"雪葬"，将其变成"活雪人"，欢声笑语传遍校园。这也是学校教育最理想的环境了。

"幸福的小朋友们，在那四时如春的学校里，应当特别珍视那'有爱没有恨'的教育环境。只有在这苗圃中，仁爱的种子才易于滋生成长。"（查良钊：《仁爱的苗圃》）

孩子们当然也非常珍惜这来之不易的学习环境。也正是在这样的育人文化、伟大的爱力熏陶和培育下，孩子们"生活在爱的歌声里，烦恼根本挤不进去"（弗特：《教育之光》）。所以，"我们经过附小时，嗅着花香，看着花色，便想到在这儿有个花圃，里面培养着中国最宝贵的花朵"。（黄钰生：《回忆联大师范学院及其附校》）

"春风熙熙时雨滋兮，桃李向荣实累累兮。"从联大附小走出的这些宝贵的花朵，都竞相绽放，成了祖国各行各业的佼佼者和国家建设发展的桢干之材。他们中有钢铁冶金专家、中国工程院院长、英国皇家工程院外籍院士徐匡迪，中国模式识别科技终身成就奖和中国系统工程终身成就奖获得者、中国科学院院士戴汝为，国际热核聚变实验堆（ITER）计划中国专家委员会首席科学家、中国科学院霍裕平院士，电工学家、中国科学院院士、第三世界科学院院士、国际欧亚科学院院士严陆光，著名作家宗璞、沈龙朱、沈虎雏，著名翻译家、《拉封丹寓言诗》译者远方（胡淑云），著名社会学家潘乃谷，著名画家闻立鹏、何宝森，著名国际问题专家严四光，汤用彤之子汤一玄，冯至女儿冯姚平，楚图南之子楚泽涵等。众贤荟萃，群星闪耀，这是联大附小精心培植和影响下结出的累累硕果。

1946年5月4日，西南联大正式结束后，留昆的联大师范学院独立设置，改称国立昆明师范学院。联大附小也随之更名为"国立昆明师范学院附属小学"，并于8月1日发布了首批招生广告。1984年，更名为云南师范大学附属小学。

学脉赓续，千金难易。在联大附小办学精神的激励下，一代又一代附小人秉承联大附小时期的办学传统，勇于开拓，持续创新。他们始终憧憬着："我有一个美丽的理想，我有一个美丽的希望，它牵引着我的脚步，走上宽广的道路，给予我的心，以不断的希望与安慰。因此我不寂寞，我不凄凉，我可以架起生命的小船，把理想当舵，把希望当帆，乘着海上的风浪，航行到遥远的地方……"（1947年11月21日校庆献词）

正如尚嘉兰校友寄语新时代附小新少年的那样："科教兴国的道路长又宽，/一代两代走不完。/创新的精神要人传，/强国的重担要人担。/前辈创了业，/继往开来靠少年。"这从光荣历史走来的"有爱没有恨，好好做个人"的精神火炬，必将传得更久更远。

口说迁而脚不行

——蒋梦麟致陈立夫、顾毓琇

西南联大在昆办学后，学校总算相对安定了下来。梅贻琦曾经说过，联大之迁滇，绝不止是为了安全，若论安全，喜马拉雅山最安全不过，但那显然不是办学的理想之地。要办一所水准一流、影响至深、惠及民族的大学，最应考量的还是办学地须便利于办教育。

云南，拥有适宜办学的气候，更有滇越铁路、接轨世界的航线和正在完善的公路系统，是最为便利办学的所在。再加以淳朴的民风，云南地方政府和人民对联大充满了景仰欢迎之忱。这使得联大在云南得了天时地利人和的办学优势。

至于安全，倒不见得真的安全。联大才迁到昆明5个月，1938年9月28日，日寇就发起了对昆明的第一次空袭，来联大复学的几位战区同学在昆华师范学校宿舍被炸身亡。不久，更几次将空袭目标对准了联大，这简陋的学府哪还有安全可言？直至1940年11月27日，蒋梦麟致教育部部长陈立夫、次长顾毓琇的一封信，就很明了地表明了这一点。

其信写道——

立夫部长、一樵次长大鉴：

联大自一次被炸后，此后屡次空袭，均安然无恙。惟每次逃避警报，师生均须走避十数里内外，时间往往在四五小时以上，颇觉辛苦。有两次警报甫响，而敌机已在头上施放机枪，大家狼狈异常。弟等主张疏散澄江、晋宁两地，而为同人所反对，学生亦不赞成。故决仍旧在昆上课，时间则在晨六时至十时，午后四时至六时，晚间八时至十时。但近来敌机往往于晨七八时即来也。

图书仪器，均已移置郊外，师生精神均甚好，一切照常进行。学生中于前次空袭时受轻伤者一人，已痊愈。惟有学生一人，于逃警报时被军士误会枪击，因伤重致死。省政府已将兵士及官长惩罚。

一年级生决在叙永上课。因叙永在川滇公路上，昆叙往来较川中他处为近也。其余各院学生，均一律在昆明，且待明年再看。联大一般空气，倾向暂时不迁，以待时局之推进。

敌人正梦想南进，或不致再向云南攻进矣。且既撤广西之兵，似不必再向云南用兵。故联大之政策，可谓"口说迁而脚不行"。口说迁者，以功令犹在，一也；以防万一，二也。脚不行者，以行不得，一也；无脚行之必要，二也。故校中一切，以照常进行为原则。

仪器拟在离昆后较远之乡间，各系分为数处筑小试验室，开箱安置，以备学生步行前往做试验。

北大之救济费本年度六万余元，可否请嘱科早日拨交沈肃文兄领取，以年度将终也。此请

公安

弟 梦麟 拜启

十一月廿七日

俊升兄均此，不另。

信中的一樵次长即曾任长沙临大工学院院长的顾毓琇，信尾俊升即时任教

育部高教司司长吴俊升（曾任教于长沙临大，为联大师范学院筹备时院长预备人选之一）。

1940年10月13日，敌寇以27架飞机空袭昆明。在此次轰炸中，联大师范学院昆中北院男生宿舍全数毁于炮火，学院办公处及教员宿舍也震坏多处。清华大学办公处、文化巷联大教职员宿舍也被炸坏。在此信中，蒋梦麟略陈了联大在日机频繁空袭中下的情形。他说，自此开始，日机屡次发动空袭，不过学校总体来说都安然无恙，只是每次都要以四五小时的时间跑十多里的警报，颇为辛苦。有两次，警报和空袭几乎同时来到，师生们被弄得相当狼狈。

在此情形下，校方主张学校疏散到郊县。即文法学院搬澄江，理学院迁晋宁，还曾计划将师范学院移昭通。但是，和在长沙时遭到学生反对一样，这时的再迁之议，同样遭到师生共同反对。因此，仍然决定不再疏散郊县。为了避开敌人的空袭，除了将图书仪器移往郊外以利随时开展教学试验外，还更改了

同学们在简陋拥挤的科学实验室里。为了进行国家所需的学习训练，一大批莘莘学子跋山涉水来到联大，准备完成学业后回到故土重建家园。（美国国家档案馆保存）

上课作息时间以作应对。此时"联大一般空气，倾向暂时不迁，以待时局之推进"。学校决定，在日寇入侵越南的情况下，为防万一，即将入学的一年级同学，将在叙永开学。其余年级学生，则安驻昆明，见机行事。

一动不如一静。蒋梦麟说，此时，日寇正梦想向南侵略，应当不至于再向昆明进攻。所以联大的政策是"口说迁而脚不行"，绝不因敌之风吹草动再作流亡之举，以安安心心为国家办好大学。12月2日，联大举行国民月会，蒋梦麟发表演讲，表示除了一年级同学直接往叙永报到入学外，联大其他年级不再迁移，希望全体同学安心向学，"敌机肆扰，绝不能动摇我求学意志"。于是，空袭频仍下，联大师生奉行"无警报须当作有警报，有警报须当作无警报"的口号，始终按学校的部署，有条不紊地各就其事。即便疏散在野外，仍不放松学术和学业。

1941年，梅贻琦在《清华校友通讯》上发表了《抗战期中之清华（二续）》，其中亦云："本校与北大、南开合组西南联合大学——初为长沙临时大学——自二十七年春间，迄今恰已三年。联大情形，院系组织，一如昨岁所述，五院二十七学系，学生人数，增至三千人。在敌人进占安南，滇境紧张之日，敌机更番来袭，校舍被炸之下，弦诵之声，未尝一日或辍，此皆因师生怵于非常时期教学事业即所以树建国之基，故对于个人职守不容稍懈也。"

章廷谦在《在昆明》一文中则说："自民国二十七年九月二十八午前，日本飞机首次侵入昆明市空在西门外轰炸以后，就常来轰炸，如入无人之境似的。尤其在二十九至三十一的三年间，疯狂一般的，有一个时期不但连接着每天来，且有一天来两次的。才盛巷二号曾三次被炸，但都没有命中；所以当我们将离开昆明时，还依然是北大办事处，依然有北大同人住着，经过轰炸的门窗，也依然负着创伤挺立着，院中被炸断的树木又长出了枝叶，仍然临风摇曳，仍然有八哥鸟站在枝头歌唱。"这种面对穷凶极恶的敌人而大无畏的精神，是敌人的轰炸机无法摧毁的。

1941年8月14日，学校又遭遇较为严重的空袭。日军以27架轰炸机袭昆，对我联大进行有计划之轰炸。在此次轰炸中，新校舍第1、2、28、32等号男生宿舍，师院第2号女生宿舍和第1、2号男生宿舍，教职员宿舍及第7、8教室，南区生物实验室和图书馆书库被毁。此外，联大常委办公室、出纳组、事务组、训导处、总务处悉数被夷为平地。其余因之受损校舍亦重。此时，不少师生都以为在此重创下，新学期将无法如期开学，但梅贻琦常委要求总务处日夜赶工修缮，一定要确保新学期如期开学，他自己也连夜从城里回到学校视察情况，最终还是如期开学了。

18日，新出版的《当代评论》第一卷第七期刊登了文学院院长冯友兰教授的文章《联大被炸以后》，表达了一个名教授抗战必胜的信念。

冯友兰在文章中说："我向来有一种偏见，以为敌机总不会单纯地以文化教育机关为轰炸的目标，我所以有此种偏见，并不是因为我以为敌人是遵守国际公法底，是尊重学术，爱惜文化底。我的看法，完全是从军事方面着想。军事行动的主要底目的，是摧毁敌人的军事抵抗力。敌人的军事抵抗力摧毁以后，他的天上地下，都成了自己的囊中物，可以随便处置，何必先耗费自己的资源，作不必要底轰炸呢？我的这种看法，还有事实为证，当我军自沪宁退守武汉的时候，敌机轰炸武汉异常猛烈，但武汉大学，以远处郊外，未被轰炸。若论武汉大学的校舍的辉煌伟大，其惹人注意的程度，比现在联大的新校舍，真是'不可同年而语'，然而敌机并未以之为轰炸的目标。近来德国空军轰炸英国，也未以牛津或剑桥为轰炸的目标。当德国空军轰炸伦敦最烈的时候，英国政府的负责人说，英国空军轰炸德国，仍以军事目标为限，他们认为这是得到最后胜利的最直接底办法，因此种种，我一向总保持着我的偏见。以前中央、重庆、浙江、厦门、云南等大学以及上次联大师范学院被轰炸我总怀疑是由于波及。有些人说大学本身即是敌机轰炸的目标，我对于此类的话，总是将信将疑。本月十四日联大被炸，打破了我的这一种偏见。十四日敌机数十架竟是专为联大来底。他炸市区西北东南二区。这二区都是联大校舍所在底地方，他炸东南区，因为投弹不准，没有炸着联大工学院。但在西北区，他投弹相当准确。联大本部的文理法商师范学院及办公室、图书馆、实验室、教室、饭厅、教职员宿舍、学生宿舍，都曾中弹，我于是乃深信，日本军事当局的现在底战略中，大学生本身即是一轰炸的目标。"

冯友兰说，"这次联大被炸，可以反映一件事实，可以使我们在联大的人得到一种鼓励与警策。上文说，这次联大被炸，打破了我的一向底偏见。虽是如此，我仍相信我的看法，从事实的观感点看，是正确底。观于日本空军从前不轰炸武汉大学，我们可知，日本军事当局亦以此种看法，是正确底。关于德国空军不轰炸牛津剑桥，我们可知，德国军事当局亦以此种看法是正确底。但是日本军事当局为甚么改变了他们的看法呢？惟一底可能底解释是：他们对于军事进攻没有办法，在军事进攻有办法的时候，他们不需要轰炸后方，更不需要轰炸后方的与军事及制造无干底机关，试看德军进攻苏联以前一二星期，进攻

联大渐为稳定，三校相关研究机构也在昆明驻扎下来。图为陈达教授在设于呈贡县的清华国情普查研究所，这时该所开展了环湖县区的户籍示范调查。这是我国第一次人口普查实践。（选自《观察》杂志）

被轰炸后的西南联大

顺利的时候，他们并不轰炸莫斯科，便可明白此点，此次日机轰炸联大，其中虽没有被击落者，但其消耗，大概已在百万以上。联大的损失虽不小，但未必能及此数。此可见日本军事当局，在军事方面，已无法进攻。所以只可以空军轰炸吾们的后方了。"

冯友兰认为，"他轰炸吾们的后方，竟以大学为目标，这对于吾们的大学，实是一种荣誉。此次联大被炸，物质上虽受了很大底损失，但精神上我们觉有很大底胜利。因为敌国的军事当局，竟不惜以有限底资源，专派大队飞机，来轰炸联大，他们必是认为联大对于吾们的抗战建国，有相当底贡献。毁坏了联大，对于吾们的抗战建国，有相当底损失。他们如此重视吾们的大学，实在使我们在大学中底人，'受宠若惊'。这可见我们的工作，对于国家民族，是'功不唐捐'，这很可予我们以很大底鼓励。"（冯文中的"底"，等同于今之"的"。）

冯友兰期望，广大师生能在努力克服困苦生活的同时，不要减少对国家民族的热诚和降低工作的效率，应以敌机的轰炸为警策，使联大成为求智慧的圣地。他认为，这是联大的历史使命，也是北大、清华、南开三校共同的光荣。

蒋梦麟在信中所说的"口说迁而脚不行"，表达的就是联大从上到下对于抗战必胜、国家必兴的坚定信心，也是联大始终立足云南办好教育的伟大定力。

这儿的生活是抢夺的生活

——谷同学的一封信

1943年4月，全国学生救济委员会编印了一本《学生救济》，反映全国流亡学生在贫困交加的状况中接受该委员会救济的情况。书中多处提到西南联大同学的窘况，其中说："今日西南联大的学生，衣食住更发生了严重的问题。抢风成为学风，抢参考书，抢饭，抢座位，抢水，抢床位，这一切，无一不在学生争抢之列。"

书中所说的，真真切切地反映了联大学生的实际情形。联大同学的生活的确可以用一个"抢"字来形容。战争状况下，这些有幸得以在昆明上大学的学生，过的其实是极端刻苦的、你追我赶的学习生活，这种抢夺式奋进的风气贯穿了联大八年。

《学生救济》一书之外，早在1940年，机械工程学系郑以纯同学就在他的文章中说："在西南联大读书，是不能讲客气的，一天有四五次抢，从早上起身一直抢到晚上睡觉。谁要想保持'雍容揖让'的国风，就不能在联大读书。"

在郑以纯的文章发表后不久，1940年冬，又有一位同学化名为"谷"，给在新加坡的南洋华侨朋友写信，汇报在联大抢夺式的学习生活。其信写道——

××：

现在我已由重庆跑来昆明，而且进了联大已一个多月；这，大概不是你所能预料到的吧。

　　我在这儿的生活，可说是抢夺的生活：早晨一离开床便须赶紧向水灶跑，迟了或手段不够灵敏，那么热水便没有你的份儿，只好硬起头皮用冰一般的冰水来洗脸。洗过的脸水向地上一泼，调转头来又得赶快走上饭厅，当然哪，待你到时饭桶旁早已挤着一堆人。这时假如不愿挨饿，那就不必客气，用力挤进人堆。衣袖沾上了粥浆也不必管，用的碗愈大愈好，最好满满地盛上两碗，那么你才能去从容地用你的早餐。早餐后隔了点把钟，上课铃叮当的响了。去上课时，假如是选修同学很多的班，你就得跑步，跑到时，一双视线迅速地向全课室扫射一周，或许在偏僻的一角上给你发现了一个空位。那么，快！采取最便捷的途径去占领它，等你安稳地坐上这座位时，你才不妨用你底得意的目光射向那些课室外沮丧的脸孔。

在抢夺的生活中，抽暇郊游的联大同学。

午餐后，假如你想到图书馆去看教师指定的参考书，你得牢牢记住：早些去图书馆门前等候，开门时间将到，你得尽可能的向门边挨近。门一开，不管你体力多大，总得来个体力总动员，冲向借书柜去！不用说，借书证你应该早已拿在手中，这时假如手不够长，不妨用足尖支持起身体，一面用劲伸出拿借书证的那只手，一面用引人注意的声调喊着管理员，这时座位大概不会成问题。可是你得顾虑到这座位晚间是否接近汽油灯，当你由图书馆退出，你总得摆几本书在那座上。假如这时不安排好，而想到晚上再来找位置，那简直好比要想在沙漠中去寻觅一叶扁舟。

夜深时，由图书馆踱回宿舍，这才是一天战斗生活结束的时候。安静地向床上躺下吧！快去补充健壮的精神来应付明天那战斗的生活。

谷同学是由重庆到昆明来的。重庆作为战时陪都，国民政府创立的中央大学就在那里。中央大学的条件之优裕，西南联大当然是难以望其项背的。但谷同学放弃了优裕的环境到昆明大后方来自讨苦吃，所以他说："这，大概不是你所能预料到的吧。"

那么，联大何以有如此大的魔力，吸引谷同学放弃较好的条件前来吃苦的呢？他并没有说。但是他说，"我在这儿的生活，可说是抢夺的生活"，听上去并不觉苦，反以为乐。其实就是这种苦中进取的精神，像磁铁一样吸引着四面八方的同学前来报考就读。

谷同学在信中所说的联大这一驰名海内外的抢夺式、竞争中的学习生活，是从每天一起床的抢洗脸水开始的。

起床抢洗脸水

在昆明，不管是1939年夏天才建成的新校舍，还是其他几处租借的校舍，联大校园的用水都是相当紧张的。

新校舍竣工使用前，联大用水资源仅有财盛巷总办公处水池1个，文林街军训1大队水井1口、水池1个，胜因寺师生住宿区水井1口，工学院迤西会馆和全蜀会馆水井3口、水池2个，三分寺外昆华农校水井1个，三分寺昆华工校水井2口、水塘2个，龙翔街昆华工校水井2口。

新校舍建成后，校园里虽然也挖了水井，但也仅有北区3口，供不应求。特别是到了干季，水井干枯，更成困难。在此情形下，联大同学只得以使用过的美制空罐头盒改造后用以汲水。至于热水，学校的两个茶炉室每天只供早晚两次，而且常常无法满足所有宿舍的需求。

这样，抢洗脸水自然就成为一天生活的重要内容。

作为联大一天生活的开端，不用说，抢洗脸水的前奏，自然是抢早起床。如果不能赶早起床，哪有抢洗脸水的机会？启濂在《联大学生一天的生活》里写道："自己也不大清楚，早上是几时起身的。只知道从梦中醒来之时，隐约听得窗外已有人声。不管你昨宵的疲劳，是否已经消失，你总得拉起帐子，离开

西南联大的大水井

可爱的温暖被窝。一天的工作，就这样开始了。"（写于1940年）

社会学系的梁琢如同学也写道："拂晓，一切都是沉寂的，晚秋的寒气笼罩着大地，蓝色而淡薄的曙光，浸透了窗间的破纸照进了我们的宿舍。这时陶醉在梦乡中的人们都渐渐地醒来，懒洋洋地在温暖的被窝中，翻身子。讨人厌的号声，在冷静的空气中震荡着，像催魂的鬼叫。壮丽的楼房内起了稀微的骚动，接着楼板无节奏地乱响，断续的谈笑声，粗鲁的歌唱声，混乱地送进空气里。同学们都起来了。院中的大井台边，挤满了人，他们拿着脸盆，争先恐后地抢着打水。"（《生活在西南联大》，写于1941年）

起床号是抢洗脸水的重要信号，晚一步起床或动作稍微迟缓一点的同学，大概是很难有抢到洗脸水的机会。而要绝对抢得先机，一些同学自然在起床号响起以前就已整装而发了。"只要起床号一吹，马上便满院子跑步声及脸盆与牙缸的碰撞声交响着。慢慢你也想早，我也想早，未吹起床号前，便有许多人在洗他们的脸了。目下规定六点起床，在冬天，天也不过才亮，再稍早一点，天还漆黑呢。然而为了不至于用冷水起见，也只有如此而已。"（慕文俊：《联大在今日》，写于1940年）

本文开头提到的郑以纯同学1940年在校时所写的《联大风光》，描绘的实际也是联大学生每天的争抢生活。他在文章一开始，就绘声绘色地描述了抢早起床的盛况和赶到热水炉旁抢洗脸水的情景："一清早，灰色的天幕还低垂着的时候，呜呜的起身号就响起来了。立刻，宿舍内起了骚动，大家赶快起来，奔向'老虎灶'进行一天内最先的竞争——抢洗脸水。所谓'老虎灶'，有一个深达四尺的水锅，虽然也备有勺子舀水，但事实上是等不及的，用随带的面盆来舀，不是干脆得多吗？水渐渐的浅下去了，因为锅子深的关系，人舀水时鞠躬的角度也渐渐的大起来；水将到锅底时，必须连人连面盆全伸入锅内。因此问题来了，有时一个前倾，两脚脱空，腰部刚好扣在锅沿上，两头不着力，情形有似乎'驼子跌筋斗'而完全相反。好的是锅子旁要水的同学很多，决不忍眼看你在'老虎灶'玩'跳水'，少不得要助上一臂之力。一阵哄笑固在所不免，但牺牲者也不是没有代价的，他使抢不到水的同学的不开心，化成一团和气，高高兴兴的去洗冷水面。"文章中再现的场景，颇像笔者儿时在农村，弯着小小的身躯，往杀年猪时煮沸的大铁锅里舀水的情景。这种情形，在笔者儿时，每年也就一两次，而在联大同学却是每天的家常便饭，其艰苦可见一斑。

但是，在如此供弱于求的状况下，哪怕起得早，也还不见得抢得到洗脸水。中文系的萧成资（后改名萧望卿）同学，是在四川叙永分校入学的。他在1941年的一篇文章中说，在叙永时，哪怕到了严冬季节，也要到永宁河边去洗脸。到了昆明，条件好了一些，"可是天不曾亮就起来，也难抢得一滴冷水"。正像他所说，水资源紧张之时，不要说热水，有的同学连冷水也难抢到了。

所以，不管冷水热水，抢到的话总可算是一天幸运生活的开始。这意味着，你是这一天学习生活的抢先者，也是一天里校园资源的有力竞争者。

进食堂抢饭菜

联大土木系校友王伯惠曾回忆过联大壁报上吴宝初、陈炎创所画的漫画："记得有一幅画的是在食堂里一大堆同学围着一个饭桶抢饭，有位同学的眼镜挤掉在饭桶里，狼狈不堪，却在外面地上来寻找。大家看了画都发笑——然而那是含着眼泪的笑！当时学生的生活——一碗饭还没吃完，饭桶里的饭就抢光了——就是如此！"

是的，洗脸水紧张，吃饭更显困难，"抢"风首先滋长到了这里。联大初到昆明之时，物价低廉，师生生活都显得特别优越。但是，时间一长，物价渐涨，联大同学又多来自战区，经济来源渐断，吃饭就成了大问题。

毕竟是学校区，讨生活的昆明老乡在新校舍校门外摆了一些小吃摊位。不管早餐还是晚餐，饵块等云南美食等着师生们光顾。可是，对于大部分同学来说，囊中羞涩，是不敢、也没有条件常常出校门饱享地方风味的。由各膳团的同学们自己采购平价菜品的食堂，自然更吃得起一些。

这样一来，匆匆忙忙地抢到一把洗脸水简单洗漱一下，就得赶紧掉转头来，冲向食堂抢饭（其中新校舍仅有食堂2栋）。食堂里只有几个盛饭的木桶，大家一齐涌向了这里，这里一下子成了同学们奋力争取的新战场。这时，人挤着人，声音压着声音，这样的拥挤，"真不弱于银行的挤兑！"（慕文俊:《联大在今日》）

和抢洗脸水一样，莫道君行早，更有早行人。有的同学"穿好衣服，梳洗完毕，满以为今天起身得非常之早"，可是等他"跑进饭厅，走进桌子一看，那只孤独的破碗中间的粥菜，早已被人'捷足先登'，吃个精光了。于是只好花一毛钱，买根油条，过此一顿早餐。有时稍迟一些，竟然连粥也没有"。（启濂:《联大学生一天的生活》）

"迟些来，粥菜当然是没有了，给同桌的或别桌的同学吃光了；但事实上，粥菜不过是'末'，天天总是一些洋薯沙之类，不吃也不稀罕；重要的乃是粥'本'身，普通饭碗不够大，非用菜碗不可，有的甚至拿钵；但拿钵到底太'猴子相'，因此普通是在左右手各拿菜碗一只——武装好了，到粥桶边混战一场，粥或许可以抢到，但有时身上却不免挂彩，东一搭，西一弯的，真也不大雅相，但也顾不得了。粥是薄到不可再薄的，到饭厅里食客快走光的时候，升旗号也大约要响起来了。升旗礼后方是早餐号，但是只有傻子才会跑向饭厅向空了的粥桶发气；如果来不及在升旗前吃好早餐，那只有向外面去吃早点，或者饿上一顿了。"（郑以纯:《联大风光》）

早餐如此，午餐和晚餐之抢自不例外。下课铃一响，食堂又是一派热闹的竞争场面。联大同学的午餐和晚餐也极其简陋，食堂以有限的经费购置到的大米，常常是夹杂有谷粒、稗子、秕谷、糠末、石屑、砂子、老鼠屎和霉味的糙米，由这样的米做成的饭常常不堪一嚼，被同学们戏称为"八宝饭"。"初来吃的人也许吃不惯，但是我们却习惯了。有时饭显得不够，同学便争先地去抢饭，抢着的心里便很愉快，没有抢着而身上又没有钱的，便只得扎紧裤带挨饿。"

（山蒂：《西南联合大学学生生活纪实》，写于1941年）

李西在《给来联大的同学——联大一年级同学在昆明》一文中生动地写道："我们一天二餐，在上午十一时前一节课，在我们头脑里，老是盘算着'赶紧下课，跑饭厅，抢饭'。朋友，听到'抢饭'，你或许要笑，这些年轻人，说得正经，里面好多同学是早做爸爸了。对这'抢饭'的训练，也学得不少门路。厨房门刚开一扇，七八步前早有了埋伏；伙夫把饭抬出，我们的手神经地早伸进饭桶，伙夫也气呼呼地挤在中间。'抢饭'，说它是喜剧吧！就这样立刻表演了！幸亏女同学有她们独立的膳团，像这样营养既无，还处处出卖费力气的场合，是难碰到的。"（写于1942年）

女同学真的就不用抢吗？且看联大女生郑延（笔名"阿延"）所写的《西南联大生活拾零》的片段："读了半天书，肚子饿了，铃儿一响，甚至于只要菜一摆上桌子，大伙儿就赶进食堂，没有凳子，大伙儿得站着吃，抢饭抢菜一点儿不客气，客气肚子就得受委屈，不吃饭哪来的劲念书？文明礼貌也得有饭吃才管得着。"（写于1939年）

不过，抢到饭还只是第一步，抢够饭则更需技术含量。久而久之，联大同学慢慢总结到了抢饭的要领：一是吃得足够快，这样可以很快再加一碗或半碗；二是第一碗不要盛得太满，有利于早些吃完又去加饭。否则，等一碗饭慢慢吃完，木桶里早已无饭可供。比速度或者比策略，你自己选吧。

可以说，抢饭之风，也蔓延了整个联大校园。

到教室抢座位

联大常年在校同学只有不到3000人，以其系科设置之多，本来是不该拥挤的。可是因为教书的先生多数是国内文化界、教育界的翘楚，每有名师授课，往往有大批非本系的同学，甚至教师前往听课。不仅联大师生争相听授，昆明街巷的热心民众，也常常慕名而来，自由旁听。

这样开放的课堂，教室里的座位自然是不敷分配的。于是，有的教授的课堂，教室里挤满了人，窗外挤满了人，就连教室旁边的树桠上也坐着听课的人儿。那么，想在教室里觅得一方座位，自然就得靠抢了。

从此，在联大同学的笔下，尽是抢座的盛况。

——"教室里的座位都是椅子，右边有一块板子，以便写笔记和放书。若是遇着必修课程，一班常有二三百人，而教室位子有限，也必须抢着占座。有时同学常在头一天晚上拿本不要紧的小书或杂志去占座，以便第二天上课；若是第二天占座的书被人丢开了，那就只得站着听讲和记笔记了。"（山蒂：《西南联合大学学生生活纪实》）

——"在联大，除了工学院的情形稍有不同外，其他院系是很少有点名的事情的，上课是相当自由的，除了有时你得自己抢座位搬椅子，因为教室太小，旁听的人又多，去晚了就只好站在窗子外面听，在联大旁听课的人真是三教九流，无所不包，有外系同学，有助教，有教授，有教授眷属，有附近别的大中学的教员学生，甚至有与教育学校文化等完全无关的人。物理系的教授旁听算学系的课，算学系的教授旁听中国文学系的课，一点都不奇怪，而且那情形，除非你特别熟习内情，局外人简直看不出来有什么特殊的地方来，因为教授穿的和一般同学都差不多，甚至还要寒伧。"（自汗：《自由教学的西南联大》，写于1945年）

——"有些课程，选读的学生较多的，小小的课室容不下，不少迟些儿到的学生们，便只得拥在四边的窗口外听讲，不但屁股得不着椅子的奉承，左手还做了临时的桌子，托着练习簿写笔记。因此每当上课铃响了时，不少学生是在连跑带跳的抢进课室中去！他们那种刻苦奋进的精神，实令人钦佩。"（天籁：《西南联大拉杂谭》，写于1941年）

——"教室里的位子也不容易坐到，教室的位子坐满了，只好站在教室的每个角落，有时教室里也站不下去，结果站在教室门口，窗子下的空地，个子矮些的，只好听收音机似的不见其人，而听其声。演讲的时间还差一二小时，座位便老早被人占满了，演讲的时间，多数为两小时，讲完了，教授特别准许我们发问，一问一答，有时问得巧而答得妙，兴奋极了。……上课铃响了，一群抱着书本和讲义夹的同学都向教室里跑。有时上课铃尚未响前，教室里也放满了占位子的书、笔记之类，每个人都想占得好位子，所以抢位子的技术也得训练。课本是不容易买到的，何况现在大家都是穷光蛋，就是有课本的话，笔记还是少不了的，你没占到好位子，听讲的时候当然吃亏些，笔记记不好，将来考试又危险，考试万一失败了，贷金又成问题，也许还要你滚出去。啊！抢位子上课太普遍了，哪里用得着客气的，男同学让位给女同学是绝对少数的，除非别有企图。"（梁金：《紧张，抢——生活在西南联大》，写于1943年）

——"西南联大确实大得可以，每班的人数八九十人不足为奇，于是问题又来了。上课时椅子不够，得向别的教室去拖；坐在后面的人，既听不清教授的高论，又看不明黑板上的蚯蚓文，于是大家抢前座。但是'Lady First'乃

联大同学在院系阅览室苦读一景

是'天之经也，地之义也'，第一排当然不用说，是女生的宝座，碰不得的，竞争的目标乃集中在第二、三排，早在上课以前，就有人默默地坐在教室里，因为要抢好座位。后来抢座位的风气越来越盛了，前五六排的好位子，总是排满了练习簿之类的东西，表示已经有人定座。可是'强中自有强中手'，在微积分课要排定座位的一天，一位仁兄就在早晨三点钟出动，把所有座位上的书呀簿呀之类，一扫而空，全堆在讲台上，自己就坐在最好的位置上。四点钟起，便陆续有人来了，对于这个办法哪有不赞成之理，人一多，形式就定了，等到原已用书呀簿呀定了座位的同学施施然来到教室的时候，早已'英雄无用武之地'，要争也乏味，少不得委屈一次了。"（郑以纯：《联大风光》）

的确，为了抢占座位，联大同学可以说使出了浑身解数，想尽了各种特别的办法。一开始，提前占座倒是个好办法，时间一长，这种取巧的办法都不太奏效了。先到先得的笨功夫，永远是抢座的不二法门。因此，一天的抢座，又得回到赶早起床，从抢洗脸水开始。当然，再如何着急，也不至于不睡觉候在那儿吧！

挤图书馆抢参考书

图书馆是西南联大的文献中心、文化中心，也是学术资源中心。组成联大的三校及北平图书馆从平津、湖南等处运来的中外文图书、期刊、报纸，甚至部分教授寄存、转售的图书，也集中存放在这里供师生和有关学者阅览使用。这里，于是就承担着全校师生进行教学、研究和问学的重任。

对联大同学来说，图书馆真是值得充分利用的一方宝地。在偌大的联大，由于课室白天要上课，晚上又因为灯光阙如，难以利用；宿舍无论白天晚上，昏暗的灯光和嘈杂的环境，除了睡觉更是无法用于静读。于是，图书馆永远成为全校最光明、最宽敞、最适宜读书的地方。每天，明亮的汽灯照彻着这知识殿堂，吸引着每一位用功的人儿往这里挤。图书馆只能容纳四五百人，但全校每天至少有2000人的需求，那就只有从抢图书馆的座位开始。不管哪个时段，讲究的仍然是一个"早"字，去晚了，就抢不着座位了。

在那抢座最厉害的课堂，老师们总会用实际行动强调和证明，单是学校下发的那点课本和课堂上那点笔记，单是照抄、照背、照搬教授在课堂上的观点，可甭想获得好成绩。弄不好，还将有在考试时交"卫生卷"和挂科的风险。在学习上获得好成绩的法宝，唯有扎扎实实的阅读功夫。老师们指定的若干参考书，是务必要逐一读完的。参考书以外，自觉自愿的加餐，也是必要的。

但是，战争时期，哪有充足的图书资料可供选用？一本参考书，往往有十几人、几十人、几百人等着享读。为了获得阅读参考书的机会，那又就只有一个"抢"字。

山蒂在《西南联合大学学生生活纪实》一文中说："我们的功课是非常紧张的，读书的风气很浓厚，因为这样，我们校内外的活动就减少了不少。教授们的考试很多，有的甚至每星期考一次。分子也打得很严，有时学年分数给你五十九点五分，你便得在下年度重新读一遍，而毫无通融。教授们指定的参考书，必须去看。但这些书都买不着，只有图书馆里有，所以必须尽早到图书馆去抢领。而图书馆的座位因为太少，也是要去抢着占座的。"

如此一来，图书馆"早晨馆门未开，学生即在门外等候，以抢位置。馆门一启，即蜂涌而入，有拉破长衫者，有跌倒在地者，有竟将职员柜台推翻者，联大学生常以此自豪，谓我辈读书须争先，绝不可后人，方显得精神。"（王育清：《联大生活屑》，写于1940年）

但是，抢到座和抢到书是两码事。沈石在《西南联大群相》一文中说："图书馆一到开馆，前十分钟，成百的同学挤在门口，门一开，蜂拥的挤进去，马上争先占座位；阅览室的必修书籍极少，门一开，潮水似的挤进去抢书，抢了座位的抢不了书，抢了书的抢不了座位，必须两人合作，才能收双臂之效。不过，女同学有时例外，因为许多保驾的早就替她们抢好了。"（写于1946年）

这样"抢"图书馆等的情形，不止昆明主校区如此，就是短暂存在的蒙自分校和叙永分校照样是这样。在蒙自，"图书馆中虽可怜的只有几百本书，却是你抢我夺，迟去了没有位置"。（徐志鸿：《国立西南联大在云南》，写于1938年）在叙永，"校里从不打起身钟及自修钟，但天一亮，学生就争先恐后的起来了。几百人在一块读书，虽无人监读，但却鸦雀无声，埋头努力。……抢先的风气也很盛行。例如在教室中要抢前面的座位，在图书馆开放的时候要抢借书（因为书太少，不敷分配），所以图书馆还没有开，门口已挤满了人。课一下，大家都像赛跑似的走，街上的人看了很奇怪，其实不过为了前后课教室改换，要尽先抢个前面的座位，便利听讲而已。"（白水：《西南联大学生生活》，写于1941年）

"太阳一起抢到夜，快把功夫练好他，强盗贼来都不怕……"其实联大同学的"抢"还不止这些，因为学校条件简陋，学业紧张，几乎什么都靠抢。1948年，离开联大几年后，章正续校友在《忘不了的联大》一文中就写道："联大给人的回忆，是一段'抢史'。自抢着注册选课，抢饭，抢座位，抢学分，乃至抢洗脚水，抢毕业，……而且愈抢愈狼狈，愈抢愈穷。记得离开昆明的前一两月，是抢着卖旧衣烂衫。"

然而，他们在这样紧张激烈的争抢氛围中度过每一天，却从不厌倦，从不疲乏，反而抢在其中，乐得其所。即便是在黑甜乡里，有的同学所梦的，居然还是抢洗脸水、抢饭菜、抢教室座位、抢图书馆参考书、抢泡茶馆、抢时间、抢听讲演、抢出壁报之类，真让人哭笑不得。

他们身处这样的生活，沉湎这样的生活，也赞赏这样的生活。他们说："我们的生活是紧张的，富于战斗意味的，从抢早餐的稀饭开始，中间抢教室座位，抢借图书，抢阅览室位置，晚上下自修的铃声响了，一天的战斗才算收场。但我们的精神还快乐，人是常爱在理想中寻梦的。"（萧成资：《西南联大在叙永》）

谷同学的这封信是刊登在1940年12月的一期《南洋商报》上的。这份报纸的创办人是著名爱国侨领陈嘉庚先生，他曾应西南联大学生自治会之请，在这年8月9日晚七时半，偕秘书李铁民来校，作了题为《西北考察之观感及南洋侨胞之概况》的闽语演讲（由秘书翻译为国语）。在长达两个小时的演讲中，陈嘉庚报告了在延安解放区的见闻,"南洋华侨人数、义捐、抵制诸项努力,及教育、经济情形,并略述抗战之乐观,勉励青年勤学节约等事"。(陈嘉庚:《南侨回忆录》)他热切勉励联大同学:"诸君皆为中国青年,负有抗战建国大责,幸逢民族复兴之时机,身当民族复兴之重任,尚望忠诚治专,信义待人,则个人国家之前途,实利赖之。"当晚,有两千余名师生及各界来宾闻讯前来聆听演讲,成为联大校园里无数次抢听名人演讲中的一次实况展示。

其实,在陈嘉庚来联大之前,联大的勤学风气早已形成。谷同学在信中所述的抢夺的、战斗的生活,就是包括一批华侨子弟在内的联大同学勤学苦学的写照。很显然,这封信不仅吸引着一批华侨学子报考就读联大,也鼓舞着广大的南洋侨胞在海外继续为祖国的神圣抗战而竭尽所能地献计出力。

作百年树人之计

——汤用彤等致胡适

适之先生：

　　敬启者，用彤等旅居昆明，已历三载。第一年十二月十七日为北大四十周年。第二年则先生所领导之北大文科研究所重行开学于滇省，用彤等率研究生十人同居靛花巷者迄今已一年有半。今则经第三次之十二月十七日，恰逢先生五十大庆，国家抗战成功已露曙光，国际局势尤见好转，用彤等见国家学校于危难重叠之中均得撑持，实不能不仰怀先生教育之成效，使节之功勋，而益加奋勉。因此对于文科研究所拟有改进之计划，愿为我公略陈之，伏祈予以指教。

　　原夫世界著名大学，类必有特殊之精神及其在学术上之贡献。若一大学精神腐化，学术上了无长处，则实失其存在之价值。北大自蔡先生长校以来，即奖励自由研究，其精神与国内学府颇不相同，而教师、学生在学术文化上之地位与贡献亦颇不后人。今迁校南来，精神物质均受巨大之损害，学校虽幸而存在，然比之我公亲自主持之时，所留存者不过同人等之老卒残兵。此则如不及时加以振奋，恐昔日之光辉必将永为落照。而且国家厄运似终止有期，本校应可重返旧京，事前亦不能不预为筹备。用彤等教学文学院，以为文科研究所过去颇负名声，而现在则为北大唯一之自办事业，欲北大文学院之重振，并为复校以后预备，显应从充实文科研究所着手。年来用彤等随时商谈，积有若干意思。此后办理方针应继承先生手订之规模，参以二年来办理之经验，一方与历史语言研究所密切合作，一方在可能范围内积极加以充实。其充实之途径，约分四项：

一、设法使大学本科文学院教师与研究所融合为一，促进其研究之兴趣，学校多给以便利，期其所学早有具体之表现。

二、聘请国内学者充研究所专任导师，除自行研究外，负指导学生之责。如此则学生受教亲切，成绩应更优良。而北大复校后教师实须增加，本所现聘导师亦即为将来预备。

三、在现状之下酌量举办少数之学术事业，如重要典籍之校订，古昔名著之辑佚，敦煌附近文物之复查，南明史料之收集，藏汉系语言之调查等。

四、现在学校书籍缺乏，学生程度亦较低落，研究所学生应令其先读基本书籍，再作专题研究。而优良学生于毕业后，学校应为之谋继续深造之机会。

总之，北大文科图籍沦陷，旧人颇见星散，实宜及时重加振作，并为将来预备。上述四项仅略陈纲领，详细办法已在商榷。惟北大现在经费有限，虽加聘导师经费梦麟先生已允设法，然积极扩充自须另辟财源。用彤等默念先生为北大之柱石，文科研究所之创办人，今值我公五十大庆，崇德报功，应有以贺。窃拟邀集中美友好在美洲筹集专款若干万元为扩充研究所之基金（办法用途容后详商），既伸借花献佛之忱，又作百年树人之计。想先生于勤劳国事之际，必常眷念学校，盼能俯顺微意，惠然允许，北大及中国学术前途实利赖之。特此奉达，敬颂

道祺，并候

德音

此函本欲候孟真、今甫两兄连署，以两君在渝久不归，故先发。谨附陈。

汤用彤　姚从吾　罗常培　郑天挺　谨上

二十九年十二月十七日

这是1940年老北大42周年校庆日，以所长汤用彤为代表的北大文科研究所四位同事写给胡适的信。胡适系12月17日生人，其生日与老北大校庆日相合。作为北大文科研究所所长（三校迁滇之初亦系联大文学院院长，其院长职由冯友兰代理），远在美国的他也始终是全所的精神领袖。这年，北大的校庆日，同时又是胡适五十寿庆纪念日。因此，在昆明的北大文科研究所同人，特从昆明靛花巷专函胡适，借汇报研究所境况、计划，以向胡适祝寿。

合组西南联大的三校原来均设有各自的研究所，以培养专门研究人才，毕业了一批学业专精的研究生。全面抗战爆发后，经过长沙、昆明的辗转迁徙，各校研究机构均告暂停。

三校到昆明后，经过一年左右的筹措整顿，又都相继恢复了同属于联大和自己的研究机构，对外多以西南联大和本校的名义进行招生和开展研究事业。至三校复员北返前，七年时间，"西南联大有7个研究所，先后设过25部。其中，北京大学有3所：文科研究所（设外国语文、中国文学、语学、史学、人类学5部）、理科研究所（设物理学、化学、地质学、生物学4部）、法科研究所（设法律学、经济学部）。清华大学有3个研究所：文科研究所（设中国文学、外国语文学、哲学、历史学4部）、理科研究所（设算学、物理学、生物学、地学、化学、心理学6部）、法科研究所（设政治学、经济学、社会学3部）。南开大学有一所：商科研究所（设经济学部）。此外，清华大学还有5个特种研究所：农业研究所（下设植物病害学、昆虫学、植物生理学三个组）、航空工程研究所、无线电研究所、金属学研究所、国情普查研究所；南开大学有边疆人文研究室（设边疆语言、人类学、人文地理、边疆教育四个组）。……它们除了培养出一批研究生外，还与联大各院系相互依托、配合，在极其困难的条件下，取得了举世瞩目的丰硕成果。"（吴宝璋：《西南联大与西部开发》）

三校的研究所中，北京大学文科研究所创立于1918年，早年称北京大学研究所国学门，后又改称北京大学研究院文史部。1934年后称北京大学文科研究所。1939年5月开始筹备恢复后，随中央研究所史语所设于昆明靛花巷三号和龙泉镇宝台山响应寺。研究所恢复之时，所长即由胡适担任，因他常年在美担任大使，故由傅斯年代理所长，郑天挺为副所长（傅、郑两位同时也是史语所所长、副所长。后傅斯年辞职，由汤用彤任所长），共同处理日常所务。

昆明时期，北大文科研究所以傅斯年、郑天挺、杨振声、汤用彤、罗常培、姚从吾、叶公超7人为委员。当时，凡北京大学文学院教授、副教授中的研究生导师皆为当然导师。另外，聘陈寅恪、李方桂、丁声树为特约导师，向达为专任导师。研究范围共分为：（一）史学部分，通史中各段及哲学宗教史、经济

1941年4月27日清华大学30周年校庆纪念会，在昆明迤西会馆"百年树人"匾下合影。左起：施嘉炀、潘光旦、陈岱孙、梅贻琦、吴有训、冯友兰、叶企孙。

史；（二）语学部分，汉语学各科、边地语言、英吉利语言学；（三）中国文学部分，中国文学史及文籍校订；（四）考古部分，考古学及金石学；（五）人类学部分，体质及文化人类学；（六）哲学。另设文籍校订、中国文学史、中国语言、英国语言、宋史、明史、中国哲学与宗教等7个工作室和编辑委员会，各由文学院教授负责主持。

研究所恢复后，规定了报考者的应考资格，须具备以下所有条件：（一）公私立大学文学院毕业者，或其他学院毕业有适当论文者；（二）著有论文者；（三）年龄在三十岁以下，身体强健者。因此，北大文科研究所的投考者需要有较好人文素养和文科专业训练，能够很好完成论文撰写。因为学术研究也是一段苦旅，所以还得非有过硬的身体素质不可。达到以上条件，即可缴付毕业证书或毕业证明书、专业论文、3张二寸半身标准照片，以及其他学业证件（此项可缺交）。经审查通过后，即可在昆明或重庆应试。据周法高先生回忆，被录取后，"每一个研究生每月可以拿五十元补助费，在当时是非常宽裕的。当时中学教员也不过拿百元左右的薪水。当时的伙食是十八元一月，每天的菜都很不错，除了十个研究生的伙食外，还有导师另外开一桌。"（《记昆明北大文科研究所》）

恢复后的北大文科研究所分别于1939年8月5日及9月15日两次进行首批招生，第一次录取8人，第二次录取5人。其中，录取北京大学毕业生8人、清华大学毕业生2人、中央大学毕业生1人、四川大学毕业生1人、东北大学毕业生1人。因故休学3人，实际到所者10人。

首批招收的各研究生研究范围及导师分别为：（一）语学组：1.马学良——广雅义类研究（导师：罗常培）、宣威卡拉卡保保语之初步研究（导师：李方桂）；2.周法高——经典释文各家又音考（导师：罗常培）、古声纽试探（导师：丁声树）；3.刘念和——史记汉书文选注中所引各家（导师：罗常培）、音辑证（导师：魏建功）。（二）史学组：4.杨志玖——研究元代史籍以元史为纲与元秘史元文类等详勘（导师：姚从吾　向达）；5.汪篯——整理唐代碑志并注意其女系（导师：陈寅恪　郑天挺）；6. 阎文儒——唐两京考（导师：向达　姚从吾）。（三）文学史组：7. 逯钦立——校辑全汉魏晋南北朝诗（导师：罗庸　杨振声）；8. 阴法鲁——词的起源及其演变（导师：罗庸　杨振声）。（四）哲学史组：9. 任继愈——北宋人著作（注意北宋思想与唐代思想之关系，导师：汤用彤　贺麟）；10. 王明——校订道藏中之太平经并作索引（导师：汤用彤　唐兰）。

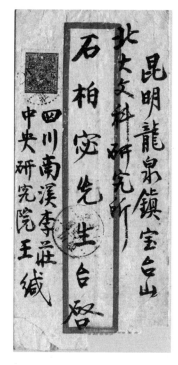

北大文科研究所实寄封一种，龙泉镇宝台山系该所继靛花巷三号外另一所址。

汤用彤等人在信中说，大凡闻名世界的高校，一般而言，一定有其特有的办学精神和独特的学术贡献。一所大学，如果精神颓废，没有学术生命力，则名存实亡。北京大学在蔡元培先生担任校长后，对学术研究颇多激励，形成了北大自身独特的精神气质，师生在文化学术方面的贡献更是引领风气之先。然而，南迁长沙和昆明后，在物质上、精神上都有相当的损失。现在，振兴北大当从振兴北大文学院着手，振兴北大文学院则应当从充实文科研究所实力入手。而今，北大同人内迁昆明已有三年，抗战形势也已呈向好之势，文科研究所在靛花巷恢复已届一年半。在此形势见好的情形下，同人们说，现在是到了改进文科研究所事业的时候了。

根据恢复以来的办所经验，大家商定，除了加强与史语所的密切合作，拟从四方面予以调整充实。一是从研究角度促使文学院本科教师有关工作与研究所工作融二为一，促进师资队伍的专业化成长；二是加聘国内学者担任研究所专任导师，使受教学生视野更开阔，同时为复员后研究所师资储备人才；三是结合现状，酌情举办一定的学术事业，从文献典籍的校订、辑佚、调查等入手推进专项研究；四是克服书籍缺乏、生源不强的现状，引导研究生强基础，指导其进行专题研究，并为之创造深造机会。

"倚云梦落凤鸣外，散绮心回歌乐天。彻夜宝台眠不得，登峰觅剑两茫然。"（尚爱松：《龙泉镇访友夜宿北京大学文科研究所》）北大文科研究所各位教授，在极为艰苦的条件下，先后以靛花巷和宝台山为教学、研究和生活阵地，勠力学术研究，培养了一批国之学术精英。

据《北京大学文科研究所记事（1939年至1945年）》（以下称"记事"）记载，这几年间，研究所油印论文20种：1.《唐代俗讲考》（向达）；2.《言意之辨》（汤用彤）；3.《贡山俅语初探》（罗常培）；4.《唐代行用的一种韵书目次》（魏建功）；5.《隋书西域传附国之地望与对音》（郑天挺）；6.《王命传考》（唐兰）；7.《隋书西域传缘夷之地望与对音》（郑天挺）；8.《宋故四川安抚制置副使知重庆彭忠烈公事辑》（张政烺）；9.《文选序"事出于沈思，义归乎翰藻"说》（朱自清）；10.《汉崖墓题识"内"字之一解》（高去寻）；11.《张江陵书牍诗文解题举例》（陶元珍）；12.《释畔》（许维遹）；13.《唐贞元册南诏使袁滋题名拓本跋》（容肇祖）；14.《元曲作家生卒新考》（吴晓铃）；15.《院本考》（叶玉华）；16.《现代英文诗》（英文，谢文通）；17.《国语中的语音的分配》（马大猷）；18.《周末的音名与乐调》（张清常）；19.《跋谷应泰明史纪事本末》（王崇武）；20.《论柏拉图巴曼尼得斯篇》（德文，陈忠寰）。这些多是导师们的学术佳构。

至于学生的学术论文，则主要有：1. 马学良：《撒尼俸语语法》；2. 刘念和：《史记汉书文选旧音辑证》；3. 周法高：《中古音三篇》；4. 王明：《合校太平经导言》；5. 杨志玖：《元世祖时代汉法与回回法之冲突》；6. 任继愈：《理学探源》；7. 阴法鲁：《词与唐宋大曲的关系》；8. 逯钦立：《诗纪补正》；9. 董庶：《相和乐考、吴歌西曲考》；10. 王玉哲：《严犹考》；11. 高华年：《黑夷语研究》；12. 王利器：《吕氏春秋比义》；13. 王叔岷：《读庄论丛》；14. 李孝定：《甲骨文字集释》；15. 魏明经：《唐宋间理学的先导》；16. 王达津：《尚书中代名词之研究》；17. 胡庆钧：《叙永苗族调查报告》；18.阎文儒：《唐代西京考》；19.李荣：《切韵音系中的几个问题》；20.殷焕先：《诗骚联绵字研究》；21.方龄贵：《元朝建都及时巡制度考》。

1939—1945年，除培养了以上21名研究生外，"记事"还记载：

在这几年间，除室内研究工作以外，还有两种出外调查工作。一种是考察西北史地，一种是调查西南少数民族的语言。考察西北史地是在一九四二年。当前中央研究院组织西北史地考察团的时候，本所也参加合作。八月向达先生由昆明起身，九月到兰州，十月抵达敦煌。在敦煌停留九个月，先后考察阳关、玉门关遗址，敦煌近郊的古城古墓，和千佛洞、莫高窟、榆林窟等地的古迹。又一九四四年五月西北史地考察团开始发掘敦煌、民勤、张掖、武威等处古墓，本所研究生阎文儒前往参加，一直工作到一九四五年十月才停止。这两次所作的考察和发掘，有很多崭新的发现，他们另有专篇记载。

清华大学农业研究所植物生理组在大普吉（李约瑟摄）

关于西南少数民族的语言，罗常培先生曾经利用旅行的机会做过三次小规模的调查。第一次，在一九四二年一月到大理旅行的时候，调查了摆夷、倮倮、么些、俅子、怒子、那马、民家几种语言，并且把所得俅子语的材料整理成《贡山俅语初探》。第二次，一九四三年一月到大理讲学，除去把第一次所记的材料重加审订外，又找到两位能说山头、茶山、浪速语言的发音人。末了又把他们带到昆明住了两个半月，记录下来很多词汇和故事。第三次，一九四四年七月，因采集大理县志资料又到大理去了一次，这次调查工作完全以民间话为重心。总计所调查的有兰坪、大理、宾川、邓川、洱源、鹤庆、剑川、云龙、泸水各单位。此外袁家骅先生也曾调查过峨山窝尼语、路南阿细语和剑川民家语。合起来说，收获很多，而且给中国语言学的研究添了一张新页。

这些为复员后的北京大学更好地开展学术研究、培育学术人才、服务经济社会进行了极好的探索。